スッキリ
わかる

日商簿記

2級

工業簿記

滝澤ななみ

売上No.1※ 本書が選ばれるワケ

本書の特徴 1

平易な表現で読みやすく

簿記初心者の方が最後までスラスラ読めるよう、やさしい、わかりやすいことばを用いています。

本書の特徴 2

ゴエモンによる場面設定

簿記の場面を身近なものに感じられるよう、ゴエモンというキャラクターを登場させ、みなさんがゴエモンといっしょに場面ごとに簿記を学んでいくというストーリーにしています。

※日商簿記検定試験2級、3級書籍
2023年1月～12月 全国チェーン売上累計第1位
（紀伊國屋 PubLine ほか）

購入者特典

1 仕訳Webアプリ

簿記において仕訳は超重要課題。すき間時間を有効活用して、仕訳 Web アプリ「受かる! 仕訳猛特訓」で毎日練習しましょう!

アクセス方法は P12参照

2 模擬試験プログラム

2007年に本書の初版が刊行されて以来、本当に多くの受験者のみなさんにご使用いただき、合格のお手伝いをすることができました。

もともと本書は、「簿記の初心者が最後まで読みとおせる、いちばんやさしい本」をコンセプトに編集したものです。

そして、スマートフォンの普及により、本をベースに、もっとわかりやすく、もっと手軽に学習していただける環境が整い、さらには、ネット試験の導入により、パソコンを使って問題を解く練習をする必要も生じました。

これらの環境の変化に対応するため、本書ではさまざまな購入者特典をご用意しました。

本書の特徴
5

チェックテストとフォロー動画付き

本試験の感覚を養うため、巻末に本試験タイプの問題1回分をチェックテストとして付けました。TAC講師によるフォロー動画も付いています。本試験での時間の使い方、総合問題の解き方もこの動画を見れば、スッキリわかる!

本書の特徴
4
📝
基本・応用問題付き

問題編には、テキストの内容を定着させるための基本問題と、本試験レベルの問題を応用問題として収載していますので、基本から本試験レベルの問題まで無理なく解き進めていくことができます。

本書の特徴
3
📖
テキスト&問題集が一体に

テキストを読んだあとすぐに問題を解けるよう、テキストと問題集(問題編)を一体化しました。

★
3 合格力をグンと上げる
フォロー動画

ネット試験対策用として、本試験タイプの問題1回分をWeb上で解くことができます。ネット試験を受ける方はぜひご利用ください。

学習スタートから合格まで、動画でもサポートしています。また、苦手になりやすい論点も、動画で学習できます!

アクセス方法はP12参照

詳細とアクセス方法はP13参照

簿記の知識はビジネスのあらゆる場面で活かすことができます。

本書と各種特典を活用し、簿記検定に合格され、みなさんがビジネスにおいてご活躍されることを心よりお祈りいたします。

滝澤ななみ

3

受験申込みから合格までの流れ

ネット試験と統一試験の
受験申込みから合格まで
の流れをまとめました。

ネット試験と統一試験、どっちを選ぶ?

もしかしたら
ネット試験のほうが
ラクかも…

ネット試験も統一試験も合格の価値は同じです。問題のレベル、形式も同じとされています。入力のしやすさなどを考えると、ある程度パソコンの操作に慣れている方は、ネット試験で受けるのがよいでしょう。なお、ネット試験対策として模擬試験プログラムを用意していますので、活用してください(詳しくはP12参照)。

ネット試験

2021年度に新設された試験方法です

STEP 1 受験申込み

簿記2級・3級テストセンターの全国統一申込サイトより、受験希望日時・会場・個人情報等を入力し、クレジットカード、コンビニ払い等により受験料を支払います。最短で3日後の予約が可能です。

申込サイト:
https://cbt-s.com/examinee/
examination/jcci.html

統一試験

STEP 1 受験申込み

試験の約2か月前から申込受付が開始されます。申込方法は、各商工会議所により異なりますので、受験地の商工会議所のホームページ等でご確認ください。

商工会議所の検定試験

日商簿記(統一試験)の申し込みの流れ(各商工会議所窓口)

各地商工会議所が受付の日商簿記(統一試験)の、申し込みから合否発表までの流れです。

STEP1:試験日と施行する商工会議所を確認

当ホームページで、試験を施行する商工会議所をご確認ください。

商工会議所検定試験情報専用ダイヤル(ハローダイヤル)
050-5541-8600(9:00〜20:00 年中無休)

STEP2:受験申込方法等を確認

団体試験 ─ 一部地域の商工会議所が

最新の情報は商工会議所の検定試験ホームページでご確認ください。

2024年度から変更になりました

試験日	テストセンターが定める日で随時	試験時間	3級:60分 2級:90分	合格基準点	70点以上	受験料	3級:3,300円 2級:5,500円	※別途事務手数料550円がかかります。

STEP 2 受験

申込日時に申込みをした会場で受験します。試験画面に受験者情報を入力してから試験を開始します。受験者ごとに異なる試験問題（ランダム組合せ）が受験者のパソコンに配信され、受験者はパソコン上で解答を入力します。計算用紙と筆記用具は配布されますが、試験終了後に回収されます。

STEP 3 合格発表

試験終了後、即座に自動採点され、結果が画面に表示されます。合格者にはデジタル合格証が即日交付されます。

合格！

2021年度から変更になりました

2024年度から変更になりました

試験日	6月第2週、11月第3週、2月第4週の日曜日	試験時間	3級:60分 2級:90分	合格基準点	70点以上	受験料	3級:3,300円 2級:5,500円	※別途事務手数料がかかる場合があります。

STEP 2 受験票の送付

試験日の約2週間から1週間前に受験票が送付されます。

STEP 3 受験

指定された試験会場で受験します。試験方式は紙媒体（ペーパーテスト）で、試験回ごとに全員同一の問題が出題されます。試験終了後、問題用紙、答案用紙、計算用紙は回収されます。

テスト

STEP 4 合格発表

試験日の約2週間から1か月後に合否が発表されます。

不定期で実施している一般向け団体試験もあります。（詳しくは各商工会議所ホームページでご確認ください）

なにが出題される？ **2**

第1問から第3問が商業簿記、第4問と第5問が工業簿記からの出題で全部で5問構成とされています。各問で出題が予想される内容は次のとおりです。

商業簿記

第1問
配点▷20点

第1問は仕訳問題が出題されます。
問題数は5問とされています。

ネット試験

勘定科目はプルダウン形式で与えられ、1つを選択。金額はテンキーで入力。

第1問
下記の各取引について仕訳しなさい。ただし、勘定科目は、プルダウンの中から最も適当と思われるものを選び、選択すること。

決算に際し、当社の当座預金勘定の残高と銀行の当座預金口座の残高とを確認したところ、￥30,000の差額が生じていた。その原因を調べたところ、資料品を購入した際の代金の未払額を決済するために振り出した￥30,000の小切手が当社の金庫に残っていることが判明した。よって、これを修正するための会計処理を行った。

借方科目	金額	貸方科目	金額
1			

3月1日、島根商事株式会社は、取引銀行との間で買掛金￥5,000ドルについて1ドル￥105で為替予約を付した。この買掛金は2月1日にアメリカの仕入先から商品5,000ドルを掛けで購入した際に発生したもので、2月1日の為替相場は1ドル￥102であった。なお、振当処理を適用することとするが、2月1日決算の為替予約による円換算額と、為替予約による円換算額との差額はすべて当期の損益として処理する。また、3月1日決算の為替相場は1ドル￥108であった。

借方科目	金額	貸方科目	金額
2			

島取商事より売掛金の決済のために受け取り、すでに大陸銀行で割り引いていた、同社振出、当社宛の約束手形￥500,000が期限日に支払拒絶され、同銀行より償還請求を受けたため、小切手を振り出して決済した。また、満期日当

仕訳問題（主に第1問・第4問(1)）では、同一勘定科目は借方と貸方でそれぞれ1回までしか使えない

本来、仕訳を行うにあたっては、下記の(A)、(B)のどちらでも正解ですが、試験においては(A)の形で答えなければなりません。

(A) 正解　正解となる例：各勘定科目を借方または貸方で1回しか使用していない

借　　方		貸　　方	
勘定科目	金　額	勘定科目	金　額
(ウ)現　金	1,000	(オ)売　上	3,000
(カ)売掛金	2,000		

(B) 不正解　不正解となる例：貸方で同じ勘定科目を2回使用している

借　　方		貸　　方	
勘定科目	金　額	勘定科目	金　額
(ウ)現　金	1,000	(オ)売　上	1,000
(カ)売掛金	2,000	(オ)売　上	2,000

問題に指示が記載されますが、問題編を解くときにも気にするようにしましょう。

試験時間は 90分

級編

※刊行時の日本商工会議所からの情報をもとに作成しています。出題内容は随時変更、追加されることが予想されます。

ネット試験の導入により、出題は、問題データベースからランダムに抽出されるので問題の質が均一となり、難易度のバラツキが解消されつつあります。「統一試験とネット試験では問題のレベル等に差異はない」とする以上、両者の問題の質はある程度、均一化されるはずです。標準的な問題が試験範囲全体からまんべんなく出題されるので、苦手を作らず、もれなく学習するようにしましょう。

第1問（20点）
　次の取引について仕訳しなさい。ただし、勘定科目は各取引の下の勘定科目の中からもっとも適当と思われるものを選び、記号で解答すること。

1．さきに立替払いしていた発送費の精算として、取引先から郵便為替証書¥12,400を受け取った。
　ア．現金　イ．当座預金　ウ．立替金　エ．前受金　オ．発送費　カ．仮払金

2．取引先秋田株式会社に貸し付けていた¥1,350,000（貸付期間：3か月、利率：年1%）について、本日、3か月分の利息とともに同社振り出しの小切手で返済を受けた。
　ア．受取利息　イ．貸付金　ウ．借入金　エ．当座預金　オ．支払利息　カ．現金

3．週末に用度係より、次のとおり1週間分の小口現金に関する支払報告を受けた。なお、当社は定額資金前渡制（インプレスト・システム）を採用しているが、用度係に対する小口現金は、週明けに普通預金口座から引き出して補給する。また、ICカードについては、チャージの報告時に旅費交通費勘定で処理している。
　ICカードチャージ　¥ 10,000（全額電車・バス料金支払いのために使用している）
　ハガキ・切手代　¥ 3,500
　事務用品・文房具代　¥ 2,000
　収入印紙　¥ 2,500
　ア．小口現金　イ．租税公課　ウ．雑費　エ．旅費交通費　オ．通信費　カ．損益　キ．消耗品費

統一試験

勘定科目は与えられたものの中から1つを選択して記号を記入。金額は数字を記入。

問題用紙

答案用紙

第1問（20点）

	仕		訳	
	借 方 科 目	金 額	貸 方 科 目	金 額
1				
2				
3				

仕訳のスピードを意識して

本試験では、じっくり見直しができる時間はありません。問題を読んで、一度で正確に解答できるよう、スピードが大変重要です。そのためにはどれだけ仕訳を、悩むことなく、素早くできるかがポイントとなります。2級は仕訳が合計8問（商業簿記で5問、工業簿記で3問）、出題されます。サクサク解けるように、仕訳Webアプリを用意していますので、活用して練習しておきましょう（詳しくはP12参照）。

商業簿記

第2問
配点▷20点

第2問は個別問題、勘定記入、空欄補充、株主資本等変動計算書、連結会計（連結精算表、連結財務諸表）などから1問出題されます。

ネット試験

該当する項目にチェックしたり、プルダウンによる選択群から語句等を選択。金額はテンキーで入力。

第2問

沖縄商事株式会社がリース取引によって調達している備品の状況は、以下のとおりである。

名称	リース開始日	リース期間	リース料支払日	年額リース料	見積現金購入価額
A備品	×6年4月1日	6年	毎年3月末日	¥600,000	¥3,240,000
B備品	×6年12月1日	4年	毎年11月末日	¥720,000	¥2,640,000
C備品	×7年2月1日	5年	毎年1月末日	¥360,000	¥1,584,000

このうちA備品とC備品にかかるリース取引は、ファイナンス・リース取引と判定された。これらの備品の減価償却は、リース期間を耐用年数とする定額法で行う。

以上から、ファイナンス・リース取引の会計処理を（A）利子込み法で行った場合と、（B）利子抜き法で行った場合とに分けて、解答欄に示す×6年度（×6年4月1日から×7年3月31日）の財務諸表上の各金額を求めなさい。ただし、利子抜き法による場合、利息の期間配分は定額法によって行うこと。

[解答欄]　　　　　　　　　　　　　　　　　　（単位：円）

	（A）利子込み法	（B）利子抜き法
①リース資産（取得原価）		
②減価償却費		
③リース債務（未払利息を含む）		
④支払利息		

統一試験

該当する項目にチェックしたり、選択群から語句を選択。金額は数字を記入。

第2問 (20点)

沖縄商事株式会社がリース取引によって調達している備品の状況は、以下のとおりである。

名称	リース開始日	リース期間	リース料支払日	年額リース料	見積現金購入価額
A備品	×6年4月1日	6年	毎年3月末日	¥600,000	¥3,240,000
B備品	×6年12月1日	4年	毎年11月末日	¥720,000	¥2,640,000
C備品	×7年2月1日	5年	毎年1月末日	¥360,000	¥1,584,000

このうちA備品とC備品にかかるリース取引は、ファイナンス・リース取引と判定された。これらの備品の減価償却は、リース期間を耐用年数とする定額法で行う。

以上から、ファイナンス・リース取引の会計処理を(1)利子込み法で行った場合と、(2)利子抜き法で行った場合とに分けて、答案用紙に示す×6年度（×6年4月1日から×7年3月31日）の財務諸表上の各金額を求めなさい。ただし、利子抜き法による場合、利息の期間配分は定額法によって行うこと。

問題用紙

答案用紙

第2問 (20点)
　　　　　　　　　　　　　　　　　　（単位：円）

	(1)利子込み法	(2)利子抜き法
① リース資産（取得原価）		
② 減価償却費		
③ リース債務（未払利息を含む）		
④ 支払利息		
⑤ 支払リース料		

勘定記入は重要

第2問は勘定記入の出題が多く見受けられます。期首の記入、期中取引の記入、勘定の締め切りまで、一連の記入の仕方を理解しておくようにしましょう。

なお、試験では日付欄に配点がない場合もありますが、問題編を解くときには日付欄もしっかり記入するようにしましょう。

商業簿記

第3問
配点▷20点

第3問は損益計算書や貸借対照表を作成する問題、本支店会計など、個別決算に関する問題が1問出題されます。

ネット試験

画面左側に資料、画面右側に解答欄が配置され、資料を見ながら解答できる構成。
金額は数字を入力。一部空欄となっている勘定科目は適切な勘定科目や語句をキーボードを使って入力。

問題用紙

統一試験

金額は数字を記入。一部空欄となっている勘定科目は適切な勘定科目や語句を記入。

第3問 (20点)

次の［資料］にもとづいて、答案用紙の損益計算書を完成させなさい。なお、会計期間は×3年4月1日から×4年3月31日までである。

［資料Ⅰ：決算整理前残高試算表］

残高試算表
×4年3月31日 （単位：円）

借　方	勘　定　科　目	貸　方
223,100	現　金　預　金	
250,000	受　取　手　形	
253,000	売　　掛　　金	
81,900	売買目的有価証券	
36,000	繰　越　商　品	
100,000	仮払法人税等	
2,000,000	建　　　　物	
500,000	備　　　品	
900,000	建　設　仮　勘　定	
48,500	満期保有目的の債券	
18,000	ソ　フ　ト　ウ　ェ　ア	

答案用紙

	(　　)	(　　)
	(　　)	(　　)
	(　　)	(　　)
売　上　総　利　益		(　　)
Ⅲ　販売費及び一般管理費		
1　給　　　　料	(　　)	
2　広　告　宣　伝　費	(　　)	
3　支　払　家　賃	(　　)	
4　棚　卸　減　耗　損	(　　)	
5　減　価　償　却　費	(　　)	
6　ソフトウェア償却	(　　)	
7　貸倒引当金繰入	(　　)	(　　)
営　業　利　益		(　　)
Ⅳ　営　業　外　収　益		
1　有価証券評価益	(　　)	

工業簿記

第4問

配点▷28点

第4問は（1）工業簿記の仕訳が3題と、（2）財務諸表作成、部門別原価計算、個別原価計算、総合原価計算、標準原価計算（勘定記入、損益計算書）の中から1問が出題されます。

ネット試験

統一試験

答案用紙

問題用紙

工業簿記

第5問
配点▷12点

第5問は**標準原価計算（差異分析）**、**直接原価計算**、**CVP分析**の中から1問が出題されます。

ネット試験

第5問

製品Rを製造・販売している新潟産業㈱は、当期の実績にもとづいて次期の利益計画を策定している。次の〔資料〕にもとづいて、以下の各問に答えなさい。なお、期首および期末に仕掛品および製品の在庫は生じないものとする。

〔資料〕当期の実績データ
売上高		@5,000円×10,000個
原価：	変動製造原価	@2,500円×10,000個
	変動販売費	@ 500円×10,000個
	固定製造原価	5,000,000円
	固定販売費・一般管理費	7,000,000円

問1
当期の実績データにもとづいて、(1)貢献利益、(2)損益分岐点における販売量および売上高、(3)安全余裕率を求めなさい。なお、安全余裕率の計算において端数が生じる場合は、小数点以下を切り捨てること。

(1)貢献利益		円
(2)販売量	個	売上高	円
(3)安全余裕率	%

問2
販売単価、製品1個あたりの変動費、期間固定費は当期と変わらないものとして、(1)営業利益7,500,000円を達成する販売量および売上高、(2)売上高営業利益率25%を達成する販売量および売上高を求めなさい。

統一試験

第5問（12点） 製品Qを生産・販売する当社の正常操業圏は、月間生産量が2,800単位から4,300単位である。製品Qの販売単価は400円で、過去6カ月間の生産・販売量と総原価に関する資料は次のとおりである。

〔資料〕
月	生産・販売量	原価発生額
1月	2,000単位	1,050,000円
2月	3,750単位	1,530,000円
3月	2,800単位	1,292,000円
4月	4,150単位	1,650,000円
5月	4,300単位	1,652,000円
6月	4,240単位	1,620,000円

問1 上記の資料にもとづいて、高低点法によって製品Qの総原価の原価分解を行い、製品1単位あたりの変動費と月間固定費を求めなさい。
問2 原価分解の結果を利用し、当社の月間損益分岐点売上高を計算しなさい。
問3 原価分解の結果を利用し、月間目標営業利益400,000円を達成する販売量を計算しなさい。
問4 原価分解の結果を利用し、目標営業利益率15%を達成する月間目標売上高を計算しなさい。

問題用紙

答案用紙
問1	製品1単位あたりの変動費	円／単位
	月間固定費	円
問2		円
問3		単位
問4		円

最新情報はこちらでチェック！

商	商工会議所の検定試験ホームページ **商工会議所の検定試験**	https://www.kentei.ne.jp
T	TAC出版書籍販売サイト **CYBER BOOK STORE**	https://bookstore.tac-school.co.jp
な	ネット試験が体験できる!! **滝澤ななみのすすめ！**	https://takizawananami-susume.jp

簿記の学習方法と

1 テキストを読む

まずは、**テキストを読みます。**テキストは自宅でも電車内でも、どこでも手軽に読んでいただけるように作成していますが、机に向かって学習する際は、鉛筆と紙を用意し、取引例や新しい用語が出てきたら、**実際に紙に書いてみましょう。**

また、本書はみなさんが考えながら読み進めることができるように構成していますので、ぜひ**答えを考えながら読んでみてください。**

動画（③a.b）も合わせて確認しよう！

2 テキストを読んだら問題を解く

簿記は**問題を解くことによって、知識が定着します。**本書はテキスト内に対応する問題番号を付していますので、それにしたがって、問題を解きましょう。まちがえた問題には付箋などを貼っておき、あとでもう一度、解きなおすようにしてください。

また、仕訳が素早く正確にできることは合格への一番の近道。**仕訳Webアプリ（①）を使って仕訳の特訓**をするのもおすすめです。

特典を使いこなして合格へ近づこう！

①仕訳Webアプリ
「受かる！仕訳猛特訓」

仕訳を制する者は、本試験を制するといっても過言ではありません。スキマ時間などを使い、仕訳を徹底的にマスターして本試験にのぞんでください！

②ネット試験の演習ができる
「模擬試験プログラム」

ネット試験を受ける方は、ぜひこの模擬試験プログラムを使って、ネット試験を体験してみてください。

模擬試験プログラム＆
仕訳Webアプリへのアクセス方法

STEP 1 TAC出版 検索

STEP 2 書籍連動ダウンロードサービス にアクセス

STEP 3 パスワードを入力
240211003

＼ Start! ／

※本特典の提供期間は、本書の改訂版刊行月末日までです。

合格までのプロセス

3 もう一度、すべての問題を解く

1 2を繰り返し、テキストが全部終わったら、**テキストを見ないで問題編をもう一度最初から全部解いてみましょう。**

そのあとに、巻末の別冊に入っているチェックテストを解きましょう。解き終わったら、解き方講義動画（③d）を見て、解けなかった問題や、総合問題の解き方、タイムマネジメントなどを把握してください。また、**ネット試験を受ける方は**模擬試験プログラム（②）**にもチャレンジしましょう**。苦手な論点が残る場合は、テキストを読み直したり、ワンポイントWeb解説（③c）を確認するなどして苦手な論点を克服しましょう。

4 予想問題集を解く

本書の問題編には、本試験レベルの問題も収載されていますが、本試験の出題形式に慣れ、時間内に効率的に合格点をとるために、本書のシリーズ書籍『**スッキリうかる本試験予想問題集**』（別売）を解くことをおすすめします。

なお、最低1回は、本試験タイプの問題を時間（90分）を計って解いておきましょう。

★ 合格

本書購入の読者には、3つの特典をご用意しています。

③勉強のスタートから合格まで、徹底フォロー！
「フォロー動画」

a.日商簿記2級スタートアップ動画

日商簿記2級ってどんな試験？ どんな勉強をすればいいの？ 日商簿記試験の試験概要や最近の傾向、おすすめの教材などをご紹介します。

b.合格するための勉強法紹介

売上NO1の本書の魅力をご紹介！
本書を効果的に使うために、勉強の手順と合わせて、特典を使うタイミングも確認していきましょう。

c.ワンポイントWeb解説

苦手になりやすい論点をピックアップしてTACの講師が解説！ イメージや解き方のコツをつかんで、試験に挑みましょう!!

d.模擬試験の解き方講義動画

本書付属の「チェックテスト」の解き方を全問解説！ 試験当日に慌てないためにも、時間配分や本試験の解き方のコツもつかんでおきましょう。

CONTENTS

スッキリわかる
日商簿記

2級

工業簿記

 工業簿記の基礎編

費目別計算編

財務諸表、本社工場会計編

標準・直接原価計算編

日商簿記2級では、3級で学習した商業簿記に加えて、工業簿記（原価計算を含む）も試験範囲に入ってきます。
この工業簿記ってこれまで学んでいた商業簿記と何がちがうの？　とか、
原価計算って何？　といったことをまずはザックリと見ておきましょう。

はじめての工業簿記

ザックリ講義

全体像

2級の出題範囲

商業簿記　　工業簿記

2級の試験科目には、商業簿記と工業簿記があるわけですが、この本では工業簿記について学習していきます。

商業簿記と工業簿記

 …商品売買業を対象とした簿記

仕入先 → 仕入 商品 → 当社 → 売上 商品 → 得意先

仕入れた商品を…　　そのままの形で売る！

商業簿記とは、商品売買業…仕入先から商品を仕入れ、そのままの形で利益をくっつけて売るといった形態の業種…を対象とした簿記をいいます。

工業簿記 …製造業(メーカー)を対象とした
簿記

これに対して、工業簿記は、製造業…メーカーを対象とした簿記をいいます。

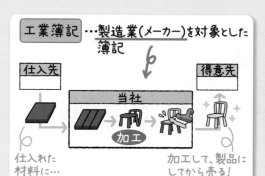

工業簿記 …製造業(メーカー)を対象とした
簿記

| 仕入先 | 当社 | 得意先 |

仕入れた
材料に…

加工して、製品に
してから売る!

製造業とは何か？　というと、たとえば、木材という材料を仕入れてきて、その材料を切ったり、組み立てたり、色を塗ったり…といった加工（かこう）を施して、イスとか机などの製品を製造し、その完成した製品を販売する形態の業種をいいます。

工業簿記の基礎

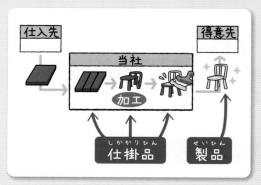

| 仕入先 | 当社 | 得意先 |

しかかりひん
仕掛品

せいひん
製品

ちなみに、工業簿記では、完成品のことを製品、完成途中の未完成品のことを仕掛品（しかかりひん）といいます。
「仕掛品」って単語、バシバシ出てくるので、早めになれてくださいね。

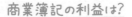

商業簿記の利益は?

利益:150円−100円=50円
　　　売価　　原価

ところで、商業簿記（商品売買業）では商品1個の利益を計算するのに、どんな計算をしたか覚えていますか?

商品売買業では、仕入れてきたものをそのままの形で売り上げるのだから、売った金額（売価）から仕入れた金額（仕入原価）を差し引けば、利益を計算することができますよね。簡単ですね〜。

工業簿記の場合は?

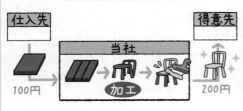

そもそも原価ってどの金額?

では、製造業（工業簿記）はどうかというと、仕入れた材料をそのままの形では販売しないのです。木材などを買ってきたら、それらを切ったり、組み立てたり…といった加工をして、イスという完成品をお客さんに販売するわけです。そうすると、その原価ってどの金額なのでしょう?

工業簿記の場合は?

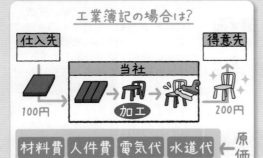

材料費 人件費 電気代 水道代 → 原価

材料である木材の金額だけではありませんよね…。
それらを切ったり、組み立てたりする人の人件費や、工場では電気や水道も使うわけですから、それらの金額もイスを作るために必要な金額＝原価となります。

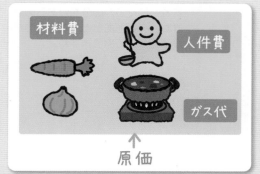

材料費

人件費

ガス代

↑
原価

もうひとつ身近な例をあげると、たとえばカレー作り…カレーの製造…ですね。
カレーを作るのに、ニンジンや玉ねぎなどの材料のほか、調理の人の人件費や、ガス代や電気代がかかってきます。
そういった金額もカレーを作るために必要な金額＝原価となります。

商業簿記　原価＝仕入れた金額
　　　　　→計算する必要はない

工業簿記　原価＝いろいろある
　　　　　→計算する必要がある

このように、商業簿記では原価を計算する必要がなかったのですが、工業簿記では原価を計算しなければならないのです。

工業簿記　で「原価」といったら
一般的に　製造原価のこと

ま～ひとことで「原価」と言ってもいくつか種類があるのですが、工業簿記では一般的に、「原価」と言ったら製品の製造にかかる費用のこと（製造原価）をいいます。

そして、製造原価にはどんなものがあるかというと…

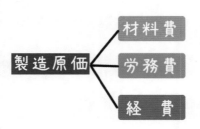

製造原価
↳ 分類の仕方は
　いくつかあるけど、とりあえず…
　　　↓

これもいくつかの分類があるのですが、一番おおもとになるものだけご紹介しておきますね。

材料費、労務費、経費の計算

製造原価には材料費、労務費、経費があります。

材料費 …材料にかかった費用

salt

pepper

材料費というのは、材料にかかった費用ですね。

カレーならニンジンとか玉ねぎとか…。
それ以外にも塩とかコショウとかも使うので、塩やコショウの金額も材料費。

労務費 …人にかかった費用

つづいて、労務費。
労務費というのは、人にかかった
費用ですね。

料理をする人の手間賃（料理人の
給料）とか、工場で働く事務員さ
んの給料とか…。

 経費 …材料と人以外に
かかった費用

最後は経費。
経費というのは、材料と人以外に
かかった費用です。

電気代とか、水道代とか、工場の
減価償却費なども経費です。

材料費
労務費
経費

製品の原価
はいくら?

これらの材料費、労務費、経費を
集計して製品1個あたりの原価を
計算していきます。

また、製品1個の原価を計算する方法には、個別原価計算と総合原価計算という方法があります。

オーダーメイド

こんなソファ、作って〜！

白の革張りで〜
高さはこのくらいで〜

たとえばオーダーメイドで作る高級ソファ。
オーダーメイドだから、Aさんから注文を受けたソファに、材料をどのくらい使ったか、が明らかですよね。

個別原価計算
…受注生産形態（オーダーメイド）に適用される原価計算方法

このように、オーダーメイド…難しいことばでいうと受注生産形態…に適用される原価計算を個別原価計算といいます。

同じ規格のものを大量生産！

一方、たとえば、鉛筆の場合。
鉛筆は同じ規格のものを毎月大量
に生産しますよね。
その原価を1本1本把握するのは
無理です。

1カ月間で完成した製品の原価 **1本あたりの原価**

だから、1カ月間で完成した製品
の原価をまとめて計算したあと、
1個あたりの原価を計算する、と
いう方法で製品1個あたりの原価
を計算していきます。

総合原価計算

…同じ規格の製品を毎月大量に
生産する、大量生産形態に
適用される原価計算方法

このように、同じ規格の製品を毎
月大量に生産する大量生産形態に
適用される原価計算方法を総合原
価計算といいます。

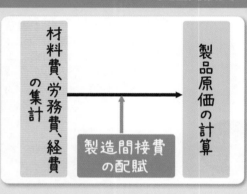

総合原価計算

単純 総合原価計算	等級別 総合原価計算
組別 総合原価計算	工程別 総合原価計算

なお、総合原価計算には、製品の種類や製造手順、規格などの違いに応じて、次のような計算方法があります。

ま、これは本文でおいおい勉強していきましょう。

製造間接費の配賦

材料費、労務費、経費の集計 → 製造間接費の配賦 → 製品原価の計算

さて、工業簿記では、材料費、労務費、経費を集計したあと、製品原価の計算を行うといいましたが、その間に製造間接費（せいぞうかんせつひ）の配賦（はいふ）という手順が入ります。

製造間接費って何かというと…

主役

脇役

salt　pepper

たとえば、カレーを作る場合、材料として玉ねぎ、ニンジン、肉などを使いますよね？　これらは主役級の材料ですが、これら以外にも塩、コショウなども使います。また、ガス代などもかかりますよね。

主役

1皿分のカレーにどのくらい
使ったかが明らか

主役級の材料は、カレーをつくる
のにどのくらい使ったかが明らか
にできるので、使った分の金額だ
けカレーの原価として集計すれば
よいのですが…

1皿分のカレーに
どのくらい使ったかなんて
把握できない！

脇役

salt

pepper

塩とかコショウなどの脇役級の材
料や、さらにガス代なんて、カレ
ーを作るのにどのくらい使ったか
なんて、いちいち把握していられ
ません。

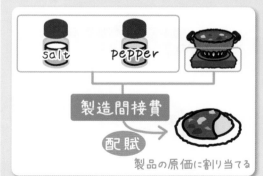

salt
pepper

製造間接費

配賦

製品の原価に割り当てる

こういった全体としていくらかか
ったかはわかるけれども、どの製
品のものかまでは明らかではない
原価…これを製造間接費というの
ですが…をどのようにして製品の
原価に割り当てるのか、というの
が製造間接費の配賦ということに
なります。

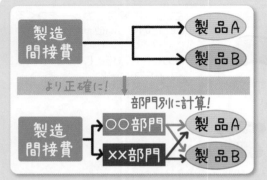

また、製造間接費の配賦をさらに正確に行うため、製造間接費を部門（部署みたいなもの）ごとに把握してから、製品に割り当てるという方法もあります。
これを部門別原価計算といいます。

こんな流れで、製品の原価を計算していきます。

この流れを頭において、いま、どの部分を勉強しているかを確認しながら学習を進めましょう。

標準原価計算と直接原価計算

標準原価計算

直接原価計算

2級工業簿記では、これ以外に標準原価計算と直接原価計算というものも学習します。

標準原価計算

目標となる原価	実際の原価
1個あたり 650円	1個あたり 720円
のところ	かかったけど?

原価のムダを把握
↳ 改善!

標準原価計算とは、原価のムダを見つけ、改善するための原価計算です。
簡単に説明すると、あらかじめ目標となる原価を決めておいて、実際にかかった原価と比べて、どこにどれだけの原価のムダがあったかを把握するのです。そうすると、そのムダや非効率を改善するために役立てることができるのです。

直接原価計算

目標利益 ××円!

…ということは
いくら売り上げればいい?
どれだけ費用を
おさえるべきか?

つづいて、直接原価計算です。
直接原価計算とは、たとえば「来年、これだけの利益をあげるためには、いくら売り上げなければならないか」とか「どれだけ費用をおさえなければならないか」といった、利益計画に役立つ原価計算をいいます。

標準原価計算 … 原価に注目

直接原価計算 … 利益に注目

標準原価計算では、「原価」に注目しますが、直接原価計算では「利益」に注目します。

直接原価計算

変動費
固定費

製品の生産量に比例して発生する原価

生産量にかかわらず一定額が発生する原価

また、直接原価計算では、原価を変動費と固定費に分けて計算するというのが特徴となります。

おわりのまとめ

そのほか、工業簿記の財務諸表とか、本社工場会計といった内容もありますが、2級の工業簿記の内容をザックリ見ると、こんな感じです。

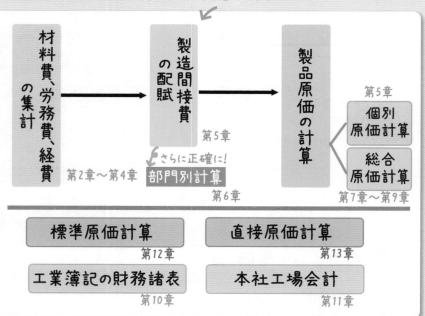

材料費、労務費、経費の集計
第2章〜第4章

製造間接費の配賦
第5章

さらに正確に！
部門別計算
第6章

製品原価の計算

第5章
個別原価計算

総合原価計算

第7章〜第9章

標準原価計算	直接原価計算
第12章	第13章
工業簿記の財務諸表	本社工場会計
第10章	第11章

流れを確認しながら、学習を進めていきましょうね。
それでは本文でお待ちしております。

スッキリわかる
日商簿記

2級 工業簿記

テキスト編

第 1 章

工業簿記の基礎

いままでは、雑貨（商品）を仕入れてきてそのまま売っていたけれど、
これからは、一部の雑貨については埼玉工場で作るんだ！
ところで、会計処理は商業簿記と同じなのかなぁ？

ここでは、工業簿記の基礎についてみていきましょう。

CASE
1

工業簿記とは?

今年から工場で
雑貨を作るんだ!

? これまで雑貨（商品）を仕入先から仕入れて得意先に売り上げていたゴエモン㈱ですが、今年から工場を所有し、一部の雑貨を工場で作って売ることにしました。このような場合、いままで学習した簿記と同じやり方でよいのでしょうか?

🐱 商業簿記と工業簿記の違い

日商3級と2級の商業簿記を通じて学習してきた**商業簿記**は、仕入先から商品を買ってきて、その商品を得意先に売るという**商品売買業**を対象とした簿記でした。

商品売買業では、仕入れた商品をそのままの形で売ります。

これに対して、これから学習する**工業簿記**は、材料を仕入れて、この材料を切ったり、組み立てたりして製品を作り、その製品を売るという**製造業（メーカー）**を対象にした簿記です。

製品を作ることを「製造する」といいます。また、製造業では、仕入れた材料を加工してから売ります。

　このように、工業簿記は**製品を作る活動（製造活動）を記録する**という特徴があります。

🐱 原価計算とは？

　商品売買業では、仕入れた商品をそのまま売るため、売り上げた商品の原価（売上原価）は、仕入れたときの価額（仕入原価）となります。

　一方、製造業では、仕入れた材料をそのまま売るわけではなく、切る、組み立てるなどの加工をして製品を作るため、製品の製造にかかった費用を計算する必要があります。

　この製品の製造にかかった費用を**原価**（げんか）といい、原価を計算することを**原価計算**といいます。

CASE
2　　工業簿記の基礎知識

原価を計算する、とは？

原価を計算する、といわれても何をどうしたらよいかわからないゴエモン君。
そこで、工業簿記の基礎について調べてみることにしました。

🐱 原価とは？

　CASE 1 で学習したように、**原価**とは、製品を製造するためにかかった費用のことをいいます。また、原価をもう少し広くとらえると、製品を販売するためにかかった**販売費**（広告代や販売員の給料など）や会社全体を管理するためにかかった**一般管理費**（本社建物の減価償却費など）も含まれます。

　製品の製造にかかった金額（原価）を**製造原価**といい、製造原価に販売費と一般管理費を含めた金額（原価）を**総原価**といいます。

　また、製造原価、販売費及び一般管理費以外の費用を**非原価項目**といい、**非原価項目は原価計算には含めません。**

　非原価項目には、支払利息や社債利息、火災損失など、損益計算書において**営業外費用**と**特別損失**に計上される科目が該当します。

🐱 製造原価を分類すると… その1

　製造原価は、いくつかの視点から分類することができます。

　まず、何を使って製品を作ったかという視点から、製造原価は**材料費**、**労務費**、**経費**に分類することができます。

> この分類を「形態別分類」といいます。

　たとえば、木製の小物入れを作るときには、木材や接着剤などの材料はもちろん、作る人も必要です。さらに製品を作るには電気代や水道代もかかります。

　この場合の木材や接着剤の金額を**材料費**、小物入れを作る人の賃金や給料を**労務費**、そして、材料費、労務費以外の費用（電気代や水道代など）を**経費**といいます。

> 要するにモノにかかった金額が材料費、ヒトにかかった金額が労務費、それ以外が経費です。

また、製品ごとにいくらかかったかが明らかかどう
かという視点から、製造原価は**製造直接費**と**製造間
接費**に分類することができます。

木製の小物入れを作るために使用した木材代のよう
に、小物入れを作るのにいくらかかったかを把握でき
るものを、**製造直接費**といい、電気代や水道代などの
ように、ほかの物を作るときにも使っていて、小物入
れを作るのにいくらかかったかを把握することができ
ないものを**製造間接費**といいます。

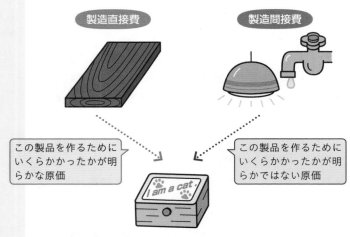

製造直接費　　　　　　　　製造間接費

この製品を作るために
いくらかかったかが明
らかな原価

この製品を作るために
いくらかかったかが明
らかではない原価

以上の分類をまとめると、次のようになります。

製造原価の分類			
	形態別分類		
	材料費	労務費	経費
製造直接費	直接材料費	直接労務費	直接経費
製造間接費	間接材料費	間接労務費	間接経費

（左端の縦書き：製品との関連による分類）

● 会計期間と原価計算期間

　原価計算を行う期間（**原価計算期間**といいます）は、会計期間とは異なり、月初から月末までの1カ月になります。

　このように原価計算期間を短い単位で行うことにより、もしも原価にムダが生じていたら、早めに改善することができるのです。

> 会計期間は期首から期末（決算日）までの通常1年ですね。

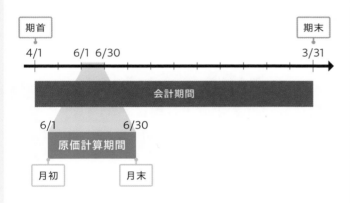

期首			期末
4/1	6/1　6/30		3/31

会計期間

6/1　　　　6/30
原価計算期間

月初　　　　月末

● 製造途中のものは仕掛品！

　製品は、材料に切る、組み立てるなどの加工をして完成しますが、加工途中の未完成品を、工業簿記では**仕掛品**といいます。

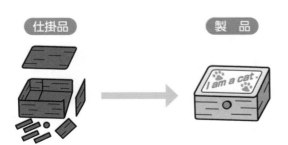

仕掛品　　　　　製品

I am a cat

CASE

3 | 原価計算の基本的な流れ

この製品の原価は
どうやって計算する
んだろう？

つづいて、原価計算
の基本的な流れにつ
いてみてみましょう。

ここでは、基本的な
原価計算の流れをサ
ラっとみておきま
しょう。

費目別計算といいま
す。

費目別計算（材料費、労務費、経費の計算）　Step 1

　原価計算の第1ステップは、**材料費、労務費、経費
がいくらかかったのか**を**材料、賃金、経費**などの勘定
を用いて計算します。

　まず、材料を購入したとき、賃金を支払ったとき、
経費を支払ったときは、各勘定の借方に記入します。

　たとえば、材料100円を掛けで仕入れたときの材
料勘定の記入は次のようになります。

材料

クロキチ資材

おう！

代金は掛けと
いうことで。

☀材　　料

買った金額
100円

> 材料を購入したので、材料（資産）が増えます。

> このテキストでは、資産を☀、負債を☁、収益を❀、費用を🔦で表しています。

　そして、材料や賃金、経費を使ったときは、各勘定から使った金額を振り替えます。このとき、**製造直接費**については、どの製品にいくら使ったかが明らかなので各製品の原価として、**仕掛品勘定（借方）** に振り替えます。また、製造間接費については、どの製品にいくら使ったかが明らかではないので、いったん**製造間接費勘定（借方）** に振り替えておきます。

> この時点では、まだ完成していないので、仕掛品（資産）ですね。

　したがって、たとえば購入した材料のうち、60円は小物入れのために使い（**直接材料費**）、30円は複数の製品のために使った（**間接材料費**）ときの各勘定の記入は次のようになります。

> このテキストでは左側（借方）を＿、右側（貸方）を＿で表しています。

☀材　　料

買った金額
100円

直接材料費 60円 ┈┈▶

間接材料費 30円 ┈┈

> 材料を使ったので、材料（資産）が減ります（10円分はまだ使っていないので残っています）。

☀仕　掛　品(小物入れ)

直接材料費 60円

> 仕掛品（資産）が増えます。

🔦製造間接費

間接材料費 30円

> 製造間接費（費用）が増えます。

また、直接労務費が 30 円、間接労務費が 12 円、直接経費が 20 円、間接経費が 8 円としたときの勘定の記入は次のようになります。

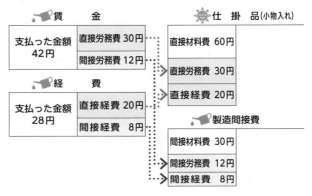

製造間接費の配賦　Step 2

　次に、製造間接費勘定に集計された原価を作業時間などを基準にして、各製品（仕掛品勘定）に振り分けます。たとえば、製造間接費勘定に集計された原価が 50 円で、この原価は、小物入れの製造と写真立ての製造にかかっているとします。そして、それぞれにかかった作業時間が 4 時間と 1 時間だったとした場合、小物入れに振り分けられる製造間接費は、次のようになります。

あとで学習しますが、製造間接費を各製品に振り分けることを配賦（はいふ）といいます。

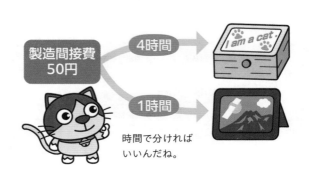

時間で分ければいいんだね。

小物入れに振り分けられる製造間接費

$$\cdot\,50\,円 \times \frac{4\,時間}{4\,時間 + 1\,時間} = 40\,円$$

なお、製造間接費勘定と仕掛品（小物入れ）勘定の記入は次のようになります。

製造間接費	
間接材料費 30円	小物入れ 40円
間接労務費 12円	写真立て 10円
間接経費 8円	
合計 50円	

仕　掛　品(小物入れ)	
直接材料費 60円	
直接労務費 30円	
直接経費 20円	
製造間接費 40円	

製造間接費勘定から仕掛品勘定に振り替えます。

🐱 **製品原価の計算**　Step 3

製品が完成したら、**仕掛品勘定（貸方）**から**製品勘定（借方）**に振り替えます。

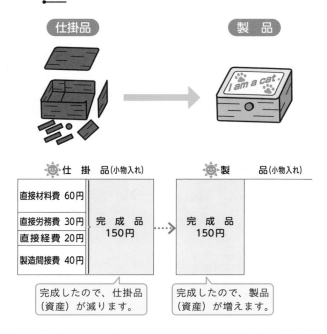

仕　掛　品(小物入れ)	
直接材料費 60円	
直接労務費 30円	完成品 150円
直接経費 20円	
製造間接費 40円	

製　品(小物入れ)	
完成品 150円	

完成したので、仕掛品（資産）が減ります。

完成したので、製品（資産）が増えます。

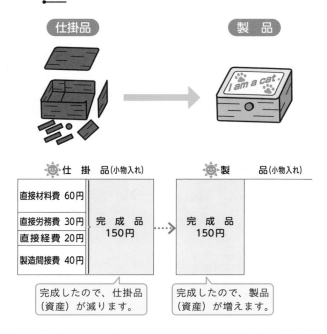

なお、製品を売り上げたときは、**製品勘定（貸方）**から**売上原価勘定（借方）**に振り替えます。

　したがって、完成した製品 150 円のうち、100 円分を売り上げたときの各勘定の記入は次のようになります。

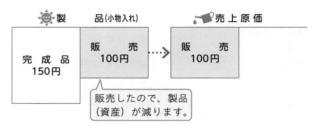

　以上より、勘定の流れをまとめると次のようになります。

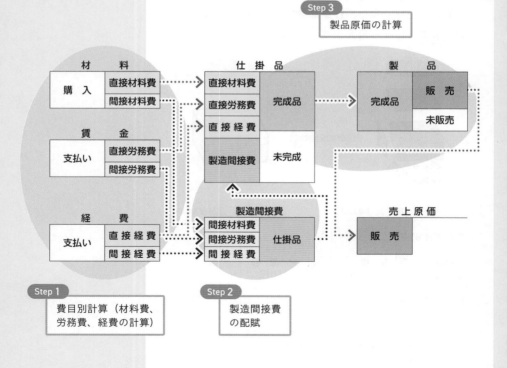

第 2 章

材 料 費

さっそく、工業簿記にチャレンジ！
なにはともあれ、材料がなければモノは作れない。
そして、一言で材料といっても、
製品の本体となる材料もあれば
接着剤のような補助的な材料もある…。

ここでは、材料費についてみていきましょう。

CASE

4　材料費の分類

この材料を使って製品を作っているニャ。

❓ ゴエモン㈱で作っている木製の小物入れ（オルゴール付き）は、木材、オルゴール、接着剤などを材料として使っています。これらの材料を使ったとき、どれが直接材料費で、どれが間接材料費になるのでしょうか？

🐾 材料費の分類

使うことを「消費する」といいます。

　材料費とは、購入した材料のうち、製品を作るために消費した（使った）金額をいいます。

　材料費はその種類によって、**主要材料費**、**買入部品費**、**補助材料費**、**工場消耗品費**、**消耗工具器具備品費**に分類することができます。

①主要材料費（素材費、原料費）

　木製の小物入れの本体となる木材（素材）や、パンの原料である小麦粉など、製品の本体を構成する材料を**主要材料**といい、その消費額が**主要材料費**です。

主要材料費

小麦粉

②買入部品費

　小物入れに取り付けるオルゴールや、自動車に取り付けるタイヤなど、外部から購入し、そのまま取り付ける部品を**買入部品**といい、その消費額が**買入部品費**です。

買入部品費

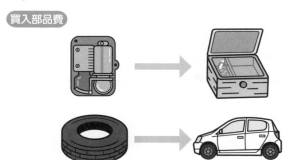

蝶番（ちょうつがい）なども、外部から買ってきてそのまま取り付けるので、買入部品です。

③補助材料費

　接着剤やペンキなど、製品の製造のために補助的に使われる材料を**補助材料**といい、その消費額が**補助材料費**です。

補助材料費

④工場消耗品費

　石けんや軍手など、工場で製品を製造するために補助的に使われる消耗品を**工場消耗品**といい、その消費額が**工場消耗品費**です。

⑤消耗工具器具備品費

　ものさしやドライバー、かなづち、はかりなど工場で短期的に使われる少額の器具や備品を**消耗工具器具備品**といい、その消費額が**消耗工具器具備品費**です。

工業簿記では、工場で製品を製造するために使われるモノはすべて材料として扱います。

消耗工具器具備品費

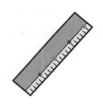

　なお、これらの材料費のうち、**主要材料費**と**買入部品費**は、どの製品にいくら使ったかを把握することができるので**直接材料費**です。

　そして、**補助材料費、工場消耗品費、消耗工具器具備品費**は、どの製品にいくら使ったかを把握することができないので、**間接材料費**です。

　以上の材料費の分類をまとめると、次のようになります。

主要材料費と買入部品費が直接材料費でそれ以外が間接材料費ですね。

材料費の分類

①主要材料費	**直接材料費**
②買入部品費	
③補助材料費	**間接材料費**
④工場消耗品費	
⑤消耗工具器具備品費	

CASE 5 | 材料を購入したときの処理

買掛金

クロキチ資材

まいど！

ゴエモン㈱は、小物入れ（製品）の材料である木材を購入しました。このときの処理についてみてみましょう。

取　引

木材10枚（＠100円）を購入し、代金は掛けとした。なお、運送会社に対する引取運賃20円は現金で支払った。

🐱 材料を購入したときの処理

　　材料を購入したときは、材料自体の価額（**購 入 代価**）に引取運賃など、材料の購入にかかった**付随費用**（**材 料 副費**といいます）を合計した金額を、材料の**購入 原価**として処理します。

> 材料の購入原価＝購入代価＋付随費用
> 　　　　　　　　　　　　　（材料副費）

CASE 5 の材料の購入原価

・＠100円×10枚＋20円＝1,020円

　　したがって、 CASE 5 の仕訳は次のようになります。

CASE 5 の仕訳

@100円×10枚

| （ 材 料 ） | 1,020 | （ 買 掛 金 ） | 1,000 |
| | | （ 現 金 ） | 20 |

☀️ 材 料

買った金額
1,020円

材料を購入したので、材料（資産）が増えます。

🐱 材料を返品したときの処理

　購入した材料を購入先に返品したときは、返品分の材料の仕入れを取り消します。

　たとえば、掛けで購入した材料のうち50円分を返品したときの仕訳は次のようになります。

商品を返品したときの処理と同じです。

| （ 買 掛 金 ） | 50 | （ 材 料 ） | 50 |

第2章

材料費

CASE 6　材料を消費したときの処理

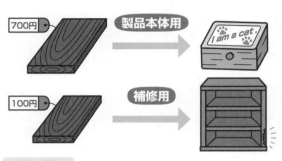

工場で、木材800円を使いました。このうち、700円は小物入れの本体用（直接材料）として使い、100円は備品を保管する棚が壊れていたので、この補修用（間接材料）として使いました。このときの処理についてみてみましょう。

取引

材料800円を消費した。なお、このうち700円は直接材料として、100円は間接材料として消費したものである。

用語 消　費…使うこと

🐱 材料を消費したときの処理

CASE 3 でみたように、直接材料を消費したときは、材料勘定から仕掛品勘定に、間接材料を消費したときは材料勘定から製造間接費勘定に振り替えます。

CASE 6 の仕訳

| （仕　掛　品） | 700 | （材　　　料） | 800 |
| （製 造 間 接 費） | 100 | | |

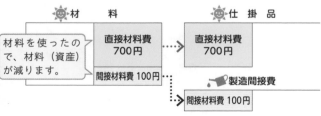

材料を使ったので、材料（資産）が減ります。

🌞材　料
| 直接材料費 700円 |
| 間接材料費 100円 |

🌞仕　掛　品
| 直接材料費 700円 |

📢製造間接費
| 間接材料費 100円 |

⇔ 問題編 ⇔
問題1

CASE

7 | 材料費の計算

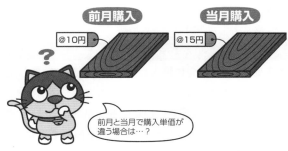

前月購入　@10円　　当月購入　@15円

? 前月と当月で購入単価が違う場合は…？

? 今月（5月）、工場では直接材料として木材90枚を使いました。
同じ材料でも前月（4月）の購入単価と今月（5月）の購入単価が違うのですが、この場合の材料費はどのように計算したらよいのでしょうか？

取　引

当月、直接材料として木材90枚を消費した。なお、月初材料は20枚（@10円）、当月材料購入量は80枚（@15円）である。

🐱 材料費の計算

　材料費は、使った材料の単価（**消費単価**といいます）に使った数量（**消費数量**といいます）を掛けて計算します。

$$材料費＝消費単価×消費数量$$

　ここで、消費単価をいくらで計算するのか、消費数量をどのように求めるのかという問題があります。
　まずは消費単価をいくらで計算するのか、という点からみていきましょう。

🐱 消費単価はどのように決める？

　同じ種類の材料でも、購入先や購入時期の違いから、購入単価が異なることがあります。この場合、材料を使ったときに、どの購入単価のものを使ったのか（消

費単価をいくらで計算するのか）を決める必要があります。

消費単価の決定方法には、**先入先出法**と**平均法**があります。

先入先出法による場合の消費単価の決定

先入先出法とは、**先に購入した材料から先に消費した**と仮定して材料の消費単価を決定する方法をいいます。

したがって、 CASE 7 について先入先出法で計算する場合、20枚については月初分（@10円）を消費し、残りの70枚（90枚 − 20枚）は、当月購入分（@15円）を消費したとして材料費を計算することになります。

CASE **7** の材料費の計算（先入先出法）
・材料費（90枚）：@10円 × 20枚 + @15円 × 70枚
　　　　　　　　 = 1,250円

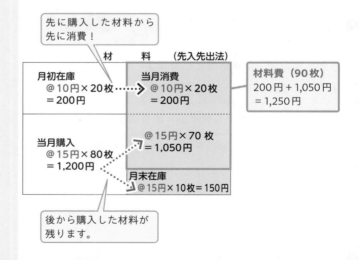

先に購入した材料から
先に消費！

材　料　（先入先出法）

月初在庫 @10円×20枚 =200円	当月消費 @10円×20枚 =200円
当月購入 @15円×80枚 =1,200円	@15円×70枚 =1,050円
	月末在庫 @15円×10枚=150円

材料費（90枚）
200円 + 1,050円
= 1,250円

後から購入した材料が
残ります。

平均法による場合の消費単価の決定

平均法には、**移動平均法**と**総平均法**がありますが、工業簿記でよく出題されるのは総平均法なので、総平

均法についてみておきましょう。

　総平均法とは、一定期間に購入した材料の購入価額の合計を数量の合計で割って**平均単価を求め**、この平均単価を材料の消費単価とする方法をいいます。

　したがって、 CASE 7 について総平均法で計算する場合の消費単価と材料費は次のようになります。

CASE **7** の材料費の計算（総平均法）

①平均単価：$\dfrac{@10円 \times 20枚 + @15円 \times 80枚}{20枚 + 80枚}$

　　　　　= @14円

②材料費（90枚）：@14円 × 90枚 = 1,260円

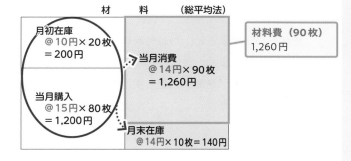

消費数量はどのように計算する？

　次は、材料の消費数量の計算です。材料の消費数量の計算には、**継続記録法**と**棚卸計算法**があります。

(1) 継続記録法

　継続記録法とは、材料を購入したり、消費したりするつど、材料元帳に記入し、材料元帳の払出数量欄に記入された数量を消費数量とする方法をいいます。

材料元帳は商業簿記で学習した商品有高帳の材料版です。

材 料 元 帳

木材A

×1年		摘　要	受　入			払　出			残　高		
月	日		数量	単価	金額	数量	単価	金額	数量	単価	金額
5	1	前月繰越	20	10	200				20	10	200
	10	入　庫	80	15	1,200				20	10	200
									80	15	1,200
	15	出　庫				20	10	200			
						70	15	1,050	10	15	150

> ここに記入された数量が消費数量となります。

> 消費数量＝材料元帳の払出数量欄に記入された数量

> いちいち記録するので、メンドウというデメリットがありますが…。

　継続記録法によると、つねに材料の在庫数量を把握することができます。また、月末に棚卸しを行えば、材料元帳の在庫（残高）数量と実地棚卸数量から、棚卸減耗を把握できるというメリットがあります。

> 消費したときには記入しません。

(2) 棚卸計算法

　一方、**棚卸計算法**とは、材料を購入したときだけ材料元帳に記入し、購入記録と月末の実地棚卸数量から消費数量を計算する方法をいいます。

材 料 元 帳

木材A

×1年		摘　要	受　入			払　出			残　高		
月	日		数量	単価	金額	数量	単価	金額	数量	単価	金額
5	1	前月繰越	20	10	200						
	10	入　庫	80	15	1,200						

> 購入（入庫）のみ記録します。

> 消費（出庫）と残高は記録しません。

> 消費数量＝月初数量＋当月購入数量－月末実地棚卸数量

　棚卸計算法によると、記録の手間は省けますが、月末にならないと在庫数が把握できない、棚卸減耗を把握できないというデメリットがあります。

⇔ 問題編 ⇔
問題2

CASE
8 | 棚卸減耗が生じたときの処理

10枚残っているはず
なのに8枚しかないニャ。

今日は月末。ゴエモン
㈱埼玉工場では毎月
末に材料の棚卸しを行って
います。
今月も棚卸しをしたのです
が、10枚残っているはずの
材料が8枚しか残っていま
せんでした。

取 引

月末における材料の帳簿棚卸数量は10枚（消費単価は@14円）であるが、実地棚卸数量は8枚であった。なお、棚卸減耗は正常なものである。

用語　**帳簿棚卸数量**…帳簿（材料元帳）上の材料の数量
　　　　　実地棚卸数量…実際に残っている材料の数量

🐱 棚卸減耗が生じたときの処理

　　材料の運搬中に発生した破損や紛失などが原因で、材料元帳の在庫数量（帳簿棚卸数量）と実地棚卸数量が異なることがあります。このときの帳簿棚卸数量と実地棚卸数量との差を**棚卸減耗**といい、棚卸減耗の金額を**棚卸減耗費**といいます。

> 棚卸減耗費＝帳簿有高－実際有高

　　CASE 8 では、10枚あるはずの材料が8枚しかないので、その差額から棚卸減耗費を計算し、材料の帳簿価額を減らします。

CASE **8** の棚卸減耗費

・@14円×（10枚 − 8枚）＝ 28円

（　　　　　　　）	（材　　　料）	28

資産 ☀ の減少 ⬇

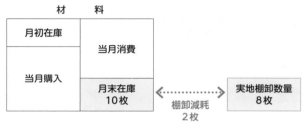

なお、棚卸減耗が生じたときは、原因を調べ、その減耗が通常生じる程度のものであるならば（正常な場合といいます）、棚卸減耗費を**間接経費（製造間接費）**として処理します。

一方、材料が大量になくなっている場合など、その減耗が通常生じる程度を超える場合（異常な場合といいます）は、非原価項目として処理します。

CASE **8** の棚卸減耗は正常なものなので、製造間接費で処理します。

> 盗難や火災でなくなった場合ですね。2級では出題されません。

CASE **8** の仕訳

（製 造 間 接 費）	28	（材　　　料）	28

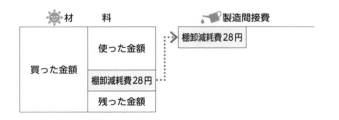

⇔ 問題編 ⇔

問題3

CASE
9

予定消費単価を用いる場合①
材料を消費したときの処理

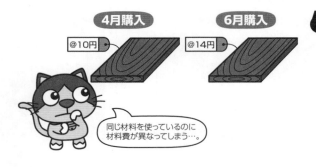

工場で使う木材は年間を通じて購入していますが、時期によって購入単価が異なることがあります。そうすると、同じ材料を使っていても、購入した時期の違いで材料費の金額が異なってしまいます。そこで調べてみたら、予定消費単価を使うとよいことがわかりました。

取引

当月、直接材料として80枚を消費した。なお、予定消費単価は@12円である。

用語　**予定消費単価**…あらかじめ決められた材料の消費単価

ここまでの知識で仕訳をうめると…

（ 仕 掛 品 ）	（ 材 　 　 料 ）
🔺 直接材料として消費した →仕掛品⚙で処理	🔺 材料を消費した →材料⚙の減少⬇

🐾 予定消費単価で材料費を計算する！

CASE8 までは、実際の購入単価を用いて材料費を計算しました。しかし、実際の購入単価を用いて材料費を計算すると、同じ種類の材料を使って製品を製造しているのに、購入時期が違うというだけで材料費が異なってしまうことがあります。

また、材料の消費単価を総平均法で計算している場合などは、一定期間が終わらないと消費単価の計算ができず、材料費の計算が遅れるという問題があります。

材料を購入したときの処理は CASE5 と同じです。CASE9 では予定消費単価を用いた場合の、材料を消費したときの処理についてみていきます。

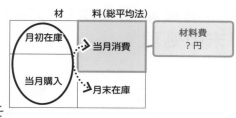

材　　料（総平均法）

総平均法の場合、月末にならないと
平均単価が計算できないニャ

そこで、実際の購入単価に代えて、あらかじめ決められた単価（**予定消費単価**といいます）で材料費を計算する方法があります。

> 予定消費単価は通常、期首に決定します。

この場合、予定消費単価に実際に消費した材料の数量（実際消費数量）を掛けて材料費を計算します。

> 試験では、予定消費単価は問題文に与えられます。

> 材料費（予定消費額）＝予定消費単価×実際消費数量

したがって、 CASE **9** の材料費は次のようになります。

CASE **9** の材料費（予定消費額）

・@12円×80枚＝ 960円 ⋯⋯⋯⋯⋯⋯⋯⋯⋯⋯⋯⋯⋯⋯

CASE **9** の仕訳

（仕　掛　品）　960　（材　　　料）　960

CASE 10

予定消費単価を用いる場合②
月末の処理

えーと…。
月末の処理は…？

ネコでもわかる
工業簿記

今日は月末。
　予定消費単価を用い
て材料費を計算している場
合は、月末に材料の実際
消費額を計算し、予定消
費額との差額を処理しなけ
ればなりません。

取　引

当月の直接材料費の実際消費額は1,120円（@14円×80枚）であった。な
お、予定消費額は960円（@12円×80枚）で計算している。

用語 **実際消費額**…実際の購入価額をもとに、平均法などで計算した材料の消費額
　　　　予定消費額…予定消費単価を用いて計算した材料の消費額

実際消費額は平均法
など（ CASE 7 で学
習）によって計算し
ます。

予定消費単価を用いた場合の月末の処理

　予定消費単価を用いて、材料の予定消費額を計算し
た場合でも、月末に実際消費額を計算します。

　そして、予定消費額と実際消費額を比べて、材料の
消費額が実際消費額になるように調整します。

　CASE 10 では、実際消費額1,120円のところ、予定
消費額960円で計上されています。

予定消費単価を用いた場合の材料消費時の仕訳 CASE 9

| （仕　掛　品） | 960 | （材　　　料） | 960 |

この場合、実際よりも材料の消費額が少なく計上されているので、その差額160円（1,120円 − 960円）だけ材料の消費を増やします。

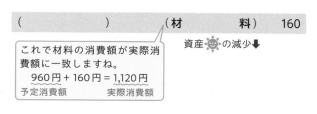

| （　　　　　　　　） | （材　　　料） | 160 |

資産☀の減少⬇

これで材料の消費額が実際消費額に一致しますね。
960円 + 160円 = 1,120円
予定消費額　　　実際消費額

材料の消費を増やすということは材料（資産）を減らすことになります。

☀材　　料

| 実際消費額 1,120円 | 予定消費額 960円 （CASE 9 で計上） |
| | 160円 CASE 10 |

　また、この差額160円は予定消費単価（@12円）と実際消費単価（@14円）の違いから生じたものなので、相手科目は**材料消費価格差異**という勘定科目で処理します。

CASE **10** の仕訳

| （材料消費価格差異） | 160 | （材　　　料） | 160 |

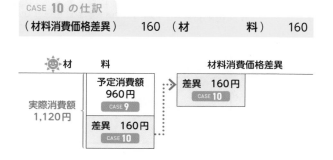

☀材　　料

| 実際消費額 1,120円 | 予定消費額 960円 CASE 9 |
| | 差異 160円 CASE 10 |

材料消費価格差異

| 差異 160円 CASE 10 |

なお、CASE10 の材料消費価格差異は、予定消費額（960円）よりも実際消費額（1,120円）が多かったために発生しているもの、つまり予定していたよりも材料費（費用）が多くかかったことを表します。

これは、会社にとって良くない状態なので、このような差異を**不利差異**といいます。

予定消費額　＜　実際消費額　→　不利差異
（借方差異）

なお、実際消費額と予定消費額の関係をボックス図で表すと下記のようになります。

このボックス図では、縦軸に消費単価、横軸に実際消費量を記入しますが、計算ミスを防ぐために、消費単価は金額の大小にかかわらず、つねに予定消費単価が下（内側）になるように記入しましょう。

実際消費額
@14円×80枚＝1,120円

実際消費単価
@14円

予定消費単価
@12円

材料消費価格差異
960円－1,120円＝△160円

予定消費額
@12円×80枚＝960円

予定消費額から実際消費額を差し引いて、マイナスになったら不利差異（借方差異）です。

材料消費価格差異は単価の違いから生じる差異なので、（@12円－@14円）×80枚＝△160円と計算することもできます。

実際消費量
80枚

また、仮に予定消費額が960円（@12円×80枚）で、実際消費額が880円（@11円×80枚）だったとした（予定消費額よりも実際消費額が少なかった）場合は、材

材料消費価格差異勘定の借方に記入されるので、借方差異ともいいます。

「差異」は費用のようなものだと思ってください。だから借方に生じたら、（費用の増加なので）不利差異です。

内側の数値（予定）から外側の数値（実際）を差し引いてマイナスなら不利差異、プラスなら有利差異（後述）と機械的に判断するためです。

料費が予定より少なくてすんだわけですから、会社に
とって良い状態です。したがって、この場合の差異を
有利差異といいます。
<ruby>有利差異<rt>ゆう り さ い</rt></ruby>

| 予定消費額 | > | 実際消費額 | → | 有利差異
（貸方差異） |

> 880円しか使っていないのに、960円
> 使ったとして計上されているため、差額
> 80円分の材料の消費を取り消します。

> 材料消費価格差異が貸方に
> 生じたら、（費用の減少なの
> で）有利差異です。

（材　　　　料）　　　80　（材料消費価格差異）　　80

```
        材       料              材料消費価格差異
差異 80円   予定消費額          差異 80円
実際消費額   960円
 880円     CASE 9
```

> 材料消費価格差異勘定の
> 貸方に記入されるので、
> 貸方差異ともいいます。

> このボックス図では、実際消
> 費単価が予定消費単価より低
> くても、必ず実際消費単価が
> 上になるように書きます。

実際消費額
＠11円×80枚＝880円

実際消費単価
＠11円

予定消費単価
＠12円

```
材料消費価格差異
960円－880円＝80円

予定消費額
＠12円×80枚＝960円
```

> または
> （＠12円－＠11円）×80枚＝80円
> 予定消費額から実際消費額を差し
> 引いて、プラスになったら有利差
> 異（貸方差異）です。

実際消費量
80枚

| ⇔ 問題編 ⇔ |
| 問題4 |

CASE 11

予定消費単価を用いる場合③
会計年度末の処理

今日は決算日（会計年度末）。

月末ごとに計上した材料消費価格差異は会計年度末において、売上原価勘定に振り替えなければいけないとのこと。そこで、材料消費価格差異を売上原価勘定に振り替えました。

取　引

材料消費価格差異160円（借方に計上）を売上原価勘定に振り替える。

🐱 予定消費単価を用いた場合の会計年度末の処理

　　月末ごとに計上された材料消費価格差異は、会計年度末（決算日）にその残高を**売上原価勘定**に振り替えます。

　　 CASE 11 では、材料消費価格差異が借方に計上されているので、これを減らします（<u>貸方</u>に記入します）。

> 借方に計上されているということは、不利差異ですね。

| （　　　　　　　） | | （材料消費価格差異） | 160 |

材料消費価格差異

| 160円　➡　160円 |

材料消費価格差異を減らします。

　　そして、借方は**売上原価**で処理します。

CASE **11** の仕訳

（売 上 原 価）　160　（材料消費価格差異）　160

材料消費価格差異

160円	160円

売上原価

160円

売上原価勘定に
振り替えます。

　また、材料消費価格差異が貸方に計上されていた場合は、貸方の材料消費価格差異を減らし（借方に記入し）、貸方は売上原価で処理します。

貸方に計上されているということは、有利差異ですね。

　たとえば、 CASE 11 の材料消費価格差異が80円（貸方）の場合の仕訳は、次のようになります。

（材料消費価格差異）　80　（売 上 原 価）　80

材料消費価格差異

80	80

売上原価

80円

材料消費価格差異を
減らします。

売上原価勘定に
振り替えます。

　以上のように、材料消費価格差異が**不利差異（借方差異）**のときは、売上原価勘定の借方に振り替えられるので、**売上原価（費用）が増えます**。反対に材料消費価格差異が**有利差異（貸方差異）**のときは、売上原価勘定の貸方に振り替えられるので、**売上原価（費用）が減る**ことになります。

売上原価は費用なので、借方に振り替えられたら費用の増加ですね。

費　用	収　益
利　益	

参考

材料副費の予定計算

(1) 外部材料副費と内部材料副費

　材料副費とは、材料の購入から出庫までにかかった付随費用をいいます。そして、材料副費のうち、引取運賃などのように、購入してから材料倉庫に入庫するまでにかかったものを**外部材料副費**といい、検収費や保管費などのように、入庫してから出庫するまでにかかったものを**内部材料副費**といいます。

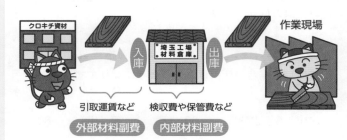

引取運賃など　　検収費や保管費など
外部材料副費　　内部材料副費

(2) 材料副費の予定計算

　CASE 5 で学習したように、材料副費は材料の購入原価に含めて処理します。このとき、実際にかかった材料副費の金額ではなく、「購入代価の何%を材料副費として処理する」というように、**予定配賦率**を使って材料副費を計算することがあります。

　これを**材料副費の予定計算**といいます。

> 特に内部材料副費は、入庫後に発生する費用なので、実際にかかった金額が集計されるのが遅くなります。そこで、あらかじめ決めた予定配賦率を使って、先に材料副費を計算してしまうのです。

　　例

材料1,000円を購入し、代金は掛けとした。なお、材料副費については購入代価の1%を予定配賦する。

・材料副費：1,000円 × 1% = 10円

（材　　　　　料）	1,010	（買　　掛　　金）	1,000
		（材　料　副　費）	10

材料副費は材料の購入原価に含めます。

材料副費という勘定科目で処理します。

⇔ 問題編 ⇔
問題5

費目別計算編

第 3 章

労務費

材料費が直接材料費と間接材料費に分かれるように、
労務費も直接労務費と間接労務費に分かれるハズ。
では、どんな労務費が直接労務費で、
どんな労務費が間接労務費なんだろう…?

ここでは、労務費についてみていきましょう。

CASE
12 | 労務費の分類

今日もごくろうさま！

おつかれさまです。

❓ ゴエモン㈱埼玉工場には、工場内で作業をしている工員さん、事務を担当する事務員さんがいます。これらのヒトにかかる費用（労務費）は、どのように直接労務費と間接労務費に分けるのでしょうか？

🐾 労務費の分類

　労務費とは、工場で働く人にかかる賃金や給料などヒトにかかる費用をいい、次のようなものがあります。

①賃　金

　工場で製品の製造にかかわる人を**工員**<ruby>工員<rt>こういん</rt></ruby>といいます。そして、工員に支払われる給与を**賃金**<ruby>賃金<rt>ちんぎん</rt></ruby>といいます。

　また、工員のうち、材料を切ったり、組み立てるなど製品の製造に直接かかわる人を**直接工**<ruby>直接工<rt>ちょくせつこう</rt></ruby>といい、機械を修繕したり、材料や製品を運ぶなど直接工をサポートする業務を担当する人を**間接工**<ruby>間接工<rt>かんせつこう</rt></ruby>といいます。

木材を切る、組み立てるなど製品の製造に直接かかわる作業を直接作業、修繕や運搬など製品の製造に直接かかわらない作業を間接作業といいます。

直接工

間接工

②給　料

　　工場で事務を担当する人や工場長など、製品の製造にかかわらない人に支払う給与を**給料**といいます。

私は製造には
かかわって
いません

③従業員賞与手当

　　従業員（工員や事務職員など）に支払われる**賞与**や、家族手当、通勤手当などの**手当**も、人にかかる費用なので労務費です。

④退職給付費用

　　従業員の退職に備えて費用計上する**退職給付費用**も、人にかかる費用なので労務費です。

⑤法定福利費

　　健康保険料や雇用保険料などの社会保険料は、会社が一部を負担します。この会社が負担した社会保険料を、**法定福利費**といいます。

とにかく、
ヒトにかかる費用は労務費なんだね。

これらの労務費のうち、製品の製造に直接かかるものは直接労務費、それ以外のものは間接労務費となります。

　したがって、製品の製造に直接かかる**直接工の賃金**は**直接労務費**で、それ以外のものは**間接労務費**となります。

　ただし、直接工の賃金のうち、製品の製造に直接かかわらない作業分（**間接作業分**）については、**間接労務費**となります。

とても
重要

労務費の分類

①賃　金	直接工	直接作業分	直接労務費
		間接作業分	間接労務費
	間接工		
②給　料			
③従業員賞与手当			
④退職給付費用			
⑤法定福利費			

CASE 13 | 賃金・給料を支払ったときの処理

ゴエモン㈱の給料日は
毎月25日。
今日は25日なので、賃金
800円のうち源泉所得税と
社会保険料を差し引いた
残額を従業員に支払いま
した。

取　引

当月の賃金の支給額は800円で、このうち源泉所得税と社会保険料の合計50
円を差し引いた残額750円を現金で支払った。

賃金や給料を支払ったときの処理

　賃金や給料を支払ったときは、**賃金（費用）**や**給料
（費用）**で処理します。なお、源泉所得税や社会保険
料は**預り金（負債）**で処理します。

これは商業簿記で学
習しましたね。

CASE 13 の仕訳

（賃　　　　金）	800	（預　り　金）	50
		（現　　　金）	750

賃　　金

支給額
800円

第3章 労務費

CASE 14 ｜ 賃金・給料の消費額の計算

ゴエモン㈱の給与の計算期間は前月21日から当月20日までで、支給日は毎月25日です。このように原価計算期間と給与計算期間が違う場合、賃金・給料の消費額はどのように計算したらよいのでしょう？

計算期間がズレている場合は…？

取　引

7月の賃金支給額は800円であった。なお、前月未払額（6月21日〜6月30日）は30円、当月未払額（7月21日〜7月31日）は40円である。

🐱 給与計算期間と原価計算期間のズレ

　原価計算期間は毎月1日から月末までの1カ月です。ところが、通常、給与計算期間は「毎月20日締めの25日払い」というように、原価計算期間とズレていますので、このような場合は、そのズレを調整して賃金や給料の消費額を計算します。

　 CASE 14 では、賃金支給額が800円ですが、この中には前月未払額（6月21日〜6月30日）が含まれています。したがって、当月（7月）の賃金消費額を計算する際には、賃金支給額（800円）から前月未払額30円を差し引きます。

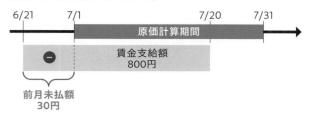

また、賃金支給額800円には、当月未払額（7月21日〜7月31日）は含まれていません。したがって、当月（7月）の賃金の消費額を計算するにあたって、当月未払額40円を足します。

　以上より、当月（7月）の賃金の消費額は、810円（800円 − 30円 + 40円）と計算することができます。

CASE **14** の賃金の消費額

・800円 − 30円 + 40円 ＝ 810円

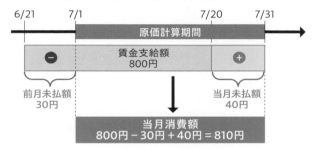

　なお、仕訳を示すと次のようになります。

①月初の仕訳：再振替仕訳

| （未 払 賃 金） | 30 | （賃　　　　金） | 30 |

②賃金支給時の仕訳（ CASE **13** ）

| （賃　　　　金） | 800 | （現 金 な ど） | 800 |

③月末の仕訳：費用の未払計上

| （賃　　　　金） | 40 | （未 払 賃 金） | 40 |

⇔ 問題編 ⇔
問題 6

CASE

15 | 労務費の処理

ゴエモン㈱では8月の直接工の賃金消費額を計上しようとしています。賃金消費額1,000円は直接作業40時間分と間接作業10時間分の合計額です。さて、どのような処理をしたらよいでしょう?

取 引

8月の直接工の賃金消費額を計上する。なお、8月の直接工の賃金消費額は1,000円、作業時間は50時間（うち直接作業時間は40時間、間接作業時間は10時間）であった。

直接工の賃金消費額の処理

CASE 12 で学習したように、直接工の賃金消費額のうち、**直接作業分は直接労務費、間接作業分は間接労務費**となります。

なお、直接工の直接作業分の賃金と間接作業分の賃金は、1時間あたりの賃金（**消費賃率**といいます）を求め、これに直接作業時間または間接作業時間を掛けて計算します。

> 消費賃率は直接工の賃金消費額を直接工の総作業時間で割るだけです。

CASE 15 の直接工の賃金

①消費賃率：$\dfrac{1,000 円}{50 時間} = @ 20 円$

②直接作業分の賃金：@ 20 円 × 40 時間 = 800 円

③間接作業分の賃金：@ 20 円 × 10 時間 = 200 円

そして、**直接作業分の賃金**は賃金勘定（貸方）から**仕掛品勘定（借方）**に、**間接作業分の賃金**は賃金勘定（貸方）から**製造間接費勘定（借方）**に振り替えます。

（仕 掛 品）	800	（賃 金）	1,000
（製 造 間 接 費）	200		

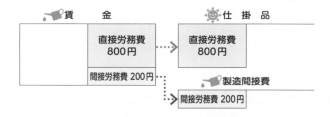

🐱 間接工の賃金消費額の処理

間接工の賃金消費額はすべて**間接労務費**です。したがって、**間接工の賃金消費額**は賃金勘定（貸方）から**製造間接費勘定（借方）**に振り替えます。

🐱 賃金以外の消費額の処理

給料や**従業員賞与手当、退職給付費用、法定福利費**はすべて**間接労務費**です。したがって、これらの消費額は各勘定（貸方）から**製造間接費勘定（借方）**に振り替えます。

⇔ 問題編 ⇔
問題 7

第3章
労務費

CASE
16

予定賃率を用いる場合①
賃金を消費したときの処理

予定賃率で計算すれば
いいのか…。

直接工の賃金を計算
するとき、実際の賃率
で計算すると、計算が遅れ
てしまいます。
そこで、調べてみたら予定
賃率を用いて計算するとよ
いことがわかりました。

取　引

当月の直接工の賃金消費額を計上する。なお、当月の直接工の作業時間は50
時間（すべて直接作業時間）であり、予定賃率@22円で計算する。

用語 予定賃率…あらかじめ決められた賃率

ここまでの知識で仕訳をうめると…

（ 仕　掛　品 ）	（ 賃　　　金 ）
◆ 直接工の直接作業分の賃金	◆ 賃金の消費
→仕掛品で処理	

予定賃率で賃金消費額を計算する！

　　材料費を予定消費単価で計算したように、賃金につ
いてもあらかじめ決められた賃率（**予定賃率**といいま
す）を用いて計算する方法があります。

　　この場合、予定賃率に実際の作業時間を掛けて賃金
の予定消費額を計算します。

試験では、予定賃率は
通常、問題文に与えら
れます。

　賃金の予定消費額＝予定賃率×実際作業時間

したがって、 CASE 16 の賃金の予定消費額は次のようになります。

CASE 16 の賃金の予定消費額

・@ 22 円 × 50 時間 = 1,100 円 ┄┄┄┄┄┄┄┄┄┄┄┄┄┄┄┐
                                                              ▼

CASE 16 の仕訳

（仕　掛　品）　1,100　（賃　　　金）　1,100

賃　　金

| 予定消費額
1,100円 |

仕　掛　品

| 予定消費額
1,100円 |

第3章

労務費

CASE 17 | 予定賃率を用いる場合② 月末の処理

月末だから、実際消費額を計算して差異を把握！

今日は月末。
ゴエモン㈱では、直接工の賃金について、予定賃率を用いて計算しています。ですから、月末に実際消費額を計算して差異を把握しなければなりません。

取引

当月の賃金の実際消費額は1,000円（実際賃率@20円）であるが、予定消費額1,100円（予定賃率@22円）で計上している。なお、当月の直接工の実際直接作業時間は50時間であった。

🐱 予定賃率を用いる場合の月末の処理

月末に賃金の実際消費額を計算したら、実際消費額と予定消費額を比べます。

CASE 17 では、賃金の実際消費額が1,000円のところ、予定消費額1,100円で計上されています。

材料費を予定消費単価で計算した場合の処理と同じです。

予定賃率を用いた場合の賃金消費時の仕訳 CASE 16

| （仕　掛　品） | 1,100 | （賃　　　金） | 1,100 |

したがって、その差額100円（1,100円 − 1,000円）だけ賃金の消費を取り消します。

| （賃　　　金） | 100 | （　　　　　　） | |

これで賃金の消費額が実際消費
額に一致しますね。
1,100 円 − 100 円 = 1,000 円
予定消費額　　　　実際消費額

賃	金
100円 CASE 17	予定消費額 1,100円
実際消費額 1,000円	(CASE 16 で計上)

また、この差額 100 円は予定賃率（@ 22 円）と実際賃率（@ 20 円）の違いから生じたものなので、相手科目は**賃率差異**（ちんりつさい）という勘定科目で処理します。

CASE **17** の仕訳

（賃　　　　金）　100　（賃　率　差　異）　100

賃	金
100円 CASE 17	予定消費額 1,100円 (CASE 16 で計上)
実際消費額 1,000円	

賃 率 差 異
100円 CASE 17

CASE 17 の賃率差異は、予定消費額よりも実際消費額が少ない（予定よりも少なくてすんだ）ために発生した差異なので、**有利差異**です。

賃率差異勘定の貸方に記入されるので、貸方差異ともいいます。

予定消費額　＞　実際消費額　→　有利差異
　　　　　　　　　　　　　　　　　（貸方差異）

実際消費額
@ 20円 × 50時間 = 1,000円

実際賃率
@ 20円

賃率差異
1,100円 − 1,000円 = 100円

予定賃率
@ 22円

予定消費額
@ 22円 × 50時間 = 1,100円

または（@ 22円 − @ 20円）× 50時間
= 100円
予定消費額から実際消費額を差し引いて、プラスになるので有利差異（貸方差異）です。

金額の大小にかかわらず、予定賃率は下に書きます。

実際作業時間
50時間

また、仮に賃金の予定消費額が1,100円（@22円×50時間）のところ、実際消費額が1,150円（@23円×50時間）であった場合は、予定消費額よりも実際消費額が多く発生している（予定よりも多くかかってしまった）ので、**不利差異**となります。

| 予定消費額　＜　実際消費額　→　不利差異 |
| （借方差異） |

（賃　率　差　異）　　50　（賃　　　　　金）　　50

> 実際は1,150円を消費したのに、1,100円しか消費していないことになっているので、50円分、追加で賃金の消費額を計上します。

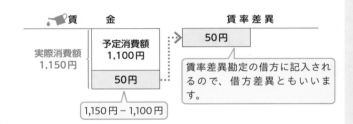

賃　　金

実際消費額
1,150円

予定消費額
1,100円

50円

1,150円 − 1,100円

賃 率 差 異

50円

> 賃率差異勘定の借方に記入されるので、借方差異ともいいます。

> または（@22円−@23円）×50時間＝△50円
> 予定消費額から実際消費額を差し引いて、マイナスになるので不利差異（借方差異）です。

実際消費額
@23円×50時間＝1,150円

実際賃率
@23円

予定賃率
@22円

賃率差異
1,100円−1,150円＝△50円

予定消費額
@22円×50時間＝1,100円

実際作業時間
50時間

⇔ 問題編 ⇔
問題 8、9

CASE 18 予定賃率を用いる場合③ 会計年度末の処理

今日は決算日（会計年度末）。
そこで、月末ごとに計上した賃率差異を売上原価勘定に振り替えました。

取引

賃率差異100円（貸方に計上）を売上原価勘定に振り替える。

予定賃率を用いる場合の会計年度末の処理

材料消費価格差異の場合と同様に、月末ごとに計上された賃率差異は、会計年度末（決算日）に**売上原価勘定**に振り替えます。

CASE 18 では、賃率差異が貸方に計上されているので、これを減らします（借方に記入します）。

（賃　率　差　異）　100　（　　　　　　　）

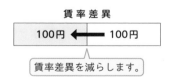

そして、貸方は**売上原価**で処理します。

> 考え方は予定消費単価を用いた場合の材料費の処理と同じです。

> 貸方に計上されているということは、有利差異ですね。

（賃 率 差 異）　100 （売 上 原 価）　100

売上原価勘定に
振り替えます。

　　また、賃率差異が借方に計上されていた場合は、
借方の賃率差異を減らし（貸方に記入し）、借方は売
上原価で処理します。

　　たとえば、 CASE **18** の賃率差異が 50 円（借方）の
場合の仕訳は、次のようになります。

（売 上 原 価）　50 （賃 率 差 異）　50

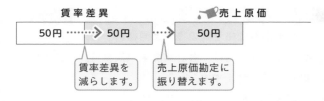

賃率差異を
減らします。

売上原価勘定に
振り替えます。

　　以上のように、賃率差異が**不利差異（借方差異）**の
ときは、売上原価勘定の借方に振り替えられるので、
売上原価（費用）が**増え**ます。反対に賃率差異が**有利
差異（貸方差異）**のときは、売上原価勘定の貸方に振
り替えられるので、**売上原価（費用）**が**減る**ことにな
ります。

材料消費価格差異の
ときと同じですね。

費目別計算編

第 **4** 章

経　費

材料費、労務費ときたら、最後は経費。
経費は材料費、労務費以外の費用なので、
なんだかたくさんあるみたい…。

ここでは、経費についてみていきましょう。

CASE
19 | 経費とは？

経費って、
いっぱいありそう。

? 経費は材料費と労務
費以外の費用ですが、
経費にはどんなものがある
のでしょう？

🐱 経費とは

　経費とは、材料費と労務費以外の費用をいいます。また、経費は消費額の計算方法の違いによって、次の4つに分類することができます。

①支払経費

　支払経費とは、その月の支払額を消費額とする経費をいい、外注加工賃や修繕費などがあります。

　なお、外注加工賃とは、組み立てた製品に色を塗る作業を塗装業者に頼むなど、製品の製造の一部を外部の業者に注文したときに生じる支払額をいいます。

外部の業者に注文して
加工してもらったとき
の支払額だから外注加
工賃といいます。

外注加工賃

ゴエモン(株)
埼玉工場

シロヒメ塗装

あいよ！
色、塗れたよ！

800

ありがとう！

②月割経費

月割経費とは、一定期間（1年や半年など）の発生額を計算し、それを月割計算した金額をその月の消費額とする経費をいい、**工場建物の減価償却費**や**賃借料**などがあります。

③測定経費

測定経費とは、メーターなどで測定した消費量をもとに計算した金額をその月の消費額とする経費をいい、**電気代**や**水道代**などがあります。

④発生経費

発生経費とは、その月の発生額を消費額とする経費をいい、**材料棚卸減耗費**などがあります。

上記のうち、外注加工賃はある製品にいくらかかったかが明らかなので、**直接経費**ですが、それ以外はすべて**間接経費**です。

> 直接経費は、外注加工賃のほかに特許権使用料があります。

経費の分類

①支払経費	外注加工賃、特許権使用料	直接経費
	修繕費など	間接経費
②月割経費	減価償却費、賃借料など	
③測定経費	電気代、水道代など	
④発生経費	材料棚卸減耗費など	

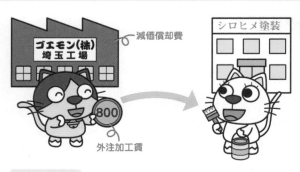

経　費　【費目別計算編】

CASE 20　経費を消費したときの処理

ゴエモン㈱埼玉工場は、小物入れの塗装をお願いしているシロヒメ塗装に800円（外注加工賃）を支払いました。また、工場建物の減価償却費を計上することにしました。

取　引

(1) 外注加工賃800円を現金で支払った。
(2) 工場建物の減価償却費を計上する。なお、1年間の減価償却費は1,200円である。

> 試験では勘定科目が指定されるので、それにしたがって処理してください。

🐈 経費の諸勘定を用いない場合の処理

　経費を消費したときは、どの勘定を用いるかによって処理方法が異なります。

　試験でよく出題されるのは、**経費の諸勘定を用いず、直接経費は仕掛品勘定で処理し、間接経費は製造間接費勘定で処理する方法**です。

🐱仕　掛　品		🖌️製造間接費
直接経費		間接経費

　この方法によると、 CASE 20 の **(1) 外注加工賃**は**直接経費**なので**仕掛品勘定**で処理し、**(2) 工場建物の減価償却費**は**間接経費**なので、**製造間接費勘定**で処理することになります。

なお、工場建物の減価償却費のように、1年分の金額が与えられているときは、12カ月で割って1カ月分を計上します。

第4章　経費

CASE **20** の工場建物の減価償却費

・1,200 円 × $\dfrac{1 \text{カ月}}{12 \text{カ月}}$ = 100 円

　以上より、 CASE **20** を経費の諸勘定を用いないで処理した場合の仕訳は次のようになります。

CASE **20** の仕訳①

| （仕　　掛　　品） | 800 | （現　　　　　金） | 800 |
| （製 造 間 接 費） | 100 | （減価償却累計額） | 100 |

試験でよく出題される方法です。

仕　掛　品

直接経費 800円

製造間接費

間接経費100円

経費勘定を用いる場合の処理

　経費を消費したときに**経費勘定を用いて処理**することもあります。

　この場合、経費を消費したときには、直接経費も間接経費もいったん経費勘定で処理します。

| （経　　　　費） | 800 | （現　　　　　金） | 800 |
| （経　　　　費） | 100 | （減価償却累計額） | 100 |

経　費

| 直接経費
800円 |
| 間接経費100円 |

そして、**直接経費**は経費勘定から**仕掛品勘定**に、**間接経費**は経費勘定から**製造間接費勘定**に振り替えます。

以上より、 CASE 20 を経費勘定を用いて処理した場合の仕訳は次のようになります。

CASE **20** の仕訳②

直接経費の
振り替え

（経　　　　　費）　800　（現　　　　　金）　800
（経　　　　　費）　100　（減価償却累計額）　100

（仕　掛　品）　800　（経　　　　　費）　800
（製 造 間 接 費）　100　（経　　　　　費）　100

間接経費の
振り替え

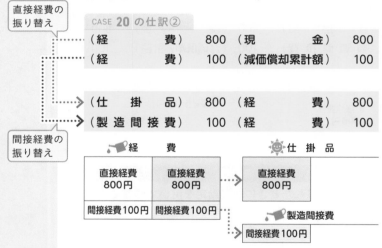

経　費

| 直接経費
800円 | 直接経費
800円 |
| 間接経費100円 | 間接経費100円 |

仕 掛 品

| 直接経費
800円 |

製造間接費

| 間接経費100円 |

🐱 **経費の諸勘定を用いる場合の処理**

経費を消費したときに、外注加工賃勘定や減価償却費勘定などの**経費の諸勘定を用いて処理**することもあります。

この場合、経費を消費したときには、いったん各経費の勘定で処理します。

（外 注 加 工 賃）	800	（現　　　　金）	800
（減 価 償 却 費）	100	（減価償却累計額）	100

外注加工賃

800円

減価償却費

100円

　そして、**直接経費**は各経費の勘定（ここでは外注加工賃）から**仕掛品勘定**に、**間接経費**は各経費の勘定（ここでは減価償却費）から**製造間接費勘定**に振り替えます。

　以上より、 CASE 20 を経費の諸勘定を用いて処理した場合の仕訳は次のようになります。

> これは、経費勘定を用いて処理する場合と同じです。

第4章

経費

CASE 20 の仕訳③

（外 注 加 工 賃）	800	（現　　　　金）	800
（減 価 償 却 費）	100	（減価償却累計額）	100
（仕　　掛　　品）	800	（外 注 加 工 賃）	800
（製 造 間 接 費）	100	（減 価 償 却 費）	100

直接経費の
振り替え

間接経費の
振り替え

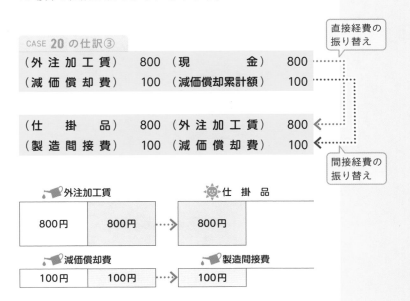

外注加工賃

800円	800円

仕　掛　品

800円

減価償却費

100円	100円

製造間接費

100円

⇔ 問題編 ⇔
問題 10 ～ 12

外注先に材料を無償で支給した場合の処理

　外部の業者に外注加工を依頼するさいに、材料を無償で支給した場合には、直接材料の消費の処理をします。

例

ゴエモン㈱埼玉工場は、シロヒメ塗装に塗装作業（外注加工）を依頼し、材料10kg（原価100円）を無償で支給した。

（仕　掛　品）	100	（材　　　料）	100

製品原価の計算編

5

第　章

個別原価計算

お客さんの注文ごとに製品を作る場合、
どのようにして製品の原価を計算すればいいのだろう？

ここでは、個別原価計算についてみていきましょう。

CASE
21　個別原価計算とは？

ゴエモン㈱では、今月
からオーダーメイドの
雑貨販売を開始しました。
さっそく、ピアノ型小物入
れと星型小物入れの制作
依頼があったのですが、こ
のような場合、どのように
原価を計算するのでしょう
か？

🐱 個別原価計算とは

いわゆるオーダーメ
イドですね。

　お客さんの注文に応じて、注文どおりの製品を製造
する生産形態を**受注生産形態**といいます。

製造指図書は「こん
なふうに作ってね」
という製造命令書で
す。

　受注生産を行う製造業では、営業部がお客さんから
注文を受けると、その注文の内容を記載した**製造指図
書**を発行し、工場に製造命令をだします。そして、工
場では製造指図書にもとづいて製造を開始します。

具体的な計算の流れ
は CASE 22 以降で説明
します。

　なお、受注生産形態においては、発行された製造指
図書ごとにかかった原価を**原価計算表**という表に集計
し、製品原価を計算します。

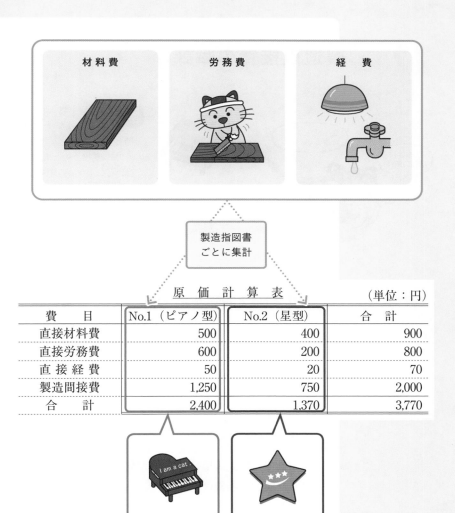

費　　目	No.1（ピアノ型）	No.2（星型）	合　　計
直接材料費	500	400	900
直接労務費	600	200	800
直接経費	50	20	70
製造間接費	1,250	750	2,000
合　　計	2,400	1,370	3,770

このように、製造指図書別に製品原価を計算する
手続きを**個別原価計算**といいます。

CASE 22 製造直接費の賦課

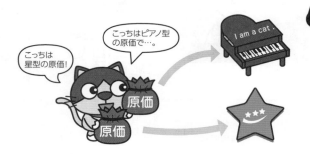

こっちは星型の原価！

こっちはピアノ型の原価で…。

I am a cat.

? ピアノ型小物入れを作るのに直接かかった原価と、星型小物入れを作るのに直接かかった原価は、どのように処理するのでしょうか?

例

製造指図書No.1（ピアノ型）とNo.2（星型）の製造直接費は次のとおりである。

	No.1	No.2
直 接 材 料 費	500	400
直 接 労 務 費	600	200
直 接 経 費	50	20

🐱 製造直接費は賦課する！

　　原価のうち、直接材料費、直接労務費、直接経費といった製造直接費は、どの製品にいくらかかったかが明らかな原価なので、その製品（製造指図書）に集計します。これを賦課（または直課）といいます。

　　したがって、 CASE 22 の原価計算表への記入は次のようになります。

製造指図書No.ごとに金額を記入するだけです。

原 価 計 算 表 　　　　　　（単位：円）

費　　目	No.1（ピアノ型）	No.2（星型）	合　　計
直接材料費	500	400	900
直接労務費	600	200	800
直 接 経 費	50	20	70

CASE
23　製造間接費の配賦

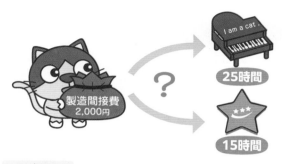

製造間接費はどの製品にいくらかかったかが明らかではない原価です。このような製造間接費は、どのように製造指図書に振り分ければよいのでしょう?

例

製造間接費の実際発生額は2,000円である。なお、製造間接費は下記の直接作業時間をもとに、各製造指図書に配賦する。

	No.1	No.2
直 接 作 業 時 間	25時間	15時間

用語 配　賦…製造間接費を各製品(製造指図書)に振り分けること

🐱 製造間接費は配賦する!

　製造間接費は、どの製品にいくらかかったかが明らかではない原価です。したがって、製造間接費は作業時間や直接労務費など、なんらかの基準(これを**配賦基準**といいます)にもとづいて各製造指図書に振り分けます。なお、製造間接費を各製造指図書に振り分けることを**配賦**といいます。

試験では、何を配賦基準にするかは問題文の指示にしたがってください。
CASE 23 では直接作業時間ですね。

🐱 製造間接費の配賦方法

　製造間接費を各製造指図書に配賦するには、まず、製造間接費の実際発生額を配賦基準合計で割って、**配賦率**を求めます。

製造間接費の実際発生額にもとづいた配賦率なので、実際配賦率ということもあります。

$$製造間接費配賦率 = \frac{製造間接費実際発生額}{配賦基準合計}$$

CASE **23** の製造間接費の配賦率

$$\cdot \frac{2,000 \ 円}{25 \ 時間 + 15 \ 時間} = @ \ 50 \ 円$$

そして、配賦率に各製品の配賦基準を掛けて、製造間接費の配賦額を計算します。

CASE **23** の製造間接費の配賦額

No.1：@ 50 円 × 25 時間 = 1,250 円
No.2：@ 50 円 × 15 時間 = 750 円

以上より、 CASE **23** を原価計算表に記入すると次のようになります。

CASE **23** の原価計算表の記入

原 価 計 算 表 （単位：円）

費　　　目	No.1（ピアノ型）	No.2（星型）	合　　計
直接材料費	500	400	900
直接労務費	600	200	800
直 接 経 費	50	20	70
製造間接費	1,250	750	2,000
合　　計	2,400	1,370	3,770

最後に合計金額を記入します。

No.1の製造原価

No.2の製造原価

⇔ 問題編 ⇔
問題 13

CASE 24 | 製品が完成し、引き渡したときの処理

| 完成 | 完成 | 未完成 |

引渡済

先月、注文を受けたピアノ型小物入れと星型小物入れが、今月完成し、ピアノ型小物入れはお客さんに渡しました。また、新たにネコ型小物入れの注文がありましたが、これはまだ完成していません。この場合の記入はどうなるでしょうか?

例

当月に製造指図書No.1（ピアノ型）とNo.2（星型）が完成し、No.1（ピアノ型）については引き渡しが完了している。なお、No.3（ネコ型）は未完成である。

原　価　計　算　表				（単位：円）
費　　目	No.1 （ピアノ型）	No.2 （星型）	No.3 （ネコ型）	合　計
前月繰越	2,400	1,370	0	3,770
直接材料費	50	100	400	550
直接労務費	200	400	600	1,200
直接経費	0	0	50	50
製造間接費	500	1,000	1,500	3,000
合　計	3,150	2,870	2,550	8,570
備　考				

前月発生の原価

当月発生の原価

製品が完成し、引き渡したとき

　原価計算表の備考欄には、月末の製品の状態が記入されます。

　CASE 24 では、No.1（ピアノ型）は完成し、引き渡しが終わっていますので、「**完成・引渡済**」と原価計算表の備考欄に記入します。

また、No.2（星型）は完成していますが、引き渡しはまだ終わっていないので、「**完成・未引渡**」、そして、No.3（ネコ型）は完成していないので、「**未完成**」と記入します。

CASE **24** の備考欄の記入

原 価 計 算 表　　　　　　（単位：円）

費　　目	No.1 （ピアノ型）	No.2 （星型）	No.3 （ネコ型）	合　計
前 月 繰 越	2,400	1,370	0	3,770
直接材料費	50	100	400	550
直接労務費	200	400	600	1,200
直 接 経 費	0	0	50	50
製造間接費	500	1,000	1,500	3,000
合　　計	3,150	2,870	2,550	8,570
備　　考	完成・引渡済	完成・未引渡	未完成	─

月末の状態を記入します。

製品が完成するまでは、未完成の状態を表す仕掛品勘定に原価が集計されています。

勘定の記入

製品が完成したら、その製品の原価を仕掛品勘定から**製品勘定**に振り替えます。

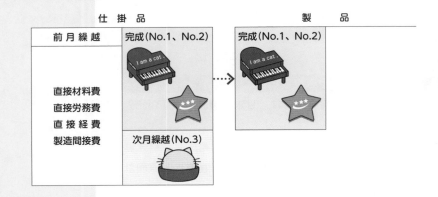

そして、完成した製品を引き渡したら、その製品の
原価を製品勘定から**売上原価勘定**に振り替えます。

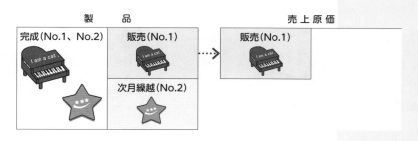

以上より、原価計算表と勘定のつながりを表すと次
のとおりです。

原 価 計 算 表 （単位：円）

費 目	No.1 （ピアノ型）	No.2 （星型）	No.3 （ネコ型）	合 計
前 月 繰 越	2,400	1,370	0	3,770
直 接 材 料 費	50	100	400	550
直 接 労 務 費	200	400	600	1,200
直 接 経 費	0	0	50	50
製 造 間 接 費	500	1,000	1,500	3,000
合 計	3,150	2,870	2,550	8,570
備 考	完成・引渡済	完成・未引渡	未完成	―

3,150円 + 2,870円
No.1　　No.2

仕 掛 品

前 月 繰 越	3,770	製 品	6,020
直 接 材 料 費	550	次 月 繰 越	2,550
直 接 労 務 費	1,200		No.3
直 接 経 費	50		
製 造 間 接 費	3,000		
	8,570		8,570

製 品

No.1

仕 掛 品	6,020	売 上 原 価	3,150
		次 月 繰 越	2,870
	6,020	No.2	6,020

売 上 原 価

製 品	3,150

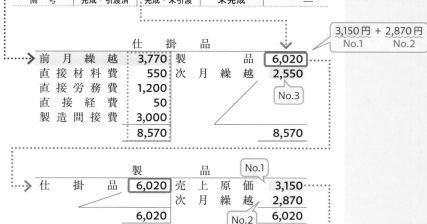

⇔ 問題編 ⇔
問題 14、15

CASE 25　予定配賦率を用いる場合①　予定配賦率の決定と予定配賦

製造間接費も
予定配賦しよう！

製造間接費

? 製造間接費を各製品に配賦するとき、実際発生額が計算されるのを待っていると、どうしても計算が遅れてしまいます。
そこで、製造間接費を予定配賦することにしました。

例

当期の年間製造間接費予算額は**21,600円**、基準操業度は**540時間**（直接作業時間）である。なお、当月の直接作業時間は次のとおりである。

直 接 作 業 時 間	No.1 25時間	No.2 15時間

用語　**年間製造間接費予算額**…1年間に発生すると予想される製造間接費の額
基準操業度…1年間に予定される配賦基準の数値（予定配賦基準値）

製造間接費の実際配賦の問題点

　CASE 23 では、製造間接費の実際発生額を各製品に配賦しました。このように、製造間接費の実際発生額を配賦することを**実際配賦**といいますが、実際配賦によると、月末に製造間接費の実際発生額が計算されるまで配賦計算をすることができず、計算が遅れてしまいます。

　また、製造間接費の実際発生額は毎月変動するため、同じ製品を同じように製造しているのに、月によって配賦額が異なってしまうという欠点もあります。

そこで、実際配賦に代えて、あらかじめ決められた配賦率（**予定配賦率**といいます）を用いて、製造間接費を配賦する（**予定配賦**といいます）方法があります。

🐱 製造間接費の予定配賦

製造間接費を予定配賦するには、まず、期首に1年間の製造間接費の予定額（**製造間接費予算額**）を見積り、これを**基準操業度**で割って**予定配賦率**を求めます。

なお、基準操業度とは、1年間の予定配賦基準値のことをいいます。

$$予定配賦率 = \frac{製造間接費予算額}{基準操業度}$$

たとえば、配賦基準を直接作業時間とする場合の基準操業度は、1年間に予定される直接作業時間の合計値となります。

CASE 25 では、年間製造間接費予算額が 21,600 円、基準操業度が 540 時間なので、予定配賦率は @ 40 円（21,600 円 ÷ 540 時間）となります。

CASE 25 の予定配賦率

$\cdot \dfrac{21,600\ 円}{540\ 時間} = @\ 40\ 円$

そして、予定配賦率に実際の操業度（配賦基準）を掛けて予定配賦額を計算します。

以上より、 CASE 25 の製造間接費の予定配賦額は次のようになります。

CASE 25 の製造間接費の予定配賦額

No.1：@ 40 円 × 25 時間 = 1,000 円
No.2：@ 40 円 × 15 時間 = 　600 円

なお、仕訳を示すと次のとおりです。

$$\underbrace{1,000円}_{\text{No.1}} + \underbrace{600円}_{\text{No.2}}$$

（仕　掛　品）　1,600　（製 造 間 接 費）　1,600

製造間接費　　　　　　　　　　　　　　　仕掛品(No.1 + No.2)

| 予定配賦額 |
| 1,600円 |
| CASE 25 |

....➤

| 予定配賦額 |
| 1,600円 |
| CASE 25 |

CASE 26 | 予定配賦率を用いる場合② 月末の処理

月末だから差異を計算しよう。

今日は月末。
ゴエモン㈱では、製造間接費は予定配賦をしています。
そこで、実際発生額を計算して差異を把握することにしました。

例

当月の製造間接費の実際発生額は2,000円であった。なお、予定配賦額1,600円（予定配賦率@40円）で計上している。

■ 製造間接費を予定配賦した場合の月末の処理

　月末において集計された製造間接費の実際発生額は、製造間接費勘定の借方に記入されます。

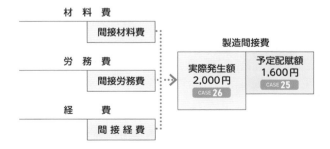

　上記の製造間接費勘定からもわかるように、製造間接費を予定配賦している場合には、予定配賦額と実際発生額に差額（400円 = 2,000円 − 1,600円）が生じます。

この差額は、**製造間接費配賦差異**として、製造間接費勘定から製造間接費配賦差異勘定に振り替えます。

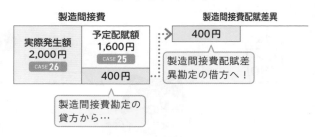

製造間接費勘定の貸方から…

製造間接費配賦差異勘定の借方へ！

CASE 26 の仕訳

（製造間接費配賦差異）　400　（製造間接費）　400

なお、 CASE 26 の製造間接費配賦差異 400 円は、予定配賦額よりも実際発生額が多い（予定していたよりも実際発生額が多かった）ために発生した差異なので、**不利差異**です。

また、仮に CASE 26 の製造間接費の実際発生額が 1,500 円であったとした場合（実際発生額＜予定配賦額の場合）は、次のようになります。

製造間接費勘定の借方から…

製造間接費配賦差異勘定の貸方へ！

（製造間接費）　100　（製造間接費配賦差異）　100

この場合の製造間接費配賦差異 100 円は、予定していたよりも実際発生額が少なくすんだために発生した差異なので、**有利差異**です。

製造間接費配賦差異勘定の借方に記入されるので、借方差異ともいいます。
材料消費価格差異や賃率差異と同じですね。

製造間接費配賦差異勘定の貸方に記入されるので、貸方差異ともいいます。

⇔ 問題編 ⇔

問題 16、17

CASE 27 | 予定配賦率を用いる場合③ 会計年度末の処理

今日は決算日（会計
年度末）。
そこで、月末ごとに計上し
た製造間接費配賦差異を
売上原価勘定に振り替え
ました。

例

製造間接費配賦差異400円（借方に計上）を売上原価勘定に振り替える。

予定配賦率を用いる場合の会計年度末の処理

　材料消費価格差異や賃率差異と同様に、月末ごとに
計上された製造間接費配賦差異は、会計年度末（決算
日）に**売上原価勘定**に振り替えます。

　CASE 27 の製造間接費配賦差異は借方に計上されて
いるので、製造間接費配賦差異勘定の貸方から売上原
価勘定の借方に振り替えます。

反対に貸方に計上さ
れている差異は売上
原価勘定の貸方に振
り替えます。もう大
丈夫ですよね？

製造間接費配賦差異		売　上　原　価
400円 ‥‥‥▷ 400円	‥‥▷	400円

製造間接費配賦差異
勘定の貸方から…

売上原価勘定の借
方へ！

CASE 27 の仕訳

（売　上　原　価）　400　（製造間接費配賦差異）　400

個別原価計算における仕損

　仕損とは、製品の製造過程で、なんらかの原因によって加工に失敗し、不良品（仕損品）が生じることをいいます。この仕損品を合格品にするためにかかった補修費用を**仕損費**といいます。

> 仕損は総合原価計算 CASE 44 でも学習します。ここでは、個別原価計算における仕損について軽くみておきましょう。

(1) 仕損費の計算

　個別原価計算において、仕損品が生じ、補修をするときは、**補修指図書**を発行し、その仕損品の補修にかかった費用を補修指図書に集計します。そして、**補修指図書に集計された費用が仕損費**となります。

(2) 仕損費の処理

　仕損費は、**直接経費**として**仕損が生じた製造指図書に賦課**します。

> 例
>
> 製造指図書No.1の製造中に仕損が生じたので、補修指図書No.1-1を発行して補修した。なお、補修指図書No.1-1に集計された原価は、直接材料費100円、直接労務費 200円、製造間接費250円であった。原価計算表を完成させなさい。

補修指図書No.1-1に集計された原価550円→仕損費

原　価　計　算　表　（単位：円）

費　目	No.1	No.1-1
直接材料費	1,500	100
直接労務費	1,800	200
製造間接費	2,000	250
小　計	5,300	550
仕　損　費	550 ←	△550 ←
合　計	5,850	0
備　考	完　成	No.1へ賦課

仕損費550円を製造指図書No.1に賦課

第5章

個別原価計算

製品原価の計算編

第 6 章

部門別個別原価計算

第5章では、製造間接費の配賦について学習したけど、
もっと正確に製造間接費を配賦する方法があるんだって！

ここでは、部門別個別原価計算についてみていきましょう。

製造間接費を正確に配賦するには？

ゴエモン㈱埼玉工場には、木材をカットする第1製造部門と製品を組み立てる第2製造部門、修繕を担当する修繕部門、事務を担当する工場事務部門があります。このように部門が分かれているときには、部門別に原価を集計、計算するようです。

部門別計算とは

　工場の規模が大きくなると、**切削部門**で材料を切り、**組立部門**で製品を組み立て、そして**塗装部門**で製品に色を塗るなど製品の製造を分業して行うようになります。また、材料や製品を運搬する**運搬部門**、修繕を担当する**修繕部門**、事務を担当する**工場事務部門**など、製造部門をサポートする部門もあります。

　切削部門、組立部門、塗装部門のように製品の製造に直接かかわる部門を**製造部門**、運搬部門、修繕部門、工場事務部門など製造部門をサポートする部門を**補助部門**といいます。

ゴエモン㈱埼玉工場の場合は、第1製造部門と第2製造部門が製造部門、修繕部門と工場事務部門が補助部門ですね。

製造部門

補助部門

　このように、複数の部門がある場合に部門ごとに原価を計算することを**部門別計算**といいます。

🐈 製造間接費の部門別計算とは

　製造直接費（直接材料費、直接労務費、直接経費）は、どの製品にいくらかかったかが明らかなので、各製造指図書に賦課されます。したがって、原価を部門別にとらえる必要はありません。

　一方、製造間接費はどの製品にいくらかかったのかが明らかではないので、直接作業時間などの配賦基準にもとづいて各製造指図書に配賦されます。そのため、配賦基準が適切でないと配賦計算が不正確なものになってしまいます。

　また、部門が違えば発生する製造間接費の内容も金額も当然異なります。それにもかかわらず、これを無視して、すべての製造間接費をひとつの配賦基準（直接作業時間など）で各製造指図書に配賦すると、原価の計算が正確ではないものになってしまいます。

　そこで、製品の原価を正確に計算するため、部門別に製造間接費を集計し、それぞれの部門に適した配賦基準で各製造指図書に配賦する必要があるのです。

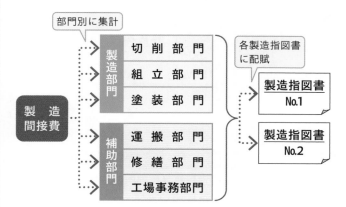

CASE
29 | 部門個別費と部門共通費の集計

複数の部門に共通して発生する
原価の集計は？

❓ ゴエモン㈱では、さっそく、製造間接費を部門別に集計して計算することにしました。ところが、製造間接費には複数の部門に共通して発生するものがあります。このような製造間接費はどのように集計したらよいでしょう？

例

当月の製造間接費発生額は次のとおりである。なお、建物減価償却費は占有面積によって、電力料は電力消費量によって各部門に配賦する。

(1) 製造間接費

		製造部門		補助部門	
		第1製造部門	第2製造部門	修繕部門	工場事務部門
部門個別費		796円	624円	200円	96円
部門共通費	建物減価償却費	200円			
	電力料	84円			

(2) 部門共通費の配賦基準

	合計	第1製造部門	第2製造部門	修繕部門	工場事務部門
占有面積	200m²	100m²	50m²	30m²	20m²
電力消費量	42kWh	20kWh	15kWh	5kWh	2kWh

> 🐱 **製造間接費の部門別計算は3ステップ**
>
> 製造間接費の部門別計算は、**部門個別費と部門共通費の集計** `Step 1`、**補助部門費の製造部門への配賦**

Step 2 、**製造部門費の各製造指図書への配賦** Step 3

の３ステップで行います。

```
Step 1    部門個別費と部門共通費の集計
             ↓
Step 2    補助部門費の製造部門への配賦
             ↓
Step 3    製造部門費の各製造指図書への配賦
```

🐈 部門個別費と部門共通費の集計　　　　　　Step 1

製造間接費の部門別計算の第１ステップは、**部門個別費と部門共通費の集計**です。

部門個別費とは、製造間接費のうち特定の部門で固有に発生したものをいい、**部門個別費は該当部門に賦課（直課）**します。

したがって、CASE 29 の部門個別費を各部門に賦課した場合の製造間接費部門別配賦表の記入は次のとおりです。

> まずは第1ステップから。

> 製造間接費の部門別計算を行う表を「製造間接費部門別配賦表」といいます。

CASE 29 の部門個別費の賦課

製造間接費部門別配賦表　　　　　（単位：円）

摘　　要	配賦基準	合　計	製造部門		補助部門	
			第１製造部門	第２製造部門	修繕部門	工場事務部門
部門個別費		1,716	796	624	200	96

> 部門個別費の金額をそのまま移すだけですね。

一方、**部門共通費**とは、製造間接費のうち複数の部門に共通して発生するものをいい、**部門共通費は適切な配賦基準によって各部門に配賦**します。

CASE 29 では、建物減価償却費は占有面積、電力料は電力消費量によって各部門に配賦します。

CASE **29** の部門共通費の配賦

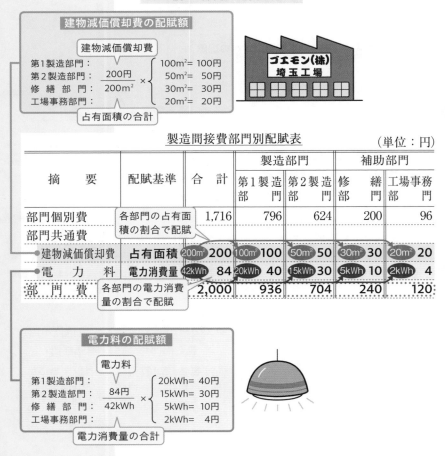

建物減価償却費の配賦額

建物減価償却

第1製造部門：
第2製造部門：　200円
修　繕　部　門：　200m²　×
工場事務部門：

占有面積の合計

100m² = 100円
50m² = 50円
30m² = 30円
20m² = 20円

製造間接費部門別配賦表　　　　（単位：円）

摘　　　要	配賦基準	合　計	製造部門		補助部門	
			第1製造部門	第2製造部門	修繕部門	工場事務部門
部門個別費	各部門の占有面積の割合で配賦	1,716	796	624	200	96
部門共通費						
建物減価償却費	占有面積	200m² 200	100m² 100	50m² 50	30m² 30	20m² 20
電　力　料	電力消費量	42kWh 84	20kWh 40	15kWh 30	5kWh 10	2kWh 4
部　門　費	各部門の電力消費量の割合で配賦	2,000	936	704	240	120

電力料の配賦額

電力料

第1製造部門：
第2製造部門：　84円
修　繕　部　門：　42kWh　×
工場事務部門：

電力消費量の合計

20kWh = 40円
15kWh = 30円
5kWh = 10円
2kWh = 4円

部門共通費を配賦したら、部門個別費と部門共通費を足して各部門費を計算します（上記　　　　）。

CASE 30　補助部門費の製造部門への配賦①　直接配賦法

部門個別費と部門共通費の集計が終わったら、次は補助部門費を製造部門に配賦するとのこと。
さて、補助部門費はどのように製造部門に配賦したらよいのでしょう?

補助部門費を配賦する…。

例

直接配賦法によって、補助部門費を製造部門に配賦する。

(1) 各部門費の合計

製造間接費部門別配賦表　　（単位：円）

摘　要	合　計	第1製造部門	第2製造部門	修繕部門	工場事務部門
		製造部門		補助部門	
部門個別費	1,716	796	624	200	96
部門共通費	284	140	80	40	24
部　門　費	2,000	936	704	240	120

(2) 補助部門費の配賦基準

補助部門	配賦基準	第1製造部門	第2製造部門	修繕部門	工場事務部門
修繕部門	修繕回数	4回	1回	－	1回
工場事務部門	従業員数	12人	8人	4人	2人

補助部門費の製造部門への配賦　　Step 2

　部門ごとに製造間接費を集計したら、補助部門に集計された製造間接費の合計額（補助部門費）を製造部門に配賦します。

つづいて、製造間接費の部門別計算の第2ステップです。

工場事務部門などの補助部門は、直接、製品を製造しているわけではありません。したがって、補助部門費を各製品（製造指図書）に配賦しようとしても適切な配賦基準がありません。そこで、補助部門費はいったん製造部門に配賦 Step 2 してから、製造部門費として各製造指図書に配賦する Step 3 のです。

直接配賦法と相互配賦法

　　たとえば、事務を担当する工場事務部門が、製造部門の工員の賃金計算だけでなく、補助部門である修繕部門の工員の賃金計算も行っているように、補助部門は製造部門にサービスを提供するだけでなく、ほかの補助部門にもサービスを提供しています。

　　補助部門費の製造部門への配賦方法には、この補助部門間のサービスのやりとりを考慮するかしないかによって、**直接配賦法**と**相互配賦法**という2通りの方法があります。

直接配賦法による補助部門費の配賦

　　直接配賦法は、補助部門間のサービスのやりとりを無視して、補助部門費を直接、製造部門に配賦する方法です。したがって、各補助部門費を製造部門へのサービス提供割合で配賦します。

直接配賦法

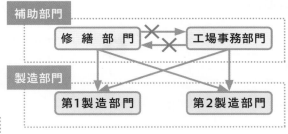

たとえば、CASE30 の修繕部門に集計された製造間接費 240 円は、第 1 製造部門と第 2 製造部門の修繕回数の比（4 回：1 回）で第 1 製造部門と第 2 製造部門に配賦することになります。

> ほかの補助部門（工場事務部門）へのサービスの提供（1回）は無視します。

CASE **30** 直接配賦法

製造間接費部門別配賦表

（単位：円）

摘　　　要	合　　計	製造部門		補助部門	
		第1製造部門	第2製造部門	修　繕部　門	工場事務部　門
部 門 個 別 費	1,716	796	624	200	96
部 門 共 通 費	284	140	80	40	24
部　　門　　費	2,000	936	704	240	120
修 繕 部 門 費	240	**192** (4回)	**48** (1回)		
工 場 事 務 部 門 費	120	**72** (12人)	**48** (8人)		
製 造 部 門 費	**2,000**	**1,200**	**800**		

> この金額を配賦します。

修繕部門費の配賦額

第1製造部門：$240円 \times \dfrac{4回}{4回 + 1回} = 192円$

第2製造部門：$240円 \times \dfrac{1回}{4回 + 1回} = 48円$

工場事務部門費の配賦額

第1製造部門：$120円 \times \dfrac{12人}{12人 + 8人} = 72円$

第2製造部門：$120円 \times \dfrac{8人}{12人 + 8人} = 48円$

⇔ 問題編 ⇔
問題 18

CASE 31 | 補助部門費の製造部門への配賦② 相互配賦法

次は相互配賦法だニャ！

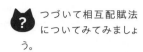

つづいて相互配賦法についてみてみましょう。

例

相互配賦法によって、補助部門費を製造部門に配賦する。

(1) 各部門費の合計

製造間接費部門別配賦表　　　　　（単位：円）

摘　　要	合　　計	製造部門		補助部門	
		第1製造部門	第2製造部門	修繕部門	工場事務部門
部 門 個 別 費	1,716	796	624	200	96
部 門 共 通 費	284	140	80	40	24
部 　門　 費	2,000	936	704	240	120

(2) 補助部門費の配賦基準

補助部門	配賦基準	第1製造部門	第2製造部門	修繕部門	工場事務部門
修繕部門	修繕回数	4回	1回	－	1回
工場事務部門	従業員数	12人	8人	4人	2人

🐱 相互配賦法による補助部門費の配賦

　　相互配賦法は、補助部門間のサービスのやりとりを考慮して補助部門費を配賦する方法です。

　　相互配賦法では、計算を2回に分けて行います。

　1回目の配賦計算では、自部門以外の部門へのサービス提供割合で、補助部門費を製造部門とほかの補助部門に配賦します（**第1次配賦**）。

　したがって、 CASE 31 の1回目の配賦は次のようになります。

> 1回目の計算では、補助部門間のサービスのやりとりを考慮します。

CASE **31** 相互配賦法（第1次配賦）

修繕部門費の配賦額

第1製造部門：240円 × $\dfrac{4回}{4回+1回+1回}$ = 160円

第2製造部門：240円 × $\dfrac{1回}{4回+1回+1回}$ = 40円

工場事務部門：240円 × $\dfrac{1回}{4回+1回+1回}$ = 40円

製造間接費部門別配賦表　　（単位：円）

摘　　要	合　計	製造部門		補助部門	
		第1製造部門	第2製造部門	修繕部門	工場事務部門
部門個別費	1,716	796	624	200	96
部門共通費	284	140	80	40	24
部門費	2,000	936	704	240	120
第1次配賦					
修繕部門費	240	4回 160	1回 40		1回 40
工場事務部門費	120	12人 60	8人 40	4人 20	

> 自部門には配賦しません。

工場事務部門費の配賦額

第1製造部門：120円 × $\dfrac{12人}{12人+8人+4人}$ = 60円

第2製造部門：120円 × $\dfrac{8人}{12人+8人+4人}$ = 40円

修繕部門：120円 × $\dfrac{4人}{12人+8人+4人}$ = 20円

　そして、2回目の配賦計算では、ほかの補助部門から配賦された補助部門費を製造部門のみに配賦します（**第2次配賦**）。

> 2回目の計算では、補助部門間のサービスのやりとりを無視します。

CASE 31 では、1回目の配賦計算で修繕部門に工場事務部門から 20 円、工場事務部門に修繕部門から 40 円が配賦されているので、この 20 円と 40 円を製造部門に配賦することになります。

CASE 31 相互配賦法（第 2 次配賦）

修繕部門費の配賦額

第1製造部門： $20円 \times \dfrac{4回}{4回+1回} = 16円$

第2製造部門： $20円 \times \dfrac{1回}{4回+1回} = 4円$

製造間接費部門別配賦表 （単位：円）

摘　　要	合　計	製造部門		補助部門	
		第1製造部門	第2製造部門	修繕部門	工場事務部門
部 門 個 別 費	1,716	796	624	200	96
部 門 共 通 費	284	140	80	40	24
部 　門 　費	2,000	936	704	240	120
第 1 次 配 賦					
修 繕 部 門 費	240	160	40		40
工 場 事 務 部 門 費	120	60	40	20	
第 2 次 配 賦				20	40
修 繕 部 門 費	20	4回 16	1回 4		
工 場 事 務 部 門 費	40	12人 24	8人 16		
製 造 部 門 費	**2,000**	**1,196**	**804**		

この金額を製造部門に配賦します。

工場事務部門費の配賦額

第1製造部門： $40円 \times \dfrac{12人}{12人+8人} = 24円$

第2製造部門： $40円 \times \dfrac{8人}{12人+8人} = 16円$

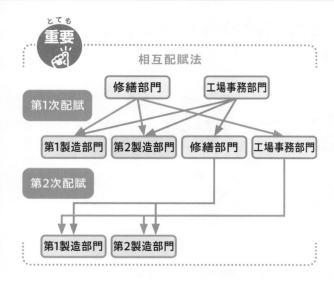

⇔ 問題編 ⇔

問題 19

CASE 32 | 製造部門費の各製造指図書への配賦

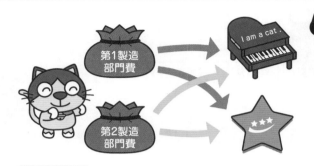

補助部門費の配賦が終わったので、今度は製造部門に集計された製造部門費を、各製品（製造指図書）に配賦しましょう。

例

直接配賦法 CASE 30 によって算定した製造部門費を、直接作業時間にもとづいて、各製造指図書に配賦する。

(1) 各部門費の合計

製造間接費部門別配賦表　　　　　　　（単位：円）

摘　　要	合　計	製造部門		補助部門		
		第1製造部門	第2製造部門	修繕部門	工場事務部門	
製造部門費	2,000	1,200	800			

(2) 当月の直接作業時間

	製品No.1	製品No.2	合　　計
第1製造部門	18時間	12時間	30時間
第2製造部門	7時間	3時間	10時間

🐱 製造部門費の各製造指図書への配賦　　　Step 3

　　部門別計算の最後の手続きは、各製造部門に集計された製造間接費（製造部門費）を各製造指図書に配賦することです。

製造部門費の各製造指図書への配賦額は、 CASE 23 で学習した製造間接費の配賦と同様に、**各製造部門の配賦率**を求め、それに配賦基準（ CASE 32 では直接作業時間）を掛けて計算します。

製造部門ごとに配賦するという点が違うだけです。

CASE 32 の配賦率

①第1製造部門費の配賦率：$\dfrac{1,200 円}{30 時間} = @40 円$

②第2製造部門費の配賦率：$\dfrac{800 円}{10 時間} = @80 円$

CASE 32 の各製造指図書への配賦額

	製品 No.1	製品 No.2
第1製造部門費	@40円×18時間 ＝720円	@40円×12時間 ＝480円
第2製造部門費	@80円×7時間 ＝560円	@80円×3時間 ＝240円
合　　計	1,280円	720円

製品 No.1 に配賦された製造部門費

製品 No.2 に配賦された製造部門費

なお、勘定の流れを示すと次のようになります。

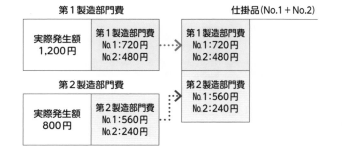

CASE
33

製造部門費の予定配賦①
部門別予定配賦率の決定と予定配賦

ゴエモン㈱では、これまで、製造部門費の実際発生額を各製品に配賦してきましたが、実際発生額を集計してから配賦したのでは、計算が遅れてしまいます。そこで、今後は製造部門費を予定配賦することにしました。

フーン…

製造部門費も
予定配賦できるんだね！

ネコでもわかる
工業簿記

例

当年度の年間予算数値と当月の実際直接作業時間は次のとおりである。
(1) 当年度の年間予算数値

	第1製造部門	第2製造部門	合　計
製造部門費予算	14,400円	9,000円	23,400円
基準操業度 （直接作業時間）	360時間	120時間	480時間

(2) 当月の実際直接作業時間

	製品No.1	製品No.2	合　計
第1製造部門	18時間	14時間	32時間
第2製造部門	7時間	3時間	10時間

🐱 製造部門費の予定配賦

　　CASE 32 では、製造部門費の実際発生額を各製造指図書に配賦（**実際配賦**）しましたが、製造間接費を予定配賦したように、製造部門費についても予定配賦率を使って**予定配賦**する方法があります。

　　製造部門費を予定配賦するには、まず、期首に製造部門ごとの1年間の**製造部門費予算額**を見積り、これ

製造間接費の予定配賦と同じ手順です。

を**基準操業度**で割って**部門別予定配賦率**を求めます。

$$部門別予定配賦率 = \frac{各製造部門費予算額}{基準操業度}$$

そして、部門別予定配賦率に当月の実際操業度（配賦基準）を掛けて予定配賦額を計算します。

CASE 33 の予定配賦率

①第1製造部門費の予定配賦率：$\frac{14,400\text{ 円}}{360\text{ 時間}}$ = @ 40 円

②第2製造部門費の予定配賦率：$\frac{9,000\text{ 円}}{120\text{ 時間}}$ = @ 75 円

以上より、 CASE 33 の部門別予定配賦額を計算すると次のようになります。

CASE 33 の部門別予定配賦額

	製品 No.1	製品 No.2	予定配賦額
第1製造部門費	@ 40 円 × 18 時間 = 720 円	@ 40 円 × 14 時間 = 560 円	1,280 円
第2製造部門費	@ 75 円 × 7 時間 = 525 円	@ 75 円 × 3 時間 = 225 円	750 円
合　計	1,245 円	785 円	－

製品 No.1 に予定配賦された製造部門費

製品 No.2 に予定配賦された製造部門費

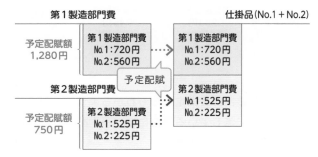

第1製造部門費

予定配賦額 1,280 円

第1製造部門費 No.1：720 円 No.2：560 円

第2製造部門費

予定配賦額 750 円

第2製造部門費 No.1：525 円 No.2：225 円

予定配賦

仕掛品(No.1＋No.2)

第1製造部門費 No.1：720 円 No.2：560 円

第2製造部門費 No.1：525 円 No.2：225 円

⇔ 問題編 ⇔
問題 20、21

CASE 34　製造部門費の予定配賦②　月末の処理

月末といったら
差異の把握！

❓ 今日は月末。
ゴエモン㈱では、製造部門費は予定配賦をしています。
今日、製造部門費の実際発生額が集計できたので、差異を把握することにしました。

例

当月の製造部門費の実際発生額は、第1製造部門が1,300円、第2製造部門が745円であった。なお、製造部門費は予定配賦しており、予定配賦額は第1製造部門が1,280円、第2製造部門が750円である。

処理は、製造間接費配賦差異と同じです。

🐾 製造部門費を予定配賦した場合の月末の処理

製造部門費を予定配賦している場合でも、月末において、製造部門費の実際発生額を集計します。そして、製造部門費の実際発生額は各製造部門費勘定の借方に記入されます。

第1製造部門費

| 実際発生額 1,300円 CASE 34 | 予定配賦額 1,280円 CASE 33 |

第2製造部門費

| 実際発生額 745円 CASE 34 | 予定配賦額 750円 CASE 33 |

上記の製造部門費勘定からもわかるように、製造部門費を予定配賦している場合には、予定配賦額と実際発生額に差額が生じます。

この差額は、**製造部門費配賦差異**として処理し、各製造部門費勘定から**製造部門費配賦差異勘定**に振り替えます。

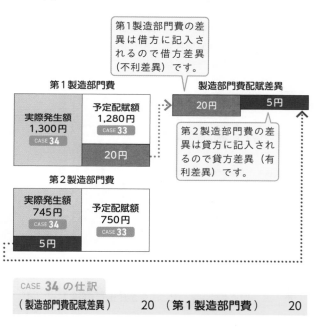

第1製造部門費の差異は借方に記入されるので借方差異（不利差異）です。

第2製造部門費の差異は貸方に記入されるので貸方差異（有利差異）です。

CASE **34** の仕訳

| （製造部門費配賦差異） | 20 | （第1製造部門費） | 20 |

| （第2製造部門費） | 5 | （製造部門費配賦差異） | 5 |

製造部門費の予定配賦③　会計年度末の処理

　月末ごとに計上された製造部門費配賦差異は、会計年度末（決算日）に**売上原価勘定**に振り替えます。

　CASE 34 の製造部門費配賦差異は第１製造部門で 20 円（借方）、第２製造部門で５円（<u>貸方</u>）が発生しているので、製造部門費配賦差異の残高は 15 円（借方）です。

　したがって、製造部門費配賦差異勘定の<u>貸方</u>から売上原価勘定の<u>借方</u>に振り替えます。

反対に製造部門費配賦差異が貸方残高の場合は売上原価勘定の貸方に振り替えます。これはもう大丈夫ですよね？

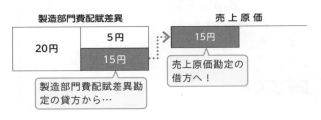

（売　上　原　価）	15	（製造部門費配賦差異）	15

製品原価の計算編

第 7 章

総合原価計算①

オーダーメイドの製品の原価は、
個別原価計算で製造指図書ごとに集計したけど、
同じ規格の製品を大量に生産する場合は、
まとめて原価を計算するんだって！

ここでは、基本的な総合原価計算についてみていきましょう。

CASE
35 | 総合原価計算とは？

写真立ての大量生産、
はじめました。

?　ゴエモン㈱では、今月
　から写真立て（製品）
の大量生産をはじめまし
た。オーダーメイドの場合、
製品ごとに仕様が異なるの
で、各製品の原価は個別
に計算しましたが、同じ製
品を大量に生産する場合、
どのように製品の原価を計
算するのでしょう？

例

当月、製品100個を作りはじめ、当月中にすべて完成した。なお、当月の製造
原価は25,000円であった。製品1個あたりの原価を計算しなさい。

総合原価計算とは

第5章、第6章で学習
した個別原価計算で
すね。

　　オーダーメイドの場合、お客さんの注文ごとに製品
の仕様が異なるので、各製品の原価を個別に計算しま
した。

　　これに対して、毎月、同じ製品を大量に生産する場
合には、1カ月間で完成した製品の原価をまとめて計
算し、それを完成品の数量で割って、製品1個あたり
の原価を計算することができます。

なお、1種類の製品だ
けを大量に生産してい
る場合の総合原価計
算を、特に単純総合
原価計算といいます。

　　このような同じ規格の製品を毎月生産する場合に用
いる製品原価の計算手続を**総合原価計算**といいます。

総合原価計算の計算方法

　総合原価計算では、まず1カ月間で完成した製品の原価（**完成品原価**といいます）を計算します。

　CASE 35では、当月に製品100個を作りはじめ、当月中に全部が完成しています。したがって、完成品原価は、製造原価25,000円と一致します。

> 作りはじめることを「（製造工程に）投入する」といいます。

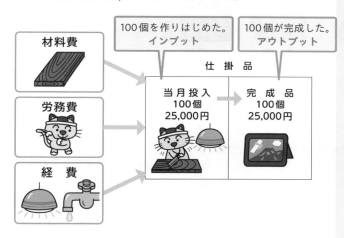

　なお、製品1個あたりの原価（**完成品単位原価**といいます）は、完成品原価を完成品の数量で割って計算します。

$$完成品単位原価 = \frac{完成品原価}{完成品数量}$$

　したがって、**CASE 35**の完成品単位原価は次のようになります。

CASE 35 の完成品単位原価

$$\cdot \frac{25,000円}{100個} = @ 250円$$

CASE
36 | 月末仕掛品の計算①
月初仕掛品がない場合

さて、どう計算しよう…？

完成品　　　仕掛品

140個　　　60個

今月（11月）、写真立て（製品）200個を作りはじめましたが、月末までに完成したのは140個でした。
この場合の計算はどのようにするのでしょう？

例

当月、製品200個を作りはじめ、月末までに140個が完成したが60個は未完成である（50%まで加工が進んでいる）。月末仕掛品原価、完成品原価、完成品単位原価を計算しなさい。なお、直接材料は工程の始点で投入している。

製造原価データ
直接材料費：20,000円
加　工　費：26,520円

用語　加工費…加工が進むのにともなって発生する原価
　　　工　程…作業の進む順序

🐱 月末仕掛品がある場合の計算方法

　　CASE 36 では、当月に製品200個を作りはじめていますが、月末時点で、60個はまだ完成していません。
　　このように月末仕掛品がある場合は、当月の製造原価を直接材料費と加工費（かこうひ）に分けて計算します。

🐱 直接材料費の計算方法

　　材料は通常、製造を開始するときにすべて投入する

ので、加工が進んだからといって、製品１個分の直接
材料費が変わることはありません。

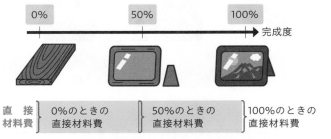

| 直接材料費 | 0%のときの
直接材料費 | 50%のときの
直接材料費 | 100%のときの
直接材料費 |

　したがって、直接材料費は完成品と月末仕掛品の数
量に応じて配分します。
　なお、総合原価計算では、月末仕掛品原価を計算し
てから、差額で完成品原価を計算します。
　以上の手順で、 CASE 36 の完成品と月末仕掛品の直
接材料費を計算すると、次のようになります。

CASE 36 の直接材料費の計算

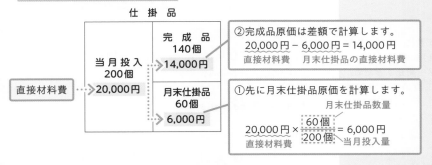

仕 掛 品

| | 完 成 品
140個
14,000円 |
| 当 月 投 入
200個
直接材料費 ⟶ 20,000円 | 月末仕掛品
60個
6,000円 |

②完成品原価は差額で計算します。
$$20,000円 - 6,000円 = 14,000円$$
　　直接材料費　　月末仕掛品の直接材料費

①先に月末仕掛品原価を計算します。
　　　　　　　　　　　月末仕掛品数量
$$20,000円 \times \frac{60個}{200個} = 6,000円$$
直接材料費　　　当月投入量

🐱 加工費の計算方法

　加工費とは、直接工の賃金や電気代のように、加工
が進むにつれて増える原価をいいます。
　したがって、完成度100%の完成品と完成度50%
の月末仕掛品では、製品１個あたりの加工費は異なり
ます。

> 電気の使用時間が5時
> 間なら5時間分の電気
> 代が、使用時間が10
> 時間なら10時間分の
> 電気代が発生します
> よね。

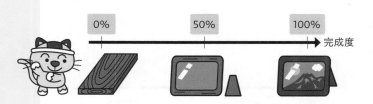

加工費は加工の進み具合（**加工進捗度**といいます）を考慮して、完成品と月末仕掛品に配分します。

ここで、CASE 36 をみると月末仕掛品の加工進捗度は 50%です。したがって、加工費を計算する際の月末仕掛品の数量は 60 個に 50%を掛けた 30 個となります。

この（月末）仕掛品の数量に加工進捗度を掛けた数量（30 個）を、**完成品換算量**といいます。

> 直接材料費以外の原価が加工費です。
>
> | 直接材料費 | 間接材料費 |
> | 直接労務費 | 間接労務費 |
> | 直接経費 | 間接経費 |
>
> 加 工 費

完成品換算量＝仕掛品数量×加工進捗度

以上より、CASE 36 の加工費 26,520 円を完成品 140 個と月末仕掛品 30 個（完成品換算量）に配分すると次のようになります。

> 加工費は、完成品換算量を用いて計算します。ミスを防止するため、加工費のデータには（ ）をつけておきましょう。

CASE **36** の加工費の計算

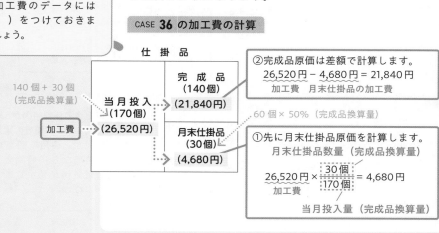

140 個 + 30 個
（完成品換算量）

加工費

仕 掛 品

	完 成 品 （140個） **（21,840円）**
当月投入 **（170個）**	
加工費 **（26,520円）**	月末仕掛品 （30個） **（4,680円）**

②完成品原価は差額で計算します。
26,520 円 － 4,680 円 ＝ 21,840 円
　　加工費　　月末仕掛品の加工費

60 個 × 50%（完成品換算量）

①先に月末仕掛品原価を計算します。
　　　　　　　　月末仕掛品数量（完成品換算量）
$$26,520 \text{円} \times \frac{30 \text{個}}{170 \text{個}} = 4,680 \text{円}$$
　　加工費
　　　　　　　　　当月投入量（完成品換算量）

最後に直接材料費と加工費を合算する！

　直接材料費と加工費を計算したら、直接材料費と加工費を合計して完成品原価と月末仕掛品原価を計算します。さらに、完成品原価を完成品数量で割って完成品単位原価を求めます。

CASE **36** の完成品原価等の計算

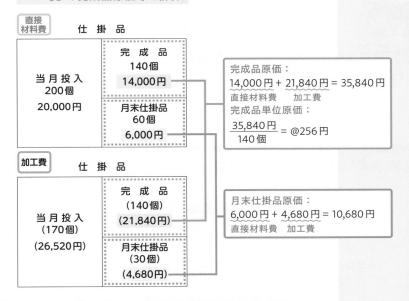

総合原価計算表の記入

　上記の計算は、通常、次のような**総合原価計算表**を作成して行います。

総 合 原 価 計 算 表　　　（単位：円）

	直接材料費	加 工 費	合 　 計
当 月 製 造 費 用	20,000	26,520	46,520
月 末 仕 掛 品 原 価	6,000	4,680	10,680
完 成 品 原 価	14,000	21,840	35,840
完 成 品 単 位 原 価	@100円	@156円	@256円

14,000円÷140個　　21,840円÷140個

⇔ 問題編 ⇔
問題 22

月末仕掛品の計算②
月初仕掛品がある場合（先入先出法）

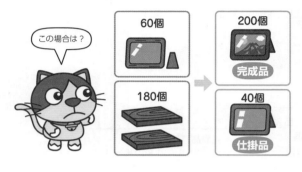

この場合は？

今月（12月）は、前月（11月）末の仕掛品60個のほか、新たに180個を作りはじめました。このうち、月末までに完成したのは200個でした。このように月初仕掛品がある場合の計算はどのようにするのでしょう？

例

次の資料にもとづいて、先入先出法により、月末仕掛品原価、完成品原価、完成品単位原価を計算しなさい。なお、直接材料は工程の始点で投入している。

生産データ			製造原価データ	
月初仕掛品	60個	(50%)	月初仕掛品原価	
当月投入	180		直接材料費：	6,000円
合計	240個		加工費：	4,680円
月末仕掛品	40	(80%)	当月製造費用	
完成品	200個		直接材料費：	21,600円
			加工費：	31,512円

＊（　）内の数値は加工進捗度である。

計算をはじめるその前に…

　　総合原価計算の問題を解くときには、まずは資料の生産データと製造原価データから、直接材料費と加工費のボックス図を作っておきましょう。

　　なお、 CASE 37 の資料をボックス図にまとめると次のようになります。

差額で計算する箇所があるので、ボックス図を使うのが便利です。

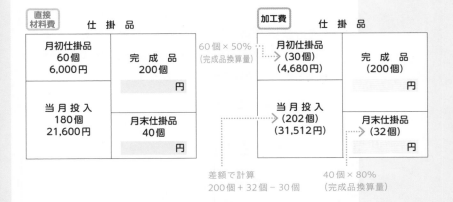

60個 × 50%
（完成品換算量）

差額で計算
200個 + 32個 − 30個

40個 × 80%
（完成品換算量）

🐾 月初仕掛品がある場合の計算

CASE 37 のように、月初仕掛品がある場合は、月初仕掛品原価と当月製造費用の合計を完成品と月末仕掛品に配分します。

完成品原価と月末仕掛品原価の計算方法には、**先入先出法**と**平均法**があります。

> 計算方法は、第2章の材料費の計算と同じです。

🐾 先入先出法の場合

先入先出法は、先に投入したものから先に完成したとして、完成品原価と月末仕掛品原価を計算する方法です。先入先出法では、月初仕掛品は当月にすべて完成したとみなされるので、月初仕掛品原価は全額、完成品原価となります。

また、当月投入分のうち、一部は完成品となり、残りは月末仕掛品となるため、当月製造費用については完成品と月末仕掛品に配分することになります。

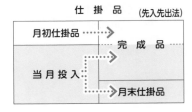

仕 掛 品 （先入先出法）

したがって、まず当月投入データから月末仕掛品原価を計算し、そのあと差額で完成品原価を計算します。

以上より、 CASE 37 の月末仕掛品原価、完成品原価、完成品単位原価は次のようになります。

CASE 37 の完成品原価等の計算

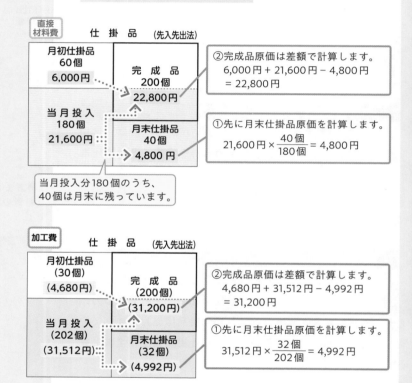

直接材料費　仕 掛 品 （先入先出法）

| 月初仕掛品 60個 6,000円 | 完成品 200個 22,800円 |
| 当月投入 180個 21,600円 | 月末仕掛品 40個 4,800円 |

②完成品原価は差額で計算します。
6,000円 + 21,600円 − 4,800円
= 22,800円

①先に月末仕掛品原価を計算します。
$21,600円 \times \dfrac{40個}{180個} = 4,800円$

当月投入分180個のうち、40個は月末に残っています。

加工費　仕 掛 品 （先入先出法）

| 月初仕掛品 （30個） （4,680円） | 完 成 品 （200個） （31,200円） |
| 当 月 投 入 （202個） （31,512円） | 月末仕掛品 （32個） （4,992円） |

②完成品原価は差額で計算します。
4,680円 + 31,512円 − 4,992円
= 31,200円

①先に月末仕掛品原価を計算します。
$31,512円 \times \dfrac{32個}{202個} = 4,992円$

①月末仕掛品原価：4,800 円 + 4,992 円 = 9,792 円

②完 成 品 原 価：22,800 円 + 31,200 円 = 54,000 円

③完成品単位原価：$\dfrac{54,000 円}{200 個} = @ 270 円$

なお、総合原価計算表に記入すると次のとおりです。

総 合 原 価 計 算 表　　（単位：円）

	直接材料費	加 工 費	合 計
月初仕掛品原価	6,000	4,680	10,680
当月製造費用	21,600	31,512	53,112
合 計	27,600	36,192	63,792
月末仕掛品原価	4,800	4,992	9,792
完 成 品 原 価	22,800	31,200	54,000
完成品単位原価	@114円	@156円	@270円

22,800 円 ÷ 200 個　　31,200 円 ÷ 200 個

🐱 仕掛品勘定と製品勘定への記入

直接材料費と加工費のボックス図または総合原価計算表から、仕掛品勘定と製品勘定への記入を示すと次のようになります。

6,000円 + 4,680円

22,800円 + 31,200円

	仕 掛	品	
前 月 繰 越	10,680	製　　　品	54,000
当月製造費用		次 月 繰 越	9,792
直接材料費	21,600		
加 工 費	31,512		
	63,792		63,792

4,800円 + 4,992円

	製	品	
仕 掛 品	54,000		

ボックス図に記入した直接材料費と加工費の金額を足した金額です。

⇔ 問題編 ⇔
問題 23

CASE 38

月末仕掛品の計算③
月初仕掛品がある場合（平均法）

次は平均法！

CASE 37 について、平均法を用いたときの計算についてみてみましょう。

例

次の資料にもとづいて、平均法により、月末仕掛品原価、完成品原価、完成品単位原価を計算しなさい。なお、直接材料は工程の始点で投入している。

生産データ			製造原価データ	
月初仕掛品	60個	（50%）	月初仕掛品原価	
当月投入	180		直接材料費：	6,000円
合　計	240個		加　工　費：	4,680円
月末仕掛品	40	（80%）	当月製造費用	
完　成　品	200個		直接材料費：	21,600円
			加　工　費：	31,512円

＊（　）内の数値は加工進捗度である。

🐱 平均法の場合

　　平均法は、前月投入分（月初仕掛品）と当月投入分が平均的に完成したとして、完成品原価と月末仕掛品原価を計算する方法です。

　　平均法の場合、直接材料費と加工費のそれぞれの**平均単価**を計算し、平均単価に月末仕掛品数量または完成品数量を掛けて、月末仕掛品原価と完成品原価を計算します。

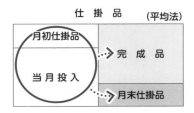

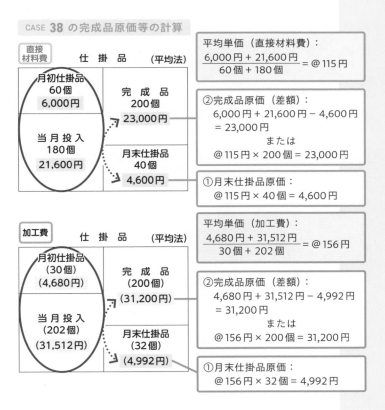

CASE **38** の完成品原価等の計算

直接材料費

仕　掛　品　（平均法）

| 月初仕掛品 60個 6,000円 | 完 成 品 200個 23,000円 |
| 当 月 投 入 180個 21,600円 | 月末仕掛品 40個 4,600円 |

平均単価（直接材料費）：
$$\frac{6,000 円 + 21,600 円}{60 個 + 180 個} = @115 円$$

②完成品原価（差額）：
6,000円 + 21,600円 − 4,600円
= 23,000円
または
@115円 × 200個 = 23,000円

①月末仕掛品原価：
@115円 × 40個 = 4,600円

加工費

仕　掛　品　（平均法）

| 月初仕掛品 （30個） （4,680円） | 完 成 品 （200個） （31,200円） |
| 当 月 投 入 （202個） （31,512円） | 月末仕掛品 （32個） （4,992円） |

平均単価（加工費）：
$$\frac{4,680 円 + 31,512 円}{30 個 + 202 個} = @156 円$$

②完成品原価（差額）：
4,680円 + 31,512円 − 4,992円
= 31,200円
または
@156円 × 200個 = 31,200円

①月末仕掛品原価：
@156円 × 32個 = 4,992円

①**月末仕掛品原価：**4,600 円 + 4,992 円 = 9,592 円

②**完 成 品 原 価：**23,000 円 + 31,200 円 = 54,200 円

③**完成品単位原価：**$\dfrac{54,200 円}{200 個}$ = @271 円

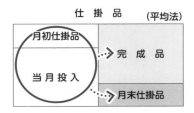
第 7 章

総合原価計算①

⇔ 問題編 ⇔
問題 24、25

第8章

総合原価計算②

作業工程が複数ある場合や、
種類が違う製品を大量生産している場合は、
どうやって製品の原価を計算するんだろう？
それに同じ種類の製品でも、
MサイズとLサイズを作っている場合はどうするんだろう？

ここでは、工程別総合原価計算、組別総合原価計算、
等級別総合原価計算についてみていきましょう。

工程別総合原価計算とは?

木材を切る　　組み立てる　　完成

ウチは作業を2段階に
分けているんだ。

ゴエモン㈱埼玉工場
では、写真立て(製
品)を作るとき、木材を切
る作業(第1段階)と組み
立てる作業(第2段階)に
分けています。
このように作業が2段階以
上に分かれている場合、ど
のような計算をしたらよい
のでしょう?

例

次の資料にもとづいて、完成品原価を計算しなさい。 なお、第1工程は先入先
出法、第2工程は平均法で計算している。

生産データ

	第1工程		第2工程	
月初仕掛品	40個	(80%)	20個	(20%)
当 月 投 入	190		200	
合 計	230個		220個	
月末仕掛品	30	(40%)	10	(60%)
完 成 品	200個		210個	

＊( )内の数値は加工進捗度である。

製造原価データ

	第1工程		第2工程	
	直接材料費	加工費	前工程費	加工費
月初仕掛品	4,440円	1,992円	3,000円	612円
当 月 投 入	22,040円	10,080円	?円	20,988円

＊直接材料は工程の始点で投入している。

🐱 工程別総合原価計算とは

CASE 39 のように第1段階で材料を切り、第2段階で組み立てるなど、いくつかの作業区分を設けて製品を製造することがあります。この作業区分を**工程**といい、工程が複数ある場合は、工程ごとに原価を計算します。なお、工程が複数ある場合の総合原価計算を**工程別総合原価計算**といいます。

工程ごとに原価を計算するので、どの工程にムダがあったかを把握することができるというメリットがあります。

第1工程仕掛品

月初仕掛品	完 了 品
当月投入	
	月末仕掛品

第2工程仕掛品

月初仕掛品	完 成 品
当月投入	
	月末仕掛品

第1工程完了品は第2工程の材料として投入します。

🐱 第1工程の計算

工程別総合原価計算では、工程ごとに製品の原価を計算していきます。したがって、まずは第1工程の完成品の原価（**第1工程完了品原価**といいます）を計算します。 CASE 39 では第1工程の計算方法は先入先出法なので、第1工程完了品原価は次のようになります。

第1工程が終わっただけではまだ製品として完成していないので、「完了品」といいます。

CASE 39 の第1工程（完了品原価等）の計算

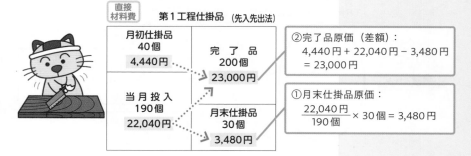

直接材料費　第1工程仕掛品　（先入先出法）

月初仕掛品 40個 4,440円	完 了 品 200個 23,000円
当月投入 190個 22,040円	月末仕掛品 30個 3,480円

②完了品原価（差額）：
4,440円 + 22,040円 − 3,480円
= 23,000円

①月末仕掛品原価：
$\dfrac{22,040円}{190個} \times 30個 = 3,480円$

第8章　総合原価計算②

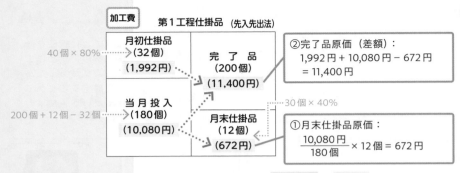

加工費

第1工程仕掛品 （先入先出法）

| 月初仕掛品
（32個）
（1,992円） | 完　了　品
（200個）
（11,400円） |
| 当月投入
（180個）
（10,080円） | 月末仕掛品
（12個）
（672円） |

40個×80%

200個＋12個－32個

②完了品原価（差額）：
1,992円＋10,080円－672円
＝11,400円

30個×40%

①月末仕掛品原価：
$\dfrac{10,080\text{円}}{180\text{個}} \times 12\text{個} = 672\text{円}$

①**月末仕掛品原価：** 3,480円＋ 672円 ＝ 4,152円
②**完　了　品　原　価：** 23,000円＋11,400円 ＝ 34,400円

🐈 第2工程の計算

　　第1工程完了品は第2工程に投入されます。したがっ
て、第1工程完了品原価を**前工程費**（ぜんこうていひ）として、第2工程
に振り替えます。

　　なお、**前工程費は第2工程における始点投入の材
料費と考えて、直接材料費と同様に計算します**。

とても
重要

第1工程と第2工程の
計算方法が異なるこ
ともあるので、試験
では必ずチェックし
ましょう。

　　CASE 39 では、第2工程の計算方法は平均法なので、
第2工程完成品原価の計算は次のようになります。

CASE 39 の第2工程（完成品原価等）の計算

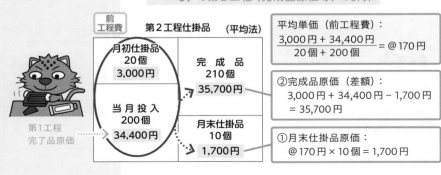

前
工程費

第2工程仕掛品　　（平均法）

| 月初仕掛品
20個
3,000円 | 完　成　品
210個
35,700円 |
| 当月投入
200個
34,400円 | 月末仕掛品
10個
1,700円 |

第1工程
完了品原価

平均単価（前工程費）：
$\dfrac{3,000\text{円}＋34,400\text{円}}{20\text{個}＋200\text{個}} = @170\text{円}$

②完成品原価（差額）：
3,000円＋34,400円－1,700円
＝35,700円

①月末仕掛品原価：
@170円×10個＝1,700円

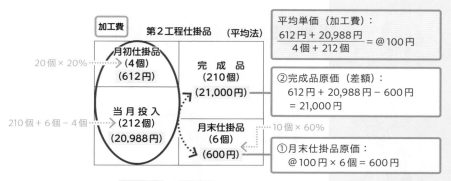

①月末仕掛品原価：1,700 円 + 600 円 = 2,300 円

②完 成 品 原 価：35,700 円 + 21,000 円 = 56,700 円

③完成品単位原価：$\dfrac{56,700\ 円}{210\ 個}$ = @ 270 円

　このように第1工程完了品原価を第2工程に振り替え、前工程費として計算する方法を累加法といいます。

　なお、 CASE 39 を工程別総合原価計算表に集計すると次のようになります。

工程別総合原価計算表

(単位：円)

	第 1 工 程			第 2 工 程		
	直接材料費	加 工 費	合 計	前工程費	加 工 費	合 計
月初仕掛品原価	4,440	1,992	6,432	3,000	612	3,612
当月製造費用	22,040	10,080	32,120	34,400	20,988	55,388
合 計	26,480	12,072	38,552	37,400	21,600	59,000
月末仕掛品原価	3,480	672	4,152	1,700	600	2,300
完 成 品 原 価	23,000	11,400	34,400	35,700	21,000	56,700
完成品単位原価	@115	@57	@172	@170	@100	@270

$\dfrac{23,000\ 円}{200\ 個}$　$\dfrac{11,400\ 円}{200\ 個}$　　$\dfrac{35,700\ 円}{210\ 個}$　$\dfrac{21,000\ 円}{210\ 個}$

⇔ 問題編 ⇔

問題 26、27

CASE
40

組別総合原価計算とは？

ゴエモン㈱埼玉工場では、写真立てのほか、額縁も作っています。写真立てと額縁は種類の違う製品ですが、材料を切って組み立てるのは同じなので、同じ製造ラインで作っています。このような場合の原価の計算はどのようにするのでしょう？

組別総合原価計算とは

CASE40 の写真立てと額縁のように、種類の違う製品を同じ製造ラインで大量に生産する場合、写真立てと額縁では仕様が違うので、別々に原価を計算しなければなりません。

このように、同じ製造ラインで種類の違う製品を大量生産する場合に用いられる総合原価計算を**組別総合原価計算**といいます。

なお、「組」とは、製品の種類のことをいい、たとえば写真立てをA組、額縁をB組として、組ごとに原価を集計し、計算します。

> 具体的な計算方法は CASE41 でみていきます。

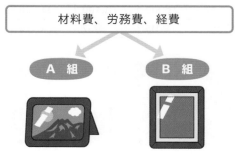

CASE
41 | 組別総合原価計算の手続き

組別に原価を
集計…ね。

A組　　**B組**

❓ ゴエモン㈱埼玉工場
では、写真立てをA
組、額縁をB組として組別
総合原価計算を行うことに
しました。

例

次の資料にもとづいて、平均法により各組製品の完成品原価を計算しなさい。
なお、組間接費は直接作業時間により配賦する。

生産データ

	A組製品		B組製品	
月初仕掛品	50個	(80%)	50個	(60%)
当月投入	190		75	
合計	240個		125個	
月末仕掛品	40	(50%)	25	(80%)
完成品	200個		100個	
直接作業時間	60時間		40時間	

＊（　）内の数値は加工進捗度である。

製造原価データ

	A組製品	B組製品
月初仕掛品：直接材料費	5,930円	6,850円
加工費	6,440円	6,240円
当月投入：直接材料費	25,270円	10,650円
加工費	45,000円	

＊直接材料は工程の始点で投入している。

計算の仕方は個別原価計算と同じです。

組直接費と組間接費の計算

組別総合原価計算では、原価を各組製品に個別に発生するもの（**組直接費**といいます）と、共通して発生するもの（**組間接費**といいます）に分けて計算します。

このうち、**組直接費**（直接材料費、直接労務費、直接経費）はどの「組」にいくらかかったかが明らかな原価なので、**各組製品に賦課**します。

一方、**組間接費**（製造間接費）は、どの組製品にいくらかかったかが明らかではない原価なので、適切な配賦基準にもとづいて**各組製品に配賦**します。

CASE 41 では、当月投入の加工費 45,000 円が組間接費なので、これを配賦基準（直接作業時間）にもとづいて、A 組製品（写真立て）と B 組製品（額縁）に配賦します。

CASE 41 の組間接費の配賦

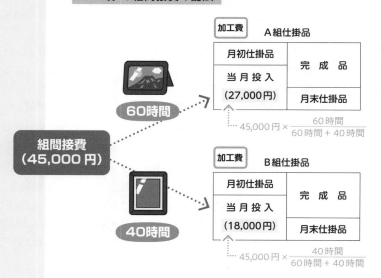

組間接費を各組製品に配賦したら、あとは単純総合原価計算と同じ手順で、月末仕掛品原価と完成品原価

を計算します。

　以上より、CASE 41 の各組製品の完成品原価を計算すると次のようになります。

CASE 41 のA組製品の完成品原価等の計算

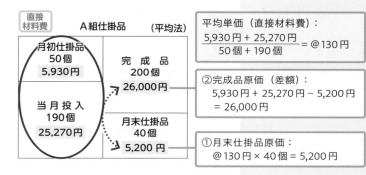

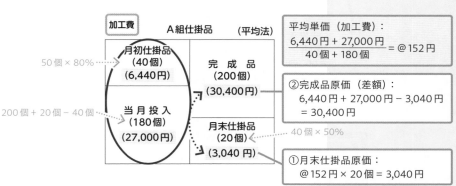

①月末仕掛品原価：5,200 円 ＋ 3,040 円 ＝ 8,240 円

②完成品原価：26,000 円 ＋ 30,400 円 ＝ 56,400 円

③完成品単位原価：$\dfrac{56,400 \text{円}}{200 \text{個}}$ ＝ ＠ 282 円

CASE **41** の B 組製品の完成品原価等の計算

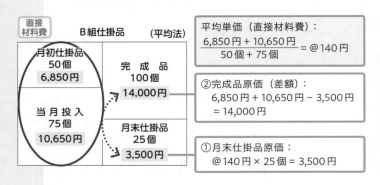

直接材料費	B組仕掛品	（平均法）

月初仕掛品
50個
6,850円

当月投入
75個
10,650円

完成品
100個
14,000円

月末仕掛品
25個
3,500円

平均単価（直接材料費）：
$$\frac{6,850円 + 10,650円}{50個 + 75個} = @140円$$

②完成品原価（差額）：
6,850円 + 10,650円 − 3,500円
= 14,000円

①月末仕掛品原価：
@140円 × 25個 = 3,500円

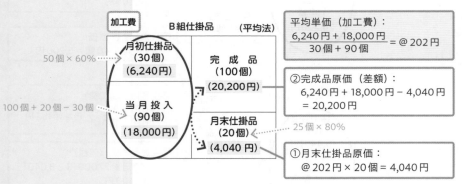

加工費	B組仕掛品	（平均法）

50個 × 60% ·····▶ 月初仕掛品
（30個）
（6,240円）

100個 + 20個 − 30個 ▶ 当月投入
（90個）
（18,000円）

完成品
（100個）
（20,200円）

月末仕掛品
（20個）
（4,040円）

25個 × 80%

平均単価（加工費）：
$$\frac{6,240円 + 18,000円}{30個 + 90個} = @202円$$

②完成品原価（差額）：
6,240円 + 18,000円 − 4,040円
= 20,200円

①月末仕掛品原価：
@202円 × 20個 = 4,040円

①**月末仕掛品原価**：3,500円 + 4,040円 = 7,540円

②**完 成 品 原 価**：14,000円 + 20,200円 = 34,200円

③**完成品単位原価**：$\dfrac{34,200円}{100個} = @342円$

⇔ 問題編 ⇔
問題 28

CASE

42 | 等級別総合原価計算とは？

この場合の計算は？

Mタイプ　Lタイプ

ゴエモン㈱埼玉工場で作っている額縁は標準サイズ（Mタイプ）と大きいサイズ（Lタイプ…Mタイプの2倍）があります。このようにサイズが異なる同種製品を生産している場合の原価の計算はどのようにするのでしょう？

🐱 等級別総合原価計算とは

　CASE 42 のMタイプ（標準サイズ）とLタイプ（大きいサイズ）の額縁のように、同じ種類の製品でサイズや品質が異なる製品（**等級製品**といいます）を大量に生産する場合、これらの完成品原価をまとめて計算したあと、サイズや品質の違いに応じて各製品に原価を分けます。

サイズや品質の違いを等級といいます。

異種製品なら別々に原価を計算します（組別総合原価計算）が、同種製品なので、まとめて完成品原価を計算してしまうのです。

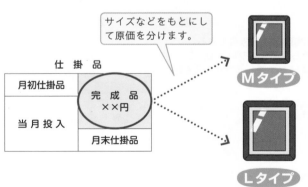

サイズなどをもとにして原価を分けます。

仕　掛　品

月初仕掛品	完成品 ××円
当月投入	
	月末仕掛品

Mタイプ

Lタイプ

　このように、同じ製造ラインで、2つ以上の等級がある同種の製品を大量生産する場合に用いられる総合原価計算を**等級別総合原価計算**といいます。

CASE
43 | 等級別総合原価計算の手続き

サイズに応じて
1:2で分けよう。

Mタイプ　Lタイプ

1:2

? Lタイプの額縁はMタイプの2倍の大きさなので、完成品原価を1（Mタイプ）:2（Lタイプ）で分けることにしました。

例

次の資料にもとづいて、平均法により各等級製品の完成品原価、完成品単位原価を計算しなさい。なお、材料は工程の始点で投入される。

生産データ			製造原価データ	
月初仕掛品	10個	（80％）	月初仕掛品原価	
当月投入	110		直接材料費：	1,520円
合　計	120個		加　工　費：	1,808円
月末仕掛品	20	（60％）	当月製造費用	
完成品	100個		直接材料費：	14,080円
			加　工　費：	20,592円

＊1　（　）内の数値は加工進捗度である。
＊2　完成品のうち、Mタイプは50個、Lタイプは50個である。
＊3　等価係数はMタイプ1、Lタイプ2である。

用語　等価係数…原価の負担割合のこと

まずは完成品原価を計算！

　等級別総合原価計算では、完成品原価を計算したあと、各等級製品に原価を配分します。

　したがって、まずは単純総合原価計算と同様に、完成品原価を計算します。

> ふつうの総合原価計算の手続きです。

CASE **43** の完成品原価の計算

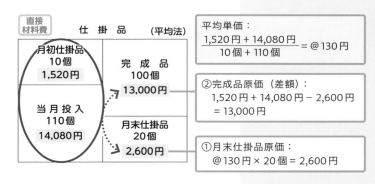

直接材料費　仕　掛　品　（平均法）

月初仕掛品 10個 1,520円	完　成　品 100個 13,000円
当 月 投 入 110個 14,080円	月末仕掛品 20個 2,600円

平均単価：
$$\frac{1,520円 + 14,080円}{10個 + 110個} = @130円$$

②完成品原価（差額）：
1,520円 + 14,080円 − 2,600円
= 13,000円

①月末仕掛品原価：
@130円 × 20個 = 2,600円

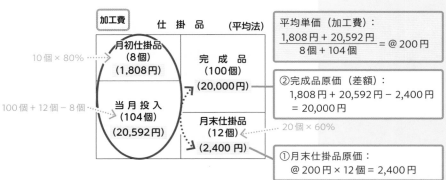

加工費　仕　掛　品　（平均法）

10個 × 80%

100個 + 12個 − 8個

月初仕掛品 （8個） （1,808円）	完　成　品 （100個） （20,000円）
当 月 投 入 （104個） （20,592円）	月末仕掛品 （12個） （2,400円）

20個 × 60%

平均単価（加工費）：
$$\frac{1,808円 + 20,592円}{8個 + 104個} = @200円$$

②完成品原価（差額）：
1,808円 + 20,592円 − 2,400円
= 20,000円

①月末仕掛品原価：
@200円 × 12個 = 2,400円

①**月末仕掛品原価：** 2,600円 + 2,400円 = 5,000円

②**完成品原価：** 13,000円 + 20,000円 = 33,000円

Mタイプ　Lタイプ

● そして、完成品原価を分ける！

完成品原価を計算したら、各等級製品の原価負担割合に応じて、各等級製品に配分します。なお、この原価負担割合を**等価係数**といい、各等級製品の完成品数量に等価係数を掛けた数量を**積数**といいます。

$$積数＝完成品数量×等価係数$$

CASE 43 では、完成品数量はMタイプ、Lタイプともに50個で、等価係数はMタイプが1、Lタイプが2です。したがって、積数は次のように計算します。

CASE **43** の積数

・Mタイプ：50個×1＝50
・Lタイプ：50個×2＝100

そして、完成品原価33,000円を上記の積数の比（50：100）で各等級製品に配分します。

CASE **43** の各等級製品の完成品原価

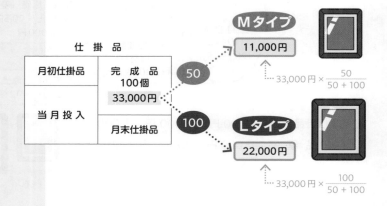

・Mタイプ：$33{,}000\text{ 円} \times \dfrac{50}{50+100} = 11{,}000\text{ 円}$

・Lタイプ：$33{,}000\text{ 円} \times \dfrac{100}{50+100} = 22{,}000\text{ 円}$

完成品単位原価の計算

　完成品単位原価は、各等級製品に配分した完成品原価を各等級製品の数量で割ります。

CASE **43** の各等級製品の完成品単位原価

・Mタイプ：$\dfrac{11{,}000\text{ 円}}{50\text{個}} = @\,220\text{ 円}$

・Lタイプ：$\dfrac{22{,}000\text{ 円}}{50\text{個}} = @\,440\text{ 円}$

積数で割らないように注意してください。

⇔ 問題編 ⇔
問題 29、30

製品原価の計算編

9

第 章

総合原価計算③

製造作業中に失敗品が生じた場合や、
材料を途中で追加した場合の製品原価はどうやって計算するんだろう?

ここでは、総合原価計算における仕損・減損の処理と
材料の追加投入についてみていきましょう。

CASE
44 | 仕損と減損とは?

これは合格!　　　これは不合格!

? ゴエモン㈱埼玉工場では、工程の途中で製品の品質をチェックしています。作った製品がすべて合格品ならよいのですが、毎月いくつかの不合格品が生じてしまいます。このような不合格品が生じたときはどのように原価を計算するのでしょう?

🐱 仕損と減損とは

傷がついてしまったり、ゆがんでしまっているものは売り物にならないので不合格品となります。

　工場では、製造した製品が規格に合っているものかどうかをチェックしてから出荷しますが、製品の製造中に失敗が生じ、不合格品が生じることがあります。

　この不合格品を**仕損品**といい、仕損品が生じることを**仕損の発生**といいます。

　また、水や牛乳を加熱すると蒸発して原料の一部がなくなるように、原料である液体が蒸発したり、粉末が飛び散ったりすることによって、原料が目減りしてしまうことを**減損**といいます。

 仕損　　　　　**減損**

蒸発

● 正常仕損（減損）と異常仕損（減損）

　製品を製造するときに、多少の仕損や減損が生じて
しまうのは仕方ありません。このように、通常生じる
程度の仕損や減損を**正 常 仕 損**または**正 常 減 損**といい
ます。

　一方、通常生じる程度を超えて発生した仕損や減損
を**異 常 仕 損**または**異 常 減 損**といいます。

10個に1個の仕損は
仕方ないよね…

でも、5個も
発生したら異常！

　なお、異常仕損や異常減損は、非原価項目として処
理しますが、これは１級の範囲なので、このテキスト
では正常仕損（正常減損）の処理のみ説明します。

● 仕損・減損は発生点によって処理が異なる

　正常仕損や正常減損は、製品の製造において避けら
れないものなので、正常仕損にかかった原価（**正常仕
損費**といいます）や正常減損にかかった原価（**正常減
損費**といいます）は、製造原価に含めて処理します。

　このとき、仕損や減損が月末仕掛品の進捗度よりも
前に生じたか、後に生じたかによって、製品原価の計
算の仕方が異なります。 CASE **45** 、 CASE **46** で、それ
ぞれの場合の計算方法をみていきましょう。

> なお、仕損と減損の
> 処理の仕方は同じな
> ので、このテキスト
> では仕損の場合のみ
> 説明します。

CASE 45 | 仕損の発生点が月末仕掛品の加工進捗度よりも後の場合の処理

最後の作業で
ひびが入っちゃうんだよね。

今月は仕損が10個発生しました。この仕損は工程の最後（終点）で発生したものです。
この場合の仕損費の処理はどうするのでしょう？

例

次の資料にもとづいて、平均法により月末仕掛品原価、完成品原価、完成品単位原価を計算しなさい。

生産データ			製造原価データ	
月初仕掛品	20個	(20%)	月初仕掛品原価	
当月投入	120		直接材料費：	2,840円
合　計	140個		加 工 費：	874円
正常仕損	10		当月製造費用	
月末仕掛品	30	(80%)	直接材料費：	15,360円
完 成 品	100個		加 工 費：	24,050円

＊1　（　）内の数値は加工進捗度である。
＊2　直接材料は工程の始点で投入している。
＊3　仕損は工程の終点で発生している。

ここに注目！

🐱 月末仕掛品の進捗度よりも後で発生した場合

CASE 45 は工程の終点（加工進捗度100%）で仕損が発生しています。このように正常仕損が月末仕掛品の加工進捗度（80%）よりも後で発生した場合、月末仕掛品は仕損の発生点を通過していません。

つまり、月末仕掛品からは、仕損が生じていないことになります。

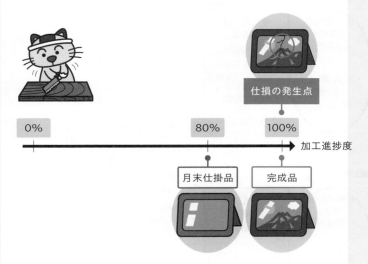

仕損の発生点

0%　　　　　　　80%　　　100%

加工進捗度

月末仕掛品　　完成品

　そこで、この場合は**正常仕損の原価（正常仕損費）を完成品原価に含めて処理**します。

　具体的には、仕損品を完成品とみなして計算することになります。

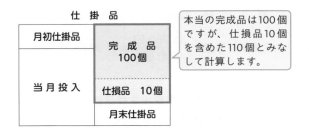

本当の完成品は100個ですが、仕損品10個を含めた110個とみなして計算します。

　したがって、CASE45 の計算は次ページのようになります。

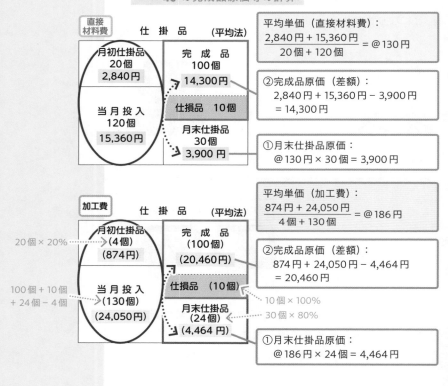

CASE **45** の完成品原価等の計算

直接材料費　仕　掛　品　（平均法）

月初仕掛品 20個 2,840円	完成品 100個 14,300円
当月投入 120個 15,360円	仕損品 10個
	月末仕掛品 30個 3,900円

平均単価（直接材料費）：
$$\frac{2,840円 + 15,360円}{20個 + 120個} = @130円$$

②完成品原価（差額）：
2,840円 + 15,360円 − 3,900円
= 14,300円

①月末仕掛品原価：
@130円 × 30個 = 3,900円

加工費　仕　掛　品　（平均法）

20個 × 20% ┈┈┈

月初仕掛品 (4個) (874円)	完成品 (100個) (20,460円)
当月投入 (130個) (24,050円)	仕損品 (10個)
	月末仕掛品 (24個) (4,464円)

100個 + 10個 + 24個 − 4個 ┈┈┈

10個 × 100%
30個 × 80%

平均単価（加工費）：
$$\frac{874円 + 24,050円}{4個 + 130個} = @186円$$

②完成品原価（差額）：
874円 + 24,050円 − 4,464円
= 20,460円

①月末仕掛品原価：
@186円 × 24個 = 4,464円

①**月末仕掛品原価**：3,900円 + 4,464円 = 8,364円

②**完　成　品　原　価**：14,300円 + 20,460円 = 34,760円

③**完成品単位原価**：$\dfrac{34,760円}{100個} = @347.6円$

> 完成品単位原価を計算する際には、本来の完成品の数量で割ります。

　このように、正常仕損費を完成品原価に含めて処理することを**完成品のみ負担**といいます。

⇔ 問題編 ⇔
問題 31

仕損品に評価額がある場合①（完成品のみ負担）

　仕損品は不合格品とはいえ、形が残るので、いくらかの金額で売れることがあります。この場合の仕損品の売却金額を**仕損品 評価額**といいます。

　そして、仕損品評価額がある場合は、**仕損品の原価から仕損品評価額を差し引いた金額**が正常仕損費となります。

> 正常仕損費＝仕損品の原価－仕損品評価額

　完成品のみ負担の場合には、正常仕損費をすべて完成品原価に含めて処理します。

　したがって、完成品のみ負担の場合で、仕損品に評価額があるときは、 CASE 45 の手順で完成品原価を計算したあと、完成品原価から仕損品評価額を差し引くことになります。

　仮に CASE 45 で発生した仕損品（10個）に、1個あたり13円の売却価値があったとすると、仕損品評価額は130円（＠13円×10個）となります。

　したがって、この場合の完成品原価（仕損品評価額を加味したあとの完成品原価）は次のようになります。

完成品原価：34,760円 － 130円 ＝ 34,630円
　　　　　 CASE 45 で求めた　　 仕損品評価額
　　　　　　完成品原価

> なお、減損は形がなくなってしまうわけですから、評価額はありません（評価額はつねにゼロとなります）。

> 月末仕掛品原価は CASE 45 （仕損品に評価額がない場合）と同じです。

仕損の発生点が月末仕掛品の加工進捗度よりも前の場合の処理

まぁ、多少は仕方ないよね…。

切るとき、失敗してしまいました。

今度は工程の始点で仕損が発生したときの処理をみてみましょう。

例

次の資料にもとづいて、平均法により月末仕掛品原価、完成品原価、完成品単位原価を計算しなさい。

生産データ		
月初仕掛品	20個	（20%）
当月投入	120	
合計	140個	
正常仕損	10	
月末仕掛品	30	（80%）
完成品	100個	

製造原価データ	
月初仕掛品原価	
直接材料費：	2,840円
加工費：	874円
当月製造費用	
直接材料費：	15,360円
加工費：	24,050円

＊1　（　）内の数値は加工進捗度である。
＊2　直接材料は工程の始点で投入している。
＊3　仕損は工程の始点で発生している。

ここに注目！

月末仕掛品の進捗度よりも前で発生した場合

CASE 46 は工程の始点（加工進捗度0%）で仕損が発生しています。このように正常仕損が月末仕掛品の加工進捗度（80%）よりも前で発生した場合、月末仕掛品は仕損の発生点を通過しています。

つまり、その仕損は、完成品と月末仕掛品の両方を
作るために生じたものであるということになります。

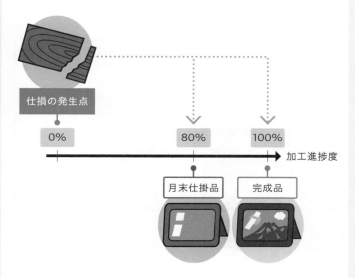

仕損の発生点

| 0% | 80% | 100% |

加工進捗度

月末仕掛品　完成品

そこで、この場合は**正常仕損にかかった原価（正常
仕損費）を完成品と月末仕掛品の両方に負担させます。**
　具体的には、月初仕掛品原価と当月製造費用を完成
品 100 個と月末仕掛品 30 個（加工費の場合は 24 個）
の割合で配分することになります。

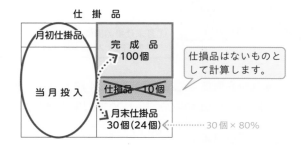

仕　掛　品

月初仕掛品	完　成　品 100個
当月投入	仕損品　10個
	月末仕掛品 30個(24個)

仕損品はないものと
して計算します。

30個 × 80%

　したがって、 CASE 46 の計算は次ページのようにな
ります。

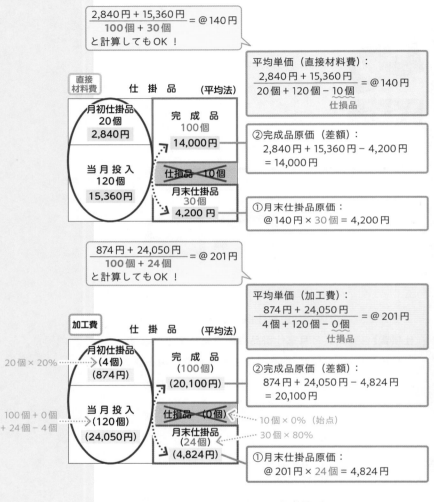

CASE **46** の完成品原価等の計算

$$\frac{2,840円 + 15,360円}{100個 + 30個} = @140円$$
と計算してもOK！

平均単価（直接材料費）：
$$\frac{2,840円 + 15,360円}{20個 + 120個 - \underset{仕損品}{10個}} = @140円$$

直接材料費　仕　掛　品　（平均法）

月初仕掛品
20個
2,840円

完成品
100個
14,000円

②完成品原価（差額）：
2,840円 + 15,360円 − 4,200円
= 14,000円

当月投入
120個
15,360円

~~仕損品　10個~~

月末仕掛品
30個
4,200円

①月末仕掛品原価：
@140円 × 30個 = 4,200円

$$\frac{874円 + 24,050円}{100個 + 24個} = @201円$$
と計算してもOK！

平均単価（加工費）：
$$\frac{874円 + 24,050円}{4個 + 120個 - \underset{仕損品}{0個}} = @201円$$

加工費　仕　掛　品　（平均法）

20個 × 20%

月初仕掛品
(4個)
(874円)

完成品
(100個)
(20,100円)

②完成品原価（差額）：
874円 + 24,050円 − 4,824円
= 20,100円

100個 + 0個
+ 24個 − 4個

当月投入
(120個)
(24,050円)

~~仕損品　(0個)~~

10個 × 0%（始点）

月末仕掛品
(24個)
(4,824円)

30個 × 80%

①月末仕掛品原価：
@201円 × 24個 = 4,824円

①月末仕掛品原価：4,200円 + 4,824円 = 9,024円

②完成品原価：14,000円 + 20,100円 = 34,100円

③完成品単位原価：$\dfrac{34,100円}{100個} = @341円$

　このように、正常仕損費を完成品と月末仕掛品に分けて負担させることを**両者負担**といいます。

以上より、仕損と減損の発生点と処理の仕方についてまとめると、次のとおりです。

仕損・減損の発生点と処理

仕損・減損の発生点		処　理
仕損・減損の発生点 **100%** ＞ 月末仕掛品の加工進捗度 **80%**	➡	完成品のみ負担
仕損・減損の発生点 **0%** ＜ 月末仕掛品の加工進捗度 **80%**	➡	完成品と月末仕掛品の両者負担

なお、 CASE 45 （完成品のみ負担）や CASE 46 （両者負担）では、正常仕損品にかかった原価（正常仕損費）を別個に計算せず、計算上、仕損の発生を無視しています。このような計算方法を**度外視法**といいます。

> 正常仕損品にかかった原価を計算してから、完成品や月末仕掛品に正常仕損費を負担させる方法（非度外視法）もありますが、1級の範囲なので、2級では度外視法だけおさえておいてください。

参考

先入先出法で両者負担の場合の処理

先入先出法によって、正常仕損費を完成品と月末仕掛品に負担させる場合、仕損は当月投入分からのみ生じたと考えて次のように処理します。

例

次の資料にもとづいて、先入先出法により月末仕掛品原価、完成品原価、完成品単位原価を計算しなさい。

(1) 生産データ

月初仕掛品	20個	(20%)
当月投入	120	
合　計	140個	
正常仕損	10	
月末仕掛品	30	(80%)
完成品	100個	

*1 （ ）内の数値は加工進捗度である。
*2 直接材料は工程の始点で投入している。
*3 仕損は工程の始点で発生している。
(2) 製造原価データ
① 月初仕掛品原価
　直接材料費： 2,840円　加工費：　800円
② 当月製造費用
　直接材料費：15,290円　加工費：24,000円

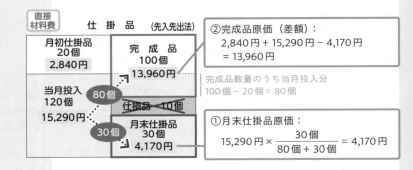

直接材料費 仕 掛 品 （先入先出法）

月初仕掛品 20個 2,840円	完 成 品 100個 13,960円
当月投入 120個 15,290円	仕損品 10個
	月末仕掛品 30個 4,170円

80個

30個

② 完成品原価（差額）：
2,840円 + 15,290円 − 4,170円
= 13,960円

完成品数量のうち当月投入分
100個 − 20個 = 80個

① 月末仕掛品原価：
$$15,290円 \times \frac{30個}{80個 + 30個} = 4,170円$$

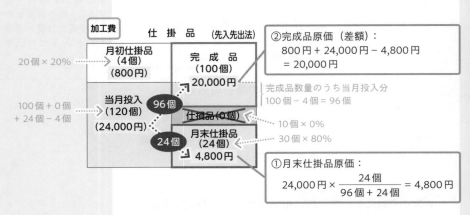

加工費 仕 掛 品 （先入先出法）

20個 × 20%

100個 + 0個
+ 24個 − 4個

月初仕掛品 （4個） （800円）	完 成 品 （100個） 20,000円
当月投入 （120個） （24,000円）	仕損品（0個）
	月末仕掛品 （24個） 4,800円

96個

24個

② 完成品原価（差額）：
800円 + 24,000円 − 4,800円
= 20,000円

完成品数量のうち当月投入分
100個 − 4個 = 96個

10個 × 0%
30個 × 80%

① 月末仕掛品原価：
$$24,000円 \times \frac{24個}{96個 + 24個} = 4,800円$$

①月末仕掛品原価：4,170円 + 4,800円 = 8,970円
②完 成 品 原 価：13,960円 + 20,000円 = 33,960円
③完成品単位原価：$\dfrac{33,960円}{100個}$ = @ 339.6円

⇔ 問題編 ⇔
問題 32 〜 34

142

仕損品に評価額がある場合②（両者負担）

CASE 45 の参考で説明したように、完成品のみ負担の場合で、仕損品に評価額があるときは、完成品原価等を計算したあと、完成品原価から仕損品評価額を差し引きますが、両者負担の場合で、仕損品に評価額があるときは、**完成品原価等を計算する前に仕損品評価額を差し引きます。**

つまり、当月投入原価（通常は直接材料費）から仕損品評価額を差し引いた金額を用いて、完成品原価等を計算するのです。

仮に CASE 46 （当月投入直接材料費は 15,360 円）の仕損品の評価額が 130 円（@ 13 円 × 10 個）で、この評価額は材料の価値であったとした場合、完成品原価等を計算するさいの当月投入直接材料費は 15,230 円（15,360 円 − 130 円）となります。

この 15,230 円を当月投入直接材料費として、完成品原価等を計算していきます。

仕損品評価額を当月投入原価から差し引くので、当月投入原価が小さくなります。小さくなった当月投入原価にもとづいて完成品原価と月末仕掛品原価を計算するので、仕損品評価額分が自動的に完成品原価と月末仕掛品原価から差し引かれることになるのです。

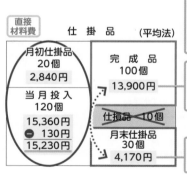

平均単価（直接材料費）：
$$\frac{2,840 円 + 15,230 円}{20 個 + 120 個 − 10 個} = @ 139 円$$
仕損品

②完成品原価（差額）：
2,840 円 + 15,230 円 − 4,170 円
= 13,900 円

①月末仕掛品原価：
@ 139 円 × 30 個 = 4,170 円

加工費の計算は CASE 46 と同じ（月末仕掛品の加工費は 4,824 円、完成品の加工費は 20,100 円）なので、 CASE 46 （両者負担）の場合で、仕損品に評価額（130）があるときの完成品原価等は次のようになります。

①**月末仕掛品原価**：4,170 円 + 4,824 円 = 8,994 円
②**完 成 品 原 価**：13,900 円 + 20,100 円 = 34,000 円

仕損品の評価額が完成品原価と月末仕掛品原価から差し引かれたので、 CASE 46 に比べて完成品原価、月末仕掛品原価ともに金額が小さくなっています。

仕損（減損）の発生点が不明な場合

　2級の試験では、仕損（減損）が生じているものの、その発生点が不明（かつ完成品のみ負担か両者負担かの指示がない）という問題が出題されることがあります。

　完成品のみ負担の場合、仕損（減損）を完成品に含めて処理するので、仕損（減損）の発生点が不明だと加工費の計算ができません。

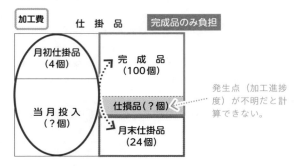

　一方、両者負担の場合、仕損（減損）はないものとして計算するので、仕損（減損）の発生点が不明でも加工費を計算することができます。

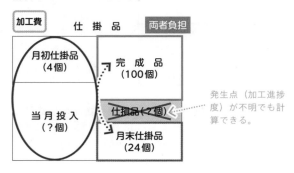

　そこで、**仕損（減損）が生じているものの、その発生点が不明という場合**で、問題文に指示がないときは**両者負担**で計算することになります。

CASE 47 | 工程の終点で材料を追加投入する場合の処理

目玉は最後につけるんだ！

ボタン（B直接材料）

布（A直接材料）

ゴエモン㈱では、ぬいぐるみも作っています。ぬいぐるみの素材である布（A直接材料）は工程の始点で投入しますが、目玉となるボタン（B直接材料）は工程の終点で投入します。この場合、B直接材料費はどのように計算するのでしょう？

例

次の資料にもとづいて、平均法により月末仕掛品と完成品に含まれるB直接材料費を計算しなさい。

	生産データ			製造原価データ	
月初仕掛品	20個	(20%)	月初仕掛品原価		
当月投入	110		B直接材料費：		0円
合計	130個		当月製造費用		
月末仕掛品	30	(80%)	B直接材料費：		6,000円
完成品	100個				

＊1 （　）内の数値は加工進捗度である。
＊2 B直接材料は工程の終点で投入している。

ここに注目！

♠ 材料の追加投入とは

　これまでは、材料はすべて工程の始点で投入することを前提に計算していました。しかし、たとえばぬいぐるみを作るとき、素材である布（材料）を型紙どおりに切り、縫い合わせ、途中で綿（材料）を入れて、最後に目玉となるボタン（材料）をつけるというように、材料を工程の途中で追加することがあります。

0%　50%　100%

加工進捗度

このように材料を工程の途中で追加することを**材料の追加投入**といいます。なお、材料の追加投入があった場合の処理は、材料の投入時点によって異なります。

材料の追加投入には、①工程の終点で投入する場合、②工程の途中で投入する場合、③工程を通じて平均的に投入する場合があります。それぞれの場合について、順番にみていきましょう。

工程の終点で追加投入する場合

CASE **47** のように工程の終点（加工進捗度100%）で材料を追加投入する場合、月初仕掛品（加工進捗度20%）と月末仕掛品（加工進捗度80%）は材料の追加投入点を通過していません。

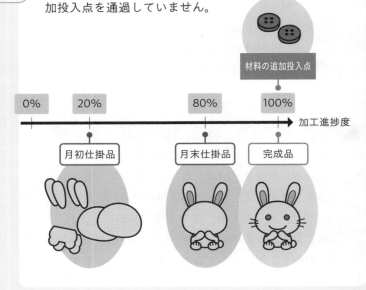

材料の追加投入点

0%　20%　80%　100%

加工進捗度

月初仕掛品　月末仕掛品　完成品

この場合、追加投入したB直接材料（目玉となるボタン）は、完成品を作るためだけに使われたことになるので、B直接材料費は**全額、完成品の原価**となります。

　以上より、 CASE **47** のB直接材料費の計算は、次のようになります。

CASE **47** のB直接材料費の計算

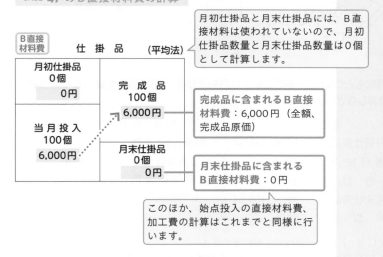

B直接 材料費	仕　掛　品	（平均法）
月初仕掛品 0個 0円	完　成　品 100個 6,000円	
当月投入 100個 6,000円	月末仕掛品 0個 0円	

月初仕掛品と月末仕掛品には、B直接材料は使われていないので、月初仕掛品数量と月末仕掛品数量は0個として計算します。

完成品に含まれるB直接材料費：6,000円（全額、完成品原価）

月末仕掛品に含まれるB直接材料費：0円

このほか、始点投入の直接材料費、加工費の計算はこれまでと同様に行います。

①**月末仕掛品に含まれるB直接材料費：0円**
②**完成品に含まれるB直接材料費：6,000円**

⇔ 問題編 ⇔
問題 35

第
9
章

総
合
原
価
計
算
③

CASE
48
工程の途中で材料を追加投入する場合の処理

綿を入れると
ぬいぐるみっぽくなるね。

綿（C直接材料）

C直接材料（綿）は、加工進捗度50％の時点で追加投入します。
月初仕掛品の加工進捗度が20％、月末仕掛品の加工進捗度が80％の場合、C直接材料費の計算はどのようになるのでしょう？

例

次の資料にもとづいて、平均法により月末仕掛品と完成品に含まれるC直接材料費を計算しなさい。

生産データ			製造原価データ	
月初仕掛品	20個	（20％）	月初仕掛品原価	
当月投入	110		C直接材料費：	0円
合　計	130個		当月製造費用	
月末仕掛品	30	（80％）	C直接材料費：	5,200円
完成品	100個			

＊1　（　）内の数値は加工進捗度である。
＊2　C直接材料は加工進捗度50％の時点で投入している。

ここに注目！

🐱 工程の途中で追加投入する場合

　　材料を工程の途中で追加投入する場合は、材料の追加投入点と月初仕掛品および月末仕掛品の加工進捗度を比べ、追加材料が月初仕掛品や月末仕掛品に使われているかどうかを考えます。

　　CASE48 のC直接材料は、加工進捗度50％の時点で追加投入されます。したがって、加工進捗度が20％の月初仕掛品にはC直接材料は使われていませ

んが、加工進捗度が 80%の月末仕掛品には C 直接材料が使われていることになります。

もちろん、加工進捗度100%の完成品にも使われています。

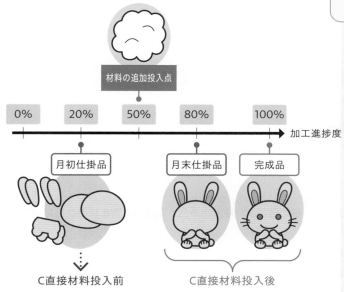

C直接材料投入前　　　　　　C直接材料投入後

そこで、C 直接材料費を完成品（100 個）と月末仕掛品（30 個）に配分します。

CASE **48** の C 直接材料費の計算

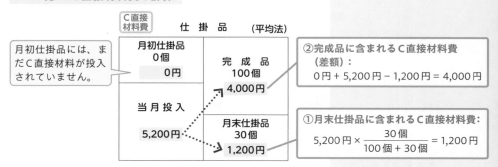

月初仕掛品には、まだ C 直接材料が投入されていません。

②完成品に含まれる C 直接材料費
（差額）：
0 円 + 5,200 円 − 1,200 円 = 4,000 円

①月末仕掛品に含まれる C 直接材料費：
$5,200 円 \times \dfrac{30 個}{100 個 + 30 個} = 1,200 円$

①**月末仕掛品に含まれる C 直接材料費：**1,200 円
②**完成品に含まれる C 直接材料費：**4,000 円

CASE 49 | 工程を通じて平均的に材料を追加投入する場合の処理

最後は工程を通じて平均的に投入する場合をみてみよう！

❓ 次に工程を通じて平均的に材料が追加投入される場合の処理をみてみましょう。

例

次の資料にもとづいて、平均法により月末仕掛品と完成品に含まれるD直接材料費を計算しなさい。

生産データ		
月初仕掛品	20個	(20%)
当月投入	110	
合　計	130個	
月末仕掛品	30	(80%)
完　成　品	100個	

製造原価データ	
月初仕掛品原価	
D直接材料費：	320円
当月製造費用	
D直接材料費：	5,880円

*1 （　）内の数値は加工進捗度である。
*2 D直接材料は工程を通じて平均的に投入している。

ここに注目！

毛糸でマフラーを編むとき、マフラーの進捗度が進めば進むほど、毛糸を使っていますよね。

🐱 工程を通じて平均的に追加投入する場合

材料を工程を通じて平均的に追加投入する場合は、加工進捗度が進めば進むほど、直接材料費が多く発生することになります。

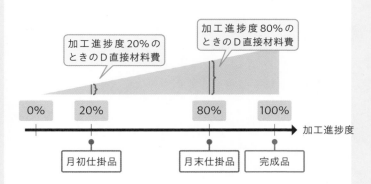

加工進捗度 20%の ときのD直接材料費

加工進捗度 80%の ときのD直接材料費

| 0% | 20% | 80% | 100% |

加工進捗度

月初仕掛品　　月末仕掛品　　完成品

　これは、加工費の発生の仕方に似ています。ですから、この場合は、加工費の計算と同様に、**加工進捗度を考慮した生産データにもとづいて計算**します。

とても 重要

　したがって、 CASE **49** のD直接材料費の計算は次のようになります。

CASE **49** のD直接材料費の計算

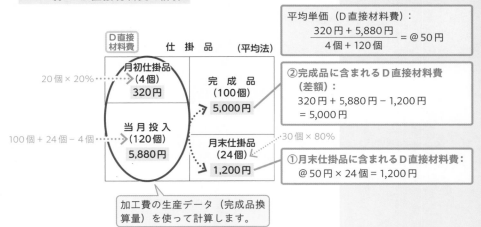

| D直接材料費 | 仕　掛　品 | （平均法） |

平均単価（D直接材料費）：

$$\frac{320円 + 5,880円}{4個 + 120個} = @50円$$

20個 × 20% → 月初仕掛品 （4個） 320円

完　成　品 （100個） 5,000円

②完成品に含まれるD直接材料費 （差額）： 320円 + 5,880円 − 1,200円 = 5,000円

100個 + 24個 − 4個 → 当月投入 （120個） 5,880円

30個 × 80%

月末仕掛品 （24個） 1,200円

①月末仕掛品に含まれるD直接材料費： @50円 × 24個 = 1,200円

加工費の生産データ（完成品換算量）を使って計算します。

①月末仕掛品に含まれるD直接材料費：1,200円
②完成品に含まれるD直接材料費：5,000円

⇔ 問題編 ⇔
問題 36、37

CASE 49 ─ 工程を通じて平均的に材料を追加投入する場合の処理　**151**

財務諸表、本社工場会計編

第10章

工業簿記における財務諸表

製造業を営む会社では、経営成績や財政状態のほかに、
製造活動の状況についても報告するらしい…。

ここでは、工業簿記における財務諸表についてみていきましょう。

CASE
50 | 工業簿記における財務諸表

ほかにも何か
あるのかニャ？

| 損益計算書 | 貸借対照表 |

商業簿記で財務諸表というと、損益計算書や貸借対照表がありましたが、工業簿記ではどのような財務諸表を作成するのでしょうか？

🐾 工業簿記における財務諸表

　　会社は会計年度末に損益計算書や貸借対照表を作成しなければなりませんが、製造業を営む会社では、このほかに**製造原価報告書**も作成します。

　　製造原価報告書は、会社の製造活動を表すための書類で、**仕掛品勘定の内容**が記載されます。

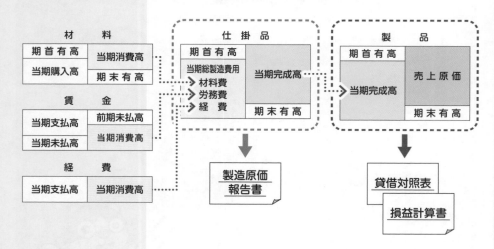

154

CASE

51 製造原価報告書の作成

作ってみよー！

ゴエモン㈱では、さっそく製造原価報告書を作ってみることにしました。

例

次の勘定記入等にもとづいて、製造原価報告書を作成しなさい。

材　料

期首有高 10円	当期消費高 （直接材料費） 180円
当期購入高 200円	期末有高 30円

賃　金

当期支払高 130円	前期未払高 20円
当期未払高 40円	当期消費高 （直接労務費） 150円

従業員賞与

当期支払高 80円	当期消費高 80円

経費の当期消費高
減価償却費：120円
保　険　料：　10円

仕　掛　品

期首有高 60円	当期完成高 550円
当期総製造費用 540円	期末有高 50円

🐱 製造原価報告書の形式①

製造原価報告書の形式には、**材料費、労務費、経費に分類して記入する形式**と、**製造直接費と製造間接費に分類して記入する形式**の 2 つがあります。

CASE 51 を、**材料費、労務費、経費に分類して記入する形式**の製造原価報告書に記入すると、次のようになります。

CASE **51** の製造原価報告書①

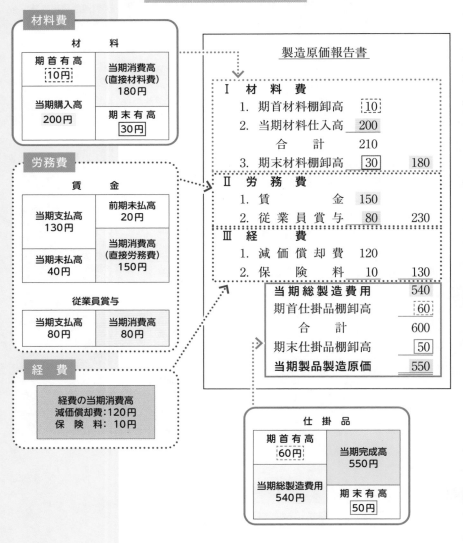

材料費

材　料

| 期首有高 10円 | 当期消費高 (直接材料費) 180円 |
| 当期購入高 200円 | 期末有高 30円 |

労務費

賃　金

当期支払高 130円	前期未払高 20円
	当期消費高 (直接労務費) 150円
当期未払高 40円	

従業員賞与

| 当期支払高 80円 | 当期消費高 80円 |

経　費

経費の当期消費高
減価償却費：120円
保　険　料： 10円

製造原価報告書

Ⅰ　材　料　費
　1.　期首材料棚卸高　　10
　2.　当期材料仕入高　　200
　　　　合　　計　　　210
　3.　期末材料棚卸高　　30　　　180
Ⅱ　労　務　費
　1.　賃　　　　　金　150
　2.　従 業 員 賞 与　80　　　230
Ⅲ　経　　　費
　1.　減 価 償 却 費　120
　2.　保　険　料　10　　　130
　　　当期総製造費用　　　540
　　　期首仕掛品棚卸高　　60
　　　　合　　計　　　600
　　　期末仕掛品棚卸高　　50
　　　当期製品製造原価　　550

仕　掛　品

| 期首有高 60円 | 当期完成高 550円 |
| 当期総製造費用 540円 | 期末有高 50円 |

製造原価報告書の形式②

CASE 51 を、**製造直接費**と**製造間接費**に分類して記入する形式の製造原価報告書に記入すると、次のようになります。

CASE **51** の製造原価報告書②

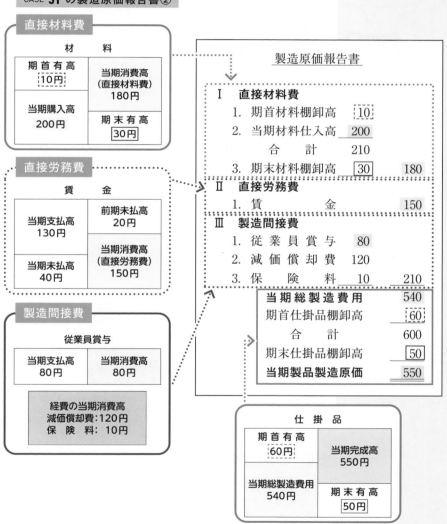

CASE
52 | 損益計算書と貸借対照表の作成

商業簿記と
どこが違うんだろう…。

❓ つづいて損益計算書
と貸借対照表です。商
業簿記と違う箇所だけみて
みましょう。

┌─────────┐ ┌─────────┐
│ 損益計算書 │ │ 貸借対照表 │
└─────────┘ └─────────┘

例

次の勘定記入等にもとづいて、損益計算書と貸借対照表を作成しなさい。

材　料

| 期首有高 10円 | 当期消費高 (直接材料費) 180円 |
| 当期購入高 200円 | 期末有高 30円 |

仕掛品

| 期首有高 60円 | 当期完成高 550円 |
| 当期総製造費用 540円 | 期末有高 50円 |

製　品

| 期首有高 15円 | 売上原価 540円 |
| 当期完成高 550円 | 期末有高 25円 |

販売費及び一般管理費
広　　　告　　　費：100円
本社建物減価償却費：180円

売　上　高：1,000円

🐱 損益計算書

　　工業簿記における損益計算書の形式は、基本的には
商業簿記のときと同じですが、「期首商品棚卸高」や「期
末商品棚卸高」は、「期首製品棚卸高」や「期末製品
棚卸高」となります。また、「当期商品仕入高」は「当

期製品製造原価」として、当期に完成した製品の原価
（当期完成高）を記入します。

　以上より、 CASE 52 の損益計算書は次のようになり
ます。

CASE **52** の損益計算書

	損　益　計　算　書	
Ⅰ　売　上　高		1,000
Ⅱ　売　上　原　価		
1. 期 首 製 品 棚 卸 高	15	
2. 当 期 製 品 製 造 原 価	550	
合　　　計	565	
3. 期 末 製 品 棚 卸 高	25	540
売 上 総 利 益		460
Ⅲ　販売費及び一般管理費		
1. 広　　　　　告　　　　　費	100	
2. 本 社 建 物 減 価 償 却 費	180	280
営 業 利 益		180

貸借対照表

　工業簿記における貸借対照表の形式も、商業簿記の
ときと同じです。なお、材料や仕掛品、製品も資産な
ので、期末に残っている**材料、仕掛品、製品**は、**貸借
対照表の資産の部**に表示します。

CASE **52** の貸借対照表

貸　借　対　照　表　（一部）	
⋮	
製　　　　　品	25
材　　　　　料	30
仕　掛　品	50
⋮	

CASE
53 | 原価差異の処理

たしか…
売上原価に
振り替えるんだよね。

ネコでもわかる
工業簿記

ゴエモン㈱では、製造
間接費を予定配賦し
ているため、製造間接費
配賦差異が生じています。
このような原価差異は、ど
の財務諸表に、どのように
記入するのでしょう?

例

次の勘定記入にもとづいて、製造原価報告書と損益計算書の記入を示しなさい。

製造間接費

実際発生額	予定配賦額
従業員賞与　80円	190円
減価償却費　120円	
保険料　10円	
	差異 20円

仕 掛 品

期首有高 60円	当期完成高 530円
当期総製造費用 520円（製造間接費 190円）	期末有高 50円

製造間接費配賦差異

差異 20円

製 品

期首有高 15円	売上原価 520円
当期完成高 530円	期末有高 25円

原価差異がある場合の製造原価報告書の記入

　　製造間接費が予定配賦されている場合、仕掛品勘定
には予定配賦額で記入されています。しかし、製造原
価報告書上の製造間接費は実際発生額で記入するた

め、このままだと仕掛品勘定の記入と異なってしまいます。そこで、製造原価報告書にいったん実際発生額で記入しておき、これに**製造間接費配賦差異を加算（または減算）して、予定配賦額に修正します。**

したがって、 CASE 53 の製造原価報告書は次のようになります。

CASE **53** の製造原価報告書

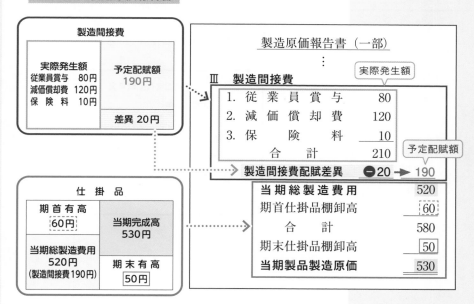

原価差異がある場合の損益計算書の記入

製造間接費配賦差異などの原価差異は、損益計算書上、売上原価に加算（不利差異の場合）、または減算（有利差異の場合）します。

その結果、損益計算書の売上原価は実際額に修正されます。

したがって、 CASE 53 の損益計算書の記入は次ページのようになります。

> 不利差異…費用の増加
> →売上原価に ➕
> 有利差異…費用の減少
> →売上原価から ➖

損益計算書（一部）

⋮

製　　品	
期 首 有 高 15円	売上原価 520円
当期完成高 530円	期 末 有 高 25円

Ⅱ　売　上　原　価

1. 期 首 製 品 棚 卸 高　　　15
2. 当 期 製 品 製 造 原 価　　<u>530</u>
　　　合　　　計　　　545
3. 期 末 製 品 棚 卸 高　　　<u>25</u>　　売上原価
　　　差　　　引　　　520　　（実際発生額）
4. 製造間接費配賦差異　　⊕20　　540

製造間接費配賦差異

差異 20円

不利差異（借方差異）→ 費用の増加
　→売上原価に ⊕
有利差異（貸方差異）→ 費用の減少
　→売上原価から ⊖

⇔ 問題編 ⇔
問題 38、39

第 11 章

本社工場会計

いままで工場の取引も本社で記録していたけど、
工場の規模が大きくなったから、
製造活動に関する取引は工場で記録することにしよう…。

ここでは、本社工場会計についてみていきましょう。

CASE
54 | 工場会計の独立

ゴエモン㈱では、これ
まで、工場の会計につ
いても本社で一括して処理
していましたが、工場の規
模が大きくなったので、工
場の会計を本社から独立
させることにしました。

🐱 工場会計の独立とは

　工場の規模が大きくなると、工場の会計を本社から
独立させて、工場にも帳簿を設置することがあります。
　このとき、本社の帳簿から製造に関する勘定（材料、
賃金、経費、製造間接費、仕掛品、製品など）を抜き
取り、工場の帳簿に移して工場でこれらの勘定に関す
る取引の記入を行います。

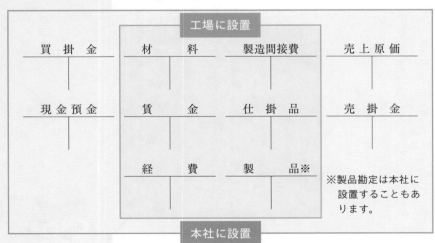

CASE
55 本社が材料を購入し、
工場に送ったときの処理

ゴエモン㈱本社は材料を仕入れ、これを埼玉工場の材料倉庫に納入しました。このとき、本社と工場はどんな処理をするのでしょうか？

取引

ゴエモン㈱本社は材料100円を掛けで仕入れ、埼玉工場の材料倉庫に受け入れた。
　（本社の勘定：製品、買掛金、工場）
　（工場の勘定：材料、仕掛品、製造間接費、本社）

🐱 本社勘定と工場勘定

　工場会計が独立している場合、本社が工場に材料を送ったなどの本社・工場間の取引は、本社側では**工場勘定**を、工場側では**本社勘定**を用いて処理します。

> 工場元帳勘定や本社元帳勘定を用いることもあります。

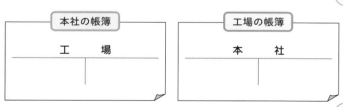

🐱 本社が材料を購入し、工場に送ったときの処理

　CASE 55 では、本社は掛けで仕入れているので、**買掛金（負債）が増加**します。

> 材料は工場に直送している（本社に材料勘定がない）ので、本社側では材料の受け入れの処理はしません。

◆本社の仕訳

（	）	（買　掛　金）	100

負債 😖 の増加⬆

　一方、工場では材料を受け取っているので、工場の**材料（資産）が増加**します。

◆工場の仕訳

（材　　　料）	100	（	）

資産 ☀ の増加⬆

工場に買掛金勘定がないので、工場側では買掛金の処理はしません。

相手の名称を記入するだけです。

　なお、相手科目ですが、この取引は本社・工場間の取引なので、本社側は**工場**、工場側は**本社**で処理します。

　以上より、 CASE 55 の取引を本社と工場の立場で仕訳すると次のようになります。

CASE 55 の仕訳

◆本社の仕訳

（工　　　場）	100	（買　掛　金）	100

◆工場の仕訳

（材　　　料）	100	（本　　　社）	100

CASE 56　工場で材料などを消費したときの処理

埼玉工場
材料倉庫

材料

? ゴエモン㈱埼玉工場は材料を消費しました。このとき、本社と工場はどんな処理をするのでしょうか?

取引

ゴエモン㈱埼玉工場は、材料100円（直接材料60円、間接材料40円）を消費した。
　（工場の勘定：材料、仕掛品、製造間接費、本社）

🐱 工場で材料などを消費したときの処理

CASE 56 では、工場で材料を消費しているため、工場側で材料を消費したときの仕訳をします。

なお、材料の消費は工場内での取引（製造活動）なので、本社側はなんの処理もしません。

CASE **56** の仕訳

◆本社の仕訳

仕訳なし

◆工場の仕訳

直接材料費は仕掛品で処理

| （仕　掛　品） | 60 | （材　　　料） | 100 |
| （製 造 間 接 費） | 40 | | |

間接材料費は製造間接費で処理

これらの勘定は、すべて工場の勘定なので、本社では「仕訳なし」となります。

CASE
57

工場で製品が完成し、
本社に納入したときの処理

？ ゴエモン㈱埼玉工場
で製品80円が完成し、
ただちに本社に納入しまし
た。
このとき、本社と工場はど
んな処理をするのでしょう
か？

取　引

ゴエモン㈱埼玉工場で製品80円が完成し、ただちに本社に納入した。
　（本社の勘定：製品、買掛金、工場）
　（工場の勘定：材料、仕掛品、製造間接費、本社）

勘定の指定により、
製品勘定は本社に設
置されていることが
わかります。

🐈 **工場で製品が完成し、本社に納入したときの処理**

　　CASE 57 では、本社は製品を受け入れているため、
製品（資産）の増加として処理します。なお、相手科
目は**工場**で処理します。一方、工場では、製品が完成
したため、**仕掛品（資産）の減少**として処理します。
なお、相手科目は**本社**で処理します。

CASE **57** の仕訳

◆本社の仕訳

（製　　　　品）	80	（工　　　　場）	80

資産 ☀ の増加⬆

◆工場の仕訳

（本　　　　社）	80	（仕　　掛　　品）	80

資産 ☀ の減少⬇

CASE **58**

本社が製品を売り上げたときの処理

ゴエモン㈱本社は、製品80円を120円で売り上げ、代金は掛けとしました。
このとき、本社と工場はどんな処理をするのでしょうか?

取引

ゴエモン㈱本社は、製品80円(原価)を120円で売り上げ、代金は掛けとした。
(本社の勘定:売掛金、製品、売上、売上原価、工場)
(工場の勘定:材料、仕掛品、製造間接費、本社)

🐱 本社が製品を売り上げたときの処理

　CASE 58 では、本社は製品を掛けで売り上げているので、掛け売上の処理をします。また、製品原価80円を**製品勘定**から**売上原価勘定**に振り替える処理もします。

　なお、この取引は販売活動によるもの(製造活動によるものではない)ため、工場はなんの処理もしません。

CASE 58 の仕訳

◆本社の仕訳

（売 掛 金）	120	（売 上）	120
（売 上 原 価）	80	（製 品）	80

◆工場の仕訳

仕訳なし

これらの勘定は、すべて本社の勘定なので、工場では「仕訳なし」となります。

CASE 59

工場が本社の得意先に直接、製品を売り上げたときの処理

ゴエモン㈱埼玉工場は、本社の得意先に直接、製品を売り上げました。
このとき、本社と工場はどんな処理をするのでしょうか?

取　引

ゴエモン㈱埼玉工場は、製品100円を150円で本社の得意先に直接売り上げ、代金は掛けとした。
（本社の勘定：売掛金、製品、売上、売上原価、工場）
（工場の勘定：材料、仕掛品、製造間接費、本社）

🐾 工場が直接、本社の得意先に売り上げたときの処理

CASE 59 のように、工場が本社の得意先に直接、製品を売り上げているときは、**完成した製品をいったん本社に納入し、本社から得意先に売り上げた**として処理します。

したがって本社では、まずは工場から製品を受け入れる処理をします。

◆本社の仕訳

（製　　　　品）	100	（工　　　　場）	100

そして、得意先に製品を売り上げたときの処理（掛け売上の処理と製品勘定から売上原価勘定に振り替える処理）をします。

◆本社の仕訳

| （売　　掛　　金） | 150 | （売　　　　　　上） | 150 |
| （売　上　原　価） | 100 | （製　　　　　　品） | 100 |

　一方、工場では、製品を本社に納入した処理をしますが、工場の帳簿には製品勘定がないため、完成した製品をただちに本社に納入したとして、**仕掛品（資産）の減少**で処理します。

◆工場の仕訳

| （本　　　　　　社） | 100 | （仕　　掛　　品） | 100 |

　以上より、 CASE 59 の仕訳は次のようになります。

CASE **59** の仕訳

◆本社の仕訳

（製　　　　　　品）	100	（工　　　　　　場）	100
（売　　掛　　金）	150	（売　　　　　　上）	150
（売　上　原　価）	100	（製　　　　　　品）	100

◆工場の仕訳

| （本　　　　　　社） | 100 | （仕　　掛　　品） | 100 |

⇔ 問題編 ⇔
問題 40 〜 42

第12章

標準原価計算

製品を作るとき、なるべくムダを省きたい。
そこで、原価にどんなムダが
いくら生じているのかを把握したいのだけど、
どうすればいいのだろう?

ここでは、標準原価計算についてみていきましょう。

CASE
60
標準原価計算とは？

ムダや非効率を
改善しよう！

原価をできるだけ低く
おさえようと思っている
ゴエモン君。
そのためには、どこにムダ
や非効率があるのか把握
しなければなりません。
では、どうすれば原価のム
ダや非効率を把握すること
ができるでしょうか？

🐱 実際原価計算と標準原価計算

　会社は、なるべく低い原価で効率的に製品を製造し
ようと、日々努力しています。

　そのため、あらかじめ目標となる原価（**標準原価**
といいます）を設け、原価の発生額をこの目標となる
原価内に収めるように取り組みます。

　また、目標となる原価と実際にかかった原価（**実際
原価**といいます）を比べて、どこにムダや非効率があ
るのかを見つけ、必要に応じて原価の改善を行います。

材料を使いすぎた、
作業時間がかかりす
ぎたなどですね。

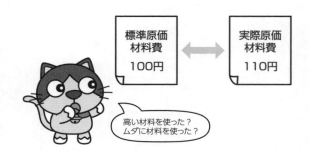

| 標準原価
材料費
100円 | ⟷ | 実際原価
材料費
110円 |

高い材料を使った？
ムダに材料を使った？

このように、標準原価によって製品の原価を計算し、実際原価との差額を把握・分析する方法を**標準原価計算**といいます。

　なお、これまで学習してきたように実際原価によって製品の原価を計算する方法を、**実際原価計算**といいます。

詳しくは CASE 61 以降で説明します。ここでは全体の流れをとらえておいてください。

🐱 標準原価計算の流れ

　標準原価計算の流れは次のとおりです。

①原価標準の設定

　標準原価計算を行うにあたって、まず製品1個あたりの標準原価（**原価標準**といいます）を定めます。

②標準原価の計算

　①で定めた原価標準をもとに、完成品や月末仕掛品の標準原価を計算します。

③実際原価の計算

　実際にかかった直接材料費、直接労務費、製造間接費を集計して、実際原価を計算します。

④原価差異の把握

　実際原価と標準原価を比べて原価差異を把握します。

⑤原価差異の分析

　最後に、④で把握した原価差異をさらに細かく分析し、原価の改善を行います。

①原価標準の設定
原価標準…@10円

②標準原価の計算
製品10個の標準原価
@10円×10個
＝100円

③実際原価の計算
製品10個の実際原価
…110円

④原価差異の把握
100円 − 110円
標準原価　実際原価
＝△10円

⑤原価差異の分析
・材料を使いすぎた
・作業時間がかかりすぎた

改善！

CASE
61 ｜ 原価標準の設定

ゴエモン君は、標準原価計算を行うため、さっそく製品（写真立て）1個あたりの目標原価を設定することにしました。

例

次の資料にもとづいて、原価標準を計算しなさい。

(1) 直接材料の標準単価は@50円で、製品1個あたりの標準消費量は2枚である。

(2) 直接工の標準賃率は@20円で、製品1個あたりの標準直接作業時間は3時間である。

(3) 製造間接費の標準配賦率は@30円で、製造間接費は直接作業時間にもとづいて配賦する。

● 原価標準の設定

　原価標準（製品1個あたりの標準原価）は、直接材料費、直接労務費、製造間接費に分けて設定します。

　そこで、まず製品1個をムダなく作った場合の直接材料費、直接労務費、製造間接費を計算します。

①製品1個あたりの標準直接材料費

　製品1個あたりの標準直接材料費は、直接材料の標準単価に製品1個あたりの標準消費量（材料をムダなく使った場合の材料の消費量）を掛けて計算します。

$$\begin{array}{c}\text{製品1個あたりの}\\\text{標準直接材料費}\end{array} = \text{標準単価} \times \begin{array}{c}\text{製品1個あたりの}\\\text{標準消費量}\end{array}$$

CASE **61** の場合は
@50円×2枚＝100円
ですね。

②製品1個あたりの標準直接労務費

製品1個あたりの標準直接労務費は、標準賃率に製品1個あたりの標準直接作業時間（作業をムダなく行った場合の直接作業時間）を掛けて計算します。

$$\begin{array}{c}\text{製品1個あたりの}\\\text{標準直接労務費}\end{array} = \text{標準賃率} \times \begin{array}{c}\text{製品1個あたりの}\\\text{標準直接作業時間}\end{array}$$

CASE **61** の場合は
@20円×3時間＝60円
ですね。

③製品1個あたりの標準製造間接費

製品1個あたりの標準製造間接費は、標準配賦率に製品1個あたりの標準操業度（直接作業時間など）を掛けて計算します。

$$\begin{array}{c}\text{製品1個あたりの}\\\text{標準製造間接費}\end{array} = \text{標準配賦率} \times \begin{array}{c}\text{製品1個あたり}\\\text{の標準操業度}\end{array}$$

CASE **61** の場合は
@30円×3時間＝90円
ですね。

以上の①から③を足した金額が原価標準（製品1個あたりの標準原価）です。なお、原価標準は次のような**標準原価カード**にまとめられます。

CASE **61** の標準原価カード

標準原価カード（写真立て）				
標準直接材料費	標準単価 @50円	×	標準消費量 2枚	＝100円
標準直接労務費	標準賃率 @20円	×	標準直接作業時間 3時間	＝ 60円
標準製造間接費	標準配賦率 @30円	×	標準直接作業時間（標準操業度） 3時間	＝ 90円
製品1個あたり標準原価			原価標準 製品1個あたり の標準原価	＝250円

CASE
62 | # 標準原価の計算

標準原価はいくらだ？

今月完成した写真立て（製品）は100個、月末仕掛品は40個、月初仕掛品は20個でした。
完成品、月末仕掛品、月初仕掛品の標準原価はいくらになるでしょう？

例

次の資料にもとづいて、完成品、月末仕掛品、月初仕掛品の標準原価および当月標準製造費用を計算しなさい。

```
        生産データ
月初仕掛品    20個（50％）
当月投入     120
  合  計    140個
月末仕掛品     40  （50％）
完 成 品    100個
```

＊1 直接材料はすべて工程の始点で投入している。
＊2 （ ）内の数値は加工進捗度である。

標準原価カード（写真立て）

	標準単価		標準消費量	
標準直接材料費	@50円	×	2枚	＝100円
	標準賃率		標準直接作業時間	
標準直接労務費	@20円	×	3時間	＝ 60円
	標準配賦率		標準直接作業時間（標準操業度）	
標準製造間接費	@30円	×	3時間	＝ 90円
製品1個あたり標準原価				250円

🐱 完成品原価の計算

完成品の標準原価は、原価標準（@ 250 円）に完成品数量（100 個）を掛けて計算します。

CASE **62** の完成品標準原価

・@ 250 円 × 100 個 = 25,000 円

🐱 月末仕掛品原価、月初仕掛品原価の計算

月末仕掛品、月初仕掛品の標準原価を計算する際には、直接材料費と加工費（直接労務費と製造間接費）を分けて計算します。

なお、加工費を計算するときは、完成品換算量を用いることに注意しましょう。

実際原価計算でも標準原価計算でも加工費の計算は完成品換算量（加工進捗度を掛けた数量）を用います。

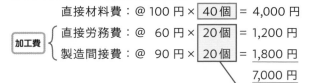

CASE **62** の月末仕掛品標準原価

直接材料費：@ 100 円 × 40個 = 4,000 円

加工費
{ 直接労務費：@ 60 円 × 20個 = 1,200 円
  製造間接費：@ 90 円 × 20個 = 1,800 円 }
7,000 円

完成品換算量

CASE **62** の月初仕掛品標準原価

直接材料費：@ 100 円 × 20個 = 2,000 円

加工費
{ 直接労務費：@ 60 円 × 10個 = 600 円
  製造間接費：@ 90 円 × 10個 = 900 円 }
3,500 円

　当月投入分の標準製造費用を計算する際にも、直接材料費と加工費（直接労務費と製造間接費）を分けて計算します。

CASE **62** の当月標準製造費用

直接材料費：@ 100 円 × 120個 ＝ 12,000 円

加工費 { 直接労務費：@　60 円 × 110個 ＝　6,600 円
　　　　 製造間接費：@　90 円 × 110個 ＝　9,900 円

　　　　　　　　　　　　　　　　　　　　　　28,500 円

完成品換算量

180

標準原価計算

CASE 63 | 実際原価の計算と原価差異の把握

実際原価のほうが多いニャ。

標準原価 28,500円 < 実際原価 28,592円

月末になり、直接材料費、直接労務費、製造間接費の実際発生額が集計されました。
このときは、どんな処理をするのでしょう?

例

当月標準製造費用（標準原価）の合計額は28,500円、実際製造費用（実際原価）は28,592円であった。原価差異を計算しなさい。

実際原価の計算と原価差異の把握

　月末に当月の実際原価（実際直接材料費、実際直接労務費、実際製造間接費）を集計します。

　そして、実際原価と標準原価の差額から原価差異を把握します。

　このとき、実際原価が標準原価よりも多ければ**不利差異（借方差異）**、少なければ**有利差異（貸方差異）**となります。

標準原価 < 実際原価 … 不利差異（借方差異）

標準（予定していた）よりも原価が多く発生したら不利差異ですね。

標準原価 > 実際原価 … 有利差異（貸方差異）

差異を計算するとき
は、つねに「標準－実
際」で！

なお、原価差異を計算するときには、**つねに標準原価（標準データ）から実際原価（実際データ）を差し引く**ようにしましょう。そうすると、計算結果が**プラスなら有利差異**、**マイナスなら不利差異**となります。

原価差異：

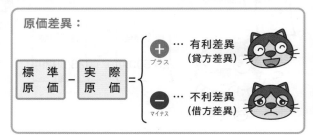

以上より、CASE 63 の原価差異は次のようになります。

CASE **63** の原価差異

不利差異

・28,500 円 － 28,592 円 ＝ △ 92 円
　　標準原価　　　実際原価

CASE 64

原価差異の分析①
直接材料費差異の分析

どこにムダが
あったのかな？

CASE 63 で原価差異の総額を計算しましたが、どこにいくらのムダがあったかを把握するためには、さらに細かく分析しなければなりません。そこで、まずは直接材料費差異について分析することにしました。

例

次の資料にもとづいて、直接材料費差異を計算し、価格差異と数量差異に分析しなさい。

(1) 生産データ

月初仕掛品	20個	（50％）
当月投入	120	
合　計	140個	
月末仕掛品	40	（50％）
完成品	100個	

＊1 直接材料はすべて工程の始点で投入している。

＊2 （　）内の数値は加工進捗度である。

(2) 製品1個あたりの標準直接材料費

@50円　×　2枚＝100円
標準単価　　　標準消費量

(3) 当月の実際直接材料費

@51円　×　242枚＝12,342円
実際単価　　　実際消費量

原価差異の分析

CASE 63 で学習したように、当月標準原価と当月実際原価の差額が原価差異ですが、原価差異の総額がわ

かっただけでは、何をどう改善すればよいのかわかりません。そこで、原価差異を**直接材料費差異**、**直接労務費差異**、**製造間接費差異**に分類し、さらに細かく分析していきます。

直接材料費差異の分析

直接材料費差異（総差異）は、当月の標準直接材料費と実際直接材料費の差額で計算します。

> 差異を計算するときは、必ず標準から実際を差し引くようにしましょう。逆にするとまちがえます。

直接材料費差異（総差異）：

標準直接材料費	－	実際直接材料費	＝

➕ … 有利差異（貸方差異）
プラス

➖ … 不利差異（借方差異）
マイナス

CASE **64** では、製品1個あたりの標準直接材料費が@100円、当月投入量が120個なので、当月の標準直接材料費は12,000円（@100円×120個）です。

また、当月の実際直接材料費が12,342円なので、直接材料費差異は△342円（12,000円 − 12,342円）と計算することができます。

CASE **64** の直接材料費差異（総差異）

標準直接材料費：
@100円×120個＝12,000円

直接材料費差異（総差異）：
12,000円 − 12,342円
＝△342円
不利差異

実際直接材料費：12,342円

直接材料費	仕　掛　品	
月初仕掛品 20個	完　成　品 100個	
当月投入 120個	月末仕掛品 40個	

なお、差異分析のボックス図を書くと次のようになります。

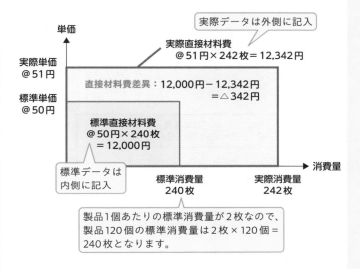

単価

実際データは外側に記入

実際直接材料費
@51円×242枚＝12,342円

実際単価
@51円

標準単価
@50円

直接材料費差異：12,000円－12,342円
＝△342円

標準直接材料費
@50円×240枚
＝12,000円

標準データは
内側に記入

消費量

標準消費量
240枚

実際消費量
242枚

製品1個あたりの標準消費量が2枚なので、
製品120個の標準消費量は2枚×120個＝
240枚となります。

🐱 価格差異とは

ひと口に直接材料費差異といっても、差異の原因がわからなければ改善することができません。

そこで、直接材料費差異をさらに、**価格差異**（価格面の差異）と**数量差異**（数量面の差異）に分けます。

価格差異とは、標準よりも高い（安い）材料を使ったために生じた差異を意味し、標準単価と実際単価の差に実際消費量を掛けて計算します。

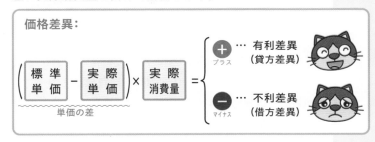

価格差異：

$$\left(\begin{array}{c}標\ 準\\単\ 価\end{array} - \begin{array}{c}実\ 際\\単\ 価\end{array}\right) \times \begin{array}{c}実\ 際\\消費量\end{array} = \begin{cases} ⊕ & \cdots\ 有利差異 \\ \text{プラス} & （貸方差異）\\ ⊖ & \cdots\ 不利差異 \\ \text{マイナス} & （借方差異）\end{cases}$$

単価の差

以上より、 CASE 64 の価格差異は次のように計算します。

CASE 64 の価格差異

・（@ 50 円 － @ 51 円）× 242 枚 ＝ △ 242 円
　　標準単価　　実際単価　　実際消費量　　不利差異

CASE 64 では、標準（@ 50 円）よりも高い（@ 51 円）材料を使ったため、不利差異が生じています。

単価

実際単価
@ 51 円

標準単価
@ 50 円

価格差異
（@50円－@51円）×242枚＝△242円

標準直接材料費

消費量

標準消費量
240 枚

実際消費量
242 枚

🐱 数量差異とは

数量差異とは、標準よりも材料を多く使った（少ない材料ですんだ）ために生じた差異を意味し、標準単価に標準消費量と実際消費量の差を掛けて計算します。

数量差異:

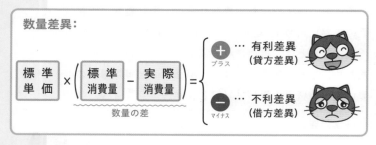

標準単価 × （標準消費量 － 実際消費量） ＝
　　　　　　　　　　数量の差

＋ … 有利差異
プラス　　（貸方差異）

－ … 不利差異
マイナス　（借方差異）

CASE 64 では、製品 1 個あたりの標準消費量が 2 枚なので、当月投入分 120 個の標準消費量は 240 枚（2枚 × 120 個）です。したがって、数量差異は次のように計算します。

CASE **64** の数量差異

・@ 50 円 ×（240 枚 － 242 枚）＝ △ 100 円
　標準単価　　標準消費量 実際消費量　　　不利差異

CASE **64** では、240 枚で作れるところ、242 枚も使ったので、不利差異が生じています。

```
単価
↑
実際単価
@51円 ┌─────────────────────────────┐
      │          価格差異            │
標準単価├──────────────┬──────────────┤
@50円 │              │   数量差異    │
      │ 標準直接材料費 │   @50円×     │
      │              │(240枚－242枚) │
      │              │  ＝△100円    │
      └──────────────┴──────────────┘→消費量
          標準消費量      実際消費量
           240枚          242枚
```

以上より、直接材料費差異の分析図をまとめると次のようになります。

直接材料費の差異分析

```
                実際直接材料費
               @51円×242枚＝12,342円
実際単価    ┌─────────────────────────────┐
@51円      │          価格差異            │
          │(@50円－@51円)×242枚＝△242円   │
標準単価   ├──────────────┬──────────────┤
@50円      │              │   数量差異    │
          │ 標準直接材料費 │   @50円×     │
          │ @50円×240枚   │(240枚－242枚) │
          │ ＝12,000円    │  ＝△100円    │
          └──────────────┴──────────────┘
              標準消費量      実際消費量
               240枚          242枚
```

タテは単価、ヨコは数量。
内側に標準値を書くのがポイントだニャ

⇔ 問題編 ⇔
問題43

CASE
65

原価差異の分析②
直接労務費差異の分析

こんどは直接労務費
の差異を分析しよう。

つづいて、直接労務
費差異について分析す
ることにしました。

資料

例

次の資料にもとづいて、直接労務費差異を計算し、賃率差異と時間差異に分析しなさい。

(1) 生産データ

月初仕掛品	20個	(50%)
当月投入	120	
合　計	140個	
月末仕掛品	40	(50%)
完成品	100個	

＊1 直接材料はすべて工程
　　の始点で投入している。
＊2 （ ）内の数値は加工進
　　捗度である。

(2) 製品1個あたりの標準直接労務費

$\underset{\text{標準賃率}}{@20円} \times \underset{\text{標準直接作業時間}}{3時間} = 60円$

(3) 当月の実際直接労務費

$\underset{\text{実際賃率}}{@25円} \times \underset{\text{実際直接作業時間}}{250時間} = 6{,}250円$

🐱 **直接労務費差異の分析**

　直接労務費差異（総差異）は、当月の標準直接労務
費と実際直接労務費の差額で計算します。

直接労務費差異（総差異）:

標準直接労務費 − 実際直接労務費 =

 + … 有利差異（貸方差異）
プラス

 − … 不利差異（借方差異）
マイナス

CASE 65 では、製品1個あたりの標準直接労務費が@60円、当月投入量（完成品換算量）が110個なので、当月の標準直接労務費は6,600円（@60円 × 110個）です。また、当月の実際直接労務費が6,250円なので、直接労務費差異は350円（6,600円 − 6,250円）と計算することができます。

> 当月投入量（完成品換算量）は下記の仕掛品ボックスを参照してください。

CASE **65** の直接労務費差異（総差異）

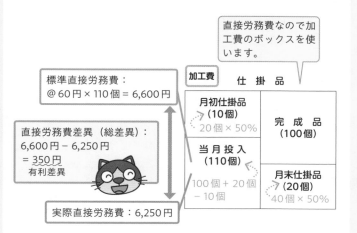

> 直接労務費なので加工費のボックスを使います。

標準直接労務費:
@60円 × 110個 = 6,600円

直接労務費差異（総差異）:
6,600円 − 6,250円
= 350円
有利差異

実際直接労務費: 6,250円

【加工費】　仕　掛　品

| 月初仕掛品（10個）20個 × 50% | 完成品（100個） |
| 当月投入（110個）100個 + 20個 − 10個 | 月末仕掛品（20個）40個 × 50% |

なお、差異分析のボックス図を書くと次ページのようになります。

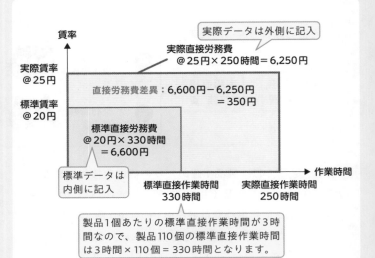

製品1個あたりの標準直接作業時間が3時間なので、製品110個の標準直接作業時間は3時間×110個＝330時間となります。

🐱 賃率差異とは

　直接材料費差異を価格差異（価格面の差異）と数量差異（数量面の差異）に分けたように、直接労務費差異もさらに**賃率差異**（賃率面の差異）と**時間差異**（作業時間面の差異）に分けます。

　賃率差異とは、標準よりも高い（安い）賃率の工員が作業をしたために生じた差異を意味し、標準賃率と実際賃率の差に実際直接作業時間を掛けて計算します。

たとえば、簡単な作業を熟練工（賃金が高い工員）が担当すると原価が高くなってしまう、などです。

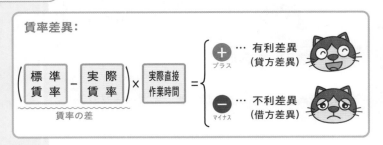

　以上より、 CASE 65 の賃率差異は次のように計算します。

CASE **65** の賃率差異

・（@20円 − @25円）× 250 時間 = △ 1,250 円

標準賃率　　実際賃率　実際直接作業時間　不利差異

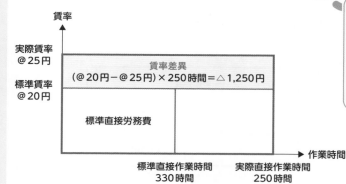

賃率

実際賃率
@25円

標準賃率
@20円

賃率差異
（@20円 − @25円）× 250 時間 = △1,250円

標準直接労務費

作業時間

標準直接作業時間
330 時間

実際直接作業時間
250 時間

CASE **65** では、標準賃率（@20円）よりも実際の賃率（@25円）が高かったため、不利差異が生じています。

🐱 時間差異とは

時間差異とは、標準よりも多くの作業時間を費やした（少ない作業時間ですんだ）ために生じた差異を意味し、標準賃率に標準直接作業時間と実際直接作業時間の差を掛けて計算します。

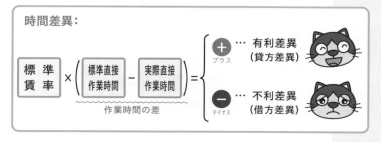

時間差異：

| 標準賃率 | × | (| 標準直接作業時間 | − | 実際直接作業時間 |) |

作業時間の差

＋（プラス）… 有利差異（貸方差異）

−（マイナス）… 不利差異（借方差異）

CASE **65** では、製品1個あたりの標準直接作業時間が3時間なので、当月投入分110個の標準直接作業時間は330時間（3時間 × 110個）です。したがって、時間差異は次ページのように計算します。

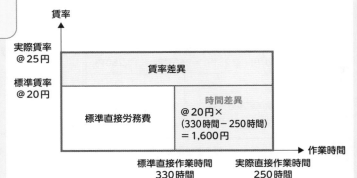

CASE **65** の時間差異

・@20円 × （330時間 − 250時間） = 1,600円
標準賃率　　標準直接　　　実際直接　　　　　有利差異
　　　　　作業時間　　　作業時間

CASE **65** では、330時間かかると予定していたところ、250時間ですんだので有利差異が生じています。

賃率

実際賃率
@25円

標準賃率
@20円

	賃率差異
標準直接労務費	時間差異 @20円× （330時間−250時間） =1,600円

→ 作業時間

標準直接作業時間　　　実際直接作業時間
330時間　　　　　　　250時間

　以上より、直接労務費差異の分析図をまとめると次のようになります。

とても
重要

直接労務費の差異分析

　　　　　　　　　　実際直接労務費
　　　　　　　　　　@25円×250時間=6,250円
実際賃率
@25円

標準賃率
@20円

賃率差異 （@20円−@25円）×250時間=△1,250円	
標準直接労務費 @20円×330時間 =6,600円	時間差異 @20円× （330時間−250時間） =1,600円

標準直接作業時間　　　実際直接作業時間
330時間　　　　　　　250時間

タテは賃率、
ヨコは直接
作業時間だニャ

標準直接作業時間のほうが実際直接作業時間より多くても、必ず内側（左側）に標準直接作業時間を書いてください。

⇔ 問題編 ⇔
問題44

192

CASE 66

原価差異の分析③
製造間接費差異の分析

最後は製造間接費の差異を分析！

今度は、製造間接費差異を分析することにしました。
製造間接費差異の分析は直接材料費差異や直接労務費差異と少し違います。

例

次の資料にもとづいて、製造間接費差異を計算し、予算差異、操業度差異、能率差異に分析しなさい。

(1) 生産データ
当月投入量（完成品換算量）：110個
(2) 製品1個あたりの標準製造間接費

@ 30円 × 3時間 ＝ 90円
標準配賦率　標準直接作業時間

＊製造間接費は直接作業時間を基準に配賦している。
(3) 製造間接費の月間予算額
製造間接費の月間予算額：10,500円
基準操業度：350時間
（変動費率：@ 10円　固定費予算額：7,000円）
(4) 当月の製造間接費実際発生額と実際直接作業時間
製造間接費実際発生額：10,000円
実際直接作業時間：250時間

🐾 製造間接費差異の分析

製造間接費差異（総差異）は、当月の標準製造間接費と製造間接費実際発生額との差額で計算します。

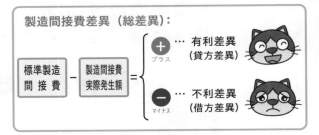

製造間接費差異（総差異）：

標準製造間接費	−	製造間接費実際発生額	=	➕ … 有利差異（貸方差異）
				➖ … 不利差異（借方差異）

CASE 66 では、製品１個あたりの標準製造間接費が
@ 90 円、当月投入量（完成品換算量）が 110 個なので、
当月の標準製造間接費は 9,900 円（@ 90 円× 110 個）
です。また、当月の製造間接費実際発生額が 10,000
円なので、製造間接費差異は△ 100 円（9,900 円 −
10,000 円）と計算することができます。

CASE 66 の製造間接費差異（総差異）

・@ 90 円× 110 個 − 10,000 円＝△ 100 円
　　　標準製造間接費　　　実際発生額　　　不利差異

なお、製造間接費差異は**予算差異、操業度差異、
能率差異**に分けて分析します。

これらの差異に分けて分析する前に、製造間接費の
予算額についてみておきましょう。

🐱 固定予算と変動予算

製造間接費の標準配賦率は、１年間の製造間接費の
予算額を見積り、これを１年間の標準配賦基準値（基
準操業度）で割って計算します。

１年間の製造間接費の予算額の決め方には、**固定予
算**と**変動予算**があります。

固定予算とは、基準操業度における予算額を決めた
ら、たとえ実際操業度が基準操業度と違っていても、
基準操業度における予算額を当月の予算額とする方法
をいいます。たとえば、１カ月間の基準操業度を 10

時間、このときの製造間接費を20円と見積った場合
で、実際操業度が8時間のとき、基準操業度（10時間）
と実際操業度（8時間）が違っても、基準操業度にお
ける予算額（20円）が当月の予算額となります。

固定予算

製造間接費

20円 ··· ←···一定

実際操業度が8時
間のときでも予算
額は20円です。

実際操業度の予算額

基準操業度の予算額

操業度（作業時間）

8時間　10時間

　一方、**変動予算**とは、さまざまな操業度に対して設
定した予算額を製造間接費の予算額とする方法をいい
ます。たとえば、操業度が10時間のときの予算額は
20円、8時間のときの予算額は16円と見積った場合
で、実際操業度が8時間のときは、8時間の予算額（16
円）が製造間接費の予算額となります。

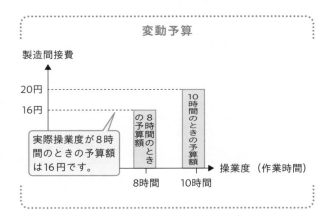

変動予算

製造間接費

20円
16円

実際操業度が8時
間のときの予算額
は16円です。

8時間のときの予算額

10時間のときの予算額

操業度（作業時間）

8時間　10時間

なお、変動予算のなかでも、製造間接費を**変動費**（操業度に比例して発生する費用）と**固定費**（操業度が変化しても一定額が発生する費用）に分けて予算額を決める方法を**公式法変動予算**といいます。

🐱 公式法変動予算の予算額の決め方

公式法変動予算では、変動製造間接費の予算額と固定製造間接費の予算額をそれぞれ決めて、これを合算します。

変動製造間接費については、直接作業時間1時間（配賦基準が直接作業時間の場合）あたりの変動製造間接費を見積り、これに実際操業度を掛けて、実際操業度における変動製造間接費の予算額を決めます。

なお、直接作業時間1時間あたりの変動製造間接費を**変動費率**といいます。

> **変動製造間接費の予算額＝変動費率×実際操業度**

CASE 66 では、変動費率は＠10円、実際直接作業時間は250時間なので、変動製造間接費の予算額は2,500円（＠10円×250時間）となります。

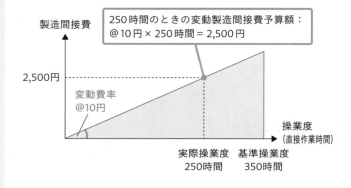

製造間接費

250時間のときの変動製造間接費予算額：
＠10円×250時間＝2,500円

2,500円

変動費率
＠10円

操業度
（直接作業時間）

実際操業度
250時間

基準操業度
350時間

また、固定製造間接費については、当初見積った基準操業度における固定製造間接費が、実際操業度における固定製造間接費の予算額となります。

基準操業度とは、予定した生産量を製造するために必要な設備などの利用度合い（直接作業時間や機械作業時間など）をいいます。

> **固定製造間接費の予算額**
> **＝基準操業度における固定製造間接費**

したがって、 CASE 66 の固定製造間接費の予算額は7,000円となります。

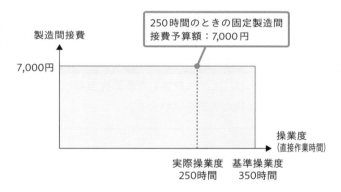

製造間接費

250時間のときの固定製造間接費予算額：7,000円

7,000円

操業度（直接作業時間）

実際操業度　　基準操業度
250時間　　　350時間

そして、変動製造間接費の予算額と固定製造間接費の予算額の合計が、当月の実際操業度における製造間接費の予算額となります。

なお、実際操業度における予算額を**予算許容額**といいます。

以上より、 CASE 66 の予算許容額は 9,500 円（2,500円 + 7,000 円）と計算することができます。

CASE 66 の予算許容額

・2,500 円 + 7,000 円 =9,500 円

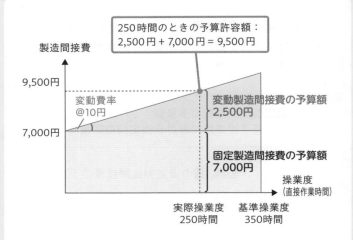

250時間のときの予算許容額：
2,500円 + 7,000円 = 9,500円

製造間接費

9,500円

変動費率
@10円

変動製造間接費の予算額
2,500円

7,000円

固定製造間接費の予算額
7,000円

操業度
（直接作業時間）

実際操業度
250時間

基準操業度
350時間

ここから製造間接費差異分析の話に戻ります。まずは予算差異から…。

予算差異

予算差異とは、上記で計算した予算許容額と製造間接費実際発生額の差額をいいます。

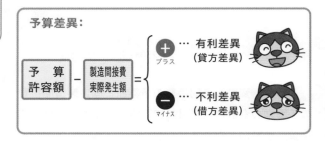

予算差異：

$$予算許容額 - 製造間接費実際発生額 = \begin{cases} ⊕ \cdots 有利差異（貸方差異） \\ ⊖ \cdots 不利差異（借方差異） \end{cases}$$

CASE 66 では、予算許容額が 9,500 円、製造間接費実際発生額が 10,000 円なので、予算差異は△ 500 円（9,500 円 − 10,000 円）と計算することができます。

CASE 66 の予算差異

・9,500 円 − 10,000 円 = △ 500 円
予算許容額　　実際発生額　　不利差異

予算オーバーなので、不利差異ですね。

198

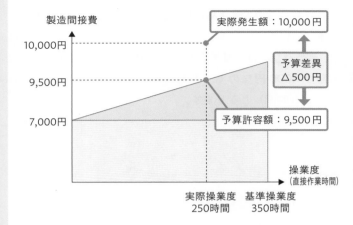

🐱 操業度差異

　たとえば、機械の減価償却費は、操業度の増減にかかわらず一定額が発生します。つまり、まったく機械を使わなくても一定額の費用が発生してしまうので、「使わないと損（できるだけ機械を使ったほうが得）」ということになります。

　このように、生産設備の利用度（操業度）の良否を原因として固定費から発生する差異を、**操業度差異**といいます。

使っても、使わなくても一定額が発生するなら、使わないと損！

ビシッ！

　操業度差異を求めるには、まず、直接作業時間１時間（操業度が直接作業時間の場合）あたりの固定製造間接費を計算します。

なお、この1時間あたりの固定製造間接費を**固定費率**といいます。

　 CASE 66 では、基準操業度が350時間、固定費予算額が7,000円なので、固定費率は@20円（7,000円÷350時間）となります。

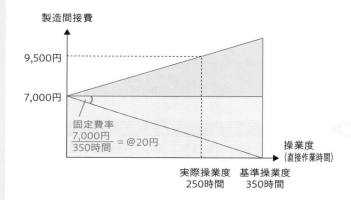

　そして、固定費率に実際操業度と基準操業度の差を掛けて、操業度差異を計算します。

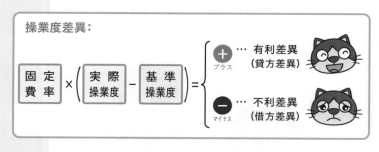

CASE 66 では、350時間使えるところ、250時間しか使わなかったので、不利差異ですね。

　以上より、 CASE 66 の操業度差異は次のように計算します。

CASE 66 の操業度差異

・@20円×（250時間－350時間）＝△2,000円
　固定費率　　実際操業度　　基準操業度　　不利差異

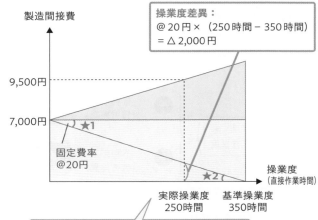

製造間接費

操業度差異：
@20円×（250時間－350時間）
＝△2,000円

9,500円

7,000円

★1

固定費率
@20円

★2

操業度
（直接作業時間）

実際操業度
250時間

基準操業度
350時間

平行線に斜めの線を引いたとき、錯角（★1と★2）は等しくなります。したがって、★2も@20円となります。ですから、底辺（250時間－350時間）に角度★2（@20円）を掛けた数字が高さ（操業度差異）となるのです。

🐱 **能率差異**

　たとえば、製品1個の標準直接作業時間を3時間としたとき、製品10個を作るのにかかる直接作業時間は30時間（@3時間×10個）のはずです。しかし、工員の能率が低下したことなどが原因で、実際は40時間かかってしまうことがあります。

　このように工員の作業能率の低下などを原因として発生する製造間接費のムダを、**能率差異**といいます。

30時間　　　　　40時間

てきぱき

だらだら

標準配賦率は、変動
費率＋固定費率です。

能率差異は、標準配賦率に標準操業度と実際操業度
の差を掛けて計算します。

能率差異：

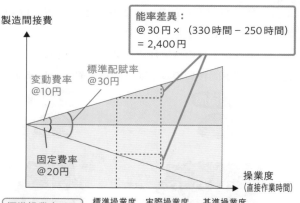

| 標準
配賦率 | × | (| 標準
操業度 | − | 実際
操業度 |) | = | ➕
プラス | … | 有利差異
（貸方差異） |
| | | | | | | | | ➖
マイナス | … | 不利差異
（借方差異） |

標準直接作業時間を
求めたときと同じで
す。

なお、標準操業度は、製品1個あたりの標準操業度
に当月投入量（完成品換算量）を掛けて求めます。
CASE 66 では、製品1個あたりの標準直接作業時間
は3時間、当月投入量（完成品換算量）は110個なの
で、標準操業度は330時間（3時間×110個）となり
ます。したがって、CASE 66 の能率差異は次のように
計算します。

CASE 66 では、330時
間かかる予定のとこ
ろを250時間ででき
たので、有利差異で
す。

CASE 66 の能率差異

・@30円×（330時間 − 250時間）= 2,400円
　標準配賦率　　　標準操業度　　実際操業度　　有利差異

製造間接費

能率差異：
@30円×（330時間 − 250時間）
= 2,400円

変動費率
@10円

標準配賦率
@30円

固定費率
@20円

操業度
（直接作業時間）

標準操業度は
この位置に記入

標準操業度
330時間

実際操業度
250時間

基準操業度
350時間

なお、能率差異は変動費から生じたものと固定費から生じたものを分けて、**変動費能率差異**と**固定費能率差異**に分けることもあります。

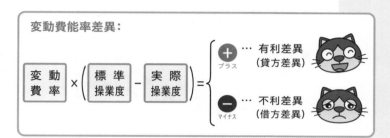

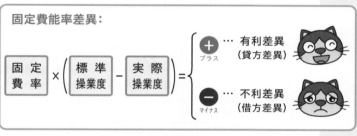

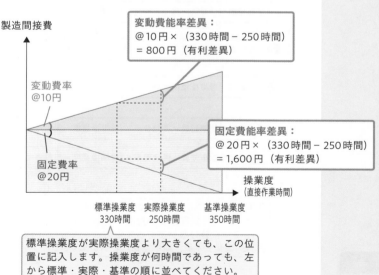

製造間接費

変動費能率差異：
@10円×（330時間 − 250時間）
＝800円（有利差異）

変動費率
@10円

固定費率
@20円

固定費能率差異：
@20円×（330時間 − 250時間）
＝1,600円（有利差異）

操業度
（直接作業時間）

標準操業度　実際操業度　　基準操業度
330時間　　250時間　　　350時間

標準操業度が実際操業度より大きくても、この位置に記入します。操業度が何時間であっても、左から標準・実際・基準の順に並べてください。

以上より、製造間接費差異についてまとめると次のとおりです。

製造間接費の差異分析

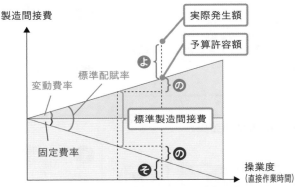

製造間接費差異（総差異）＝標準製造間接費－実際発生額

よ 予算差異＝予算許容額－実際発生額

そ 操業度差異＝固定費率×（実際操業度－基準操業度）

の 能率差異＝標準配賦率×（標準操業度－実際操業度）

の 変動費能率差異＝変動費率×（標準操業度－実際操業度）

の 固定費能率差異＝固定費率×（標準操業度－実際操業度）

能率差異を2つに分けて分析する方法を**四分法**（予算差異、操業度差異、変動費能率差異、固定費能率差異）、2つに分けないで分析する方法を**三分法**（予算差異、操業度差異、能率差異）といいます。

⇔ 問題編 ⇔

問題45、46

　なお、三分法については、固定費能率差異を能率差異として把握する方法と、固定費能率差異は操業度差異に含めて把握する方法の2つがあります。

　前者の場合、試験では「能率差異は変動費部分と固定費部分からなるものとする」といった指示がつきます。

　また、後者の場合、試験では「能率差異は変動費部分からなるものとする」といった指示がつきます。

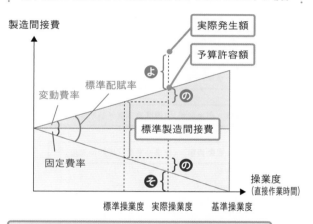

能率差異は変動費部分と固定費部分からなるものとする場合

製造間接費差異（総差異）＝標準製造間接費－実際発生額

（よ）予算差異＝予算許容額－実際発生額

（そ）操業度差異＝固定費率×（実際操業度－基準操業度）

（のの）能率差異＝標準配賦率×（標準操業度－実際操業度）

能率差異は変動費のみから把握し、固定費能率差異は操業度差異として把握します。

能率差異は変動費部分からなるものとする場合

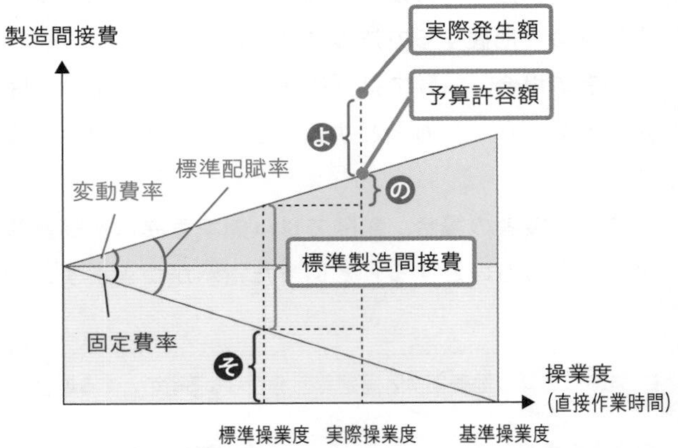

製造間接費差異（総差異）＝標準製造間接費－実際発生額

よ 予算差異＝予算許容額－実際発生額

そ 操業度差異＝固定費率×（標準操業度－基準操業度）

の 能率差異＝変動費率×（標準操業度－実際操業度）

固定予算

　固定予算の場合の差異分析は、基本的に公式法変動予算の場合と同じですが、固定費と変動費を分けないため、**操業度差異は、標準配賦率に実際操業度と基準操業度の差を掛ける**ことになります。また、能率差異は変動部分と固定部分を分けません。

　したがって、先の CASE 66 を固定予算とした場合、次のようになります。

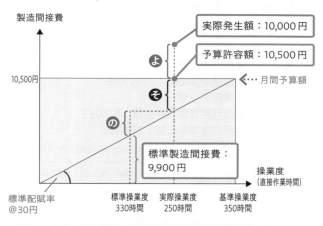

標準配賦率
@30円

```
製造間接費差異（総差異）＝ 標準製造間接費 － 実際発生額
△100円             ＝   9,900円    －  10,000円
不利差異
```

```
予算差異 ＝ 予算許容額 － 実際発生額
 500円  ＝  10,500円 －  10,000円
有利差異
```

```
操業度差異 ＝ 標準配賦率 × （実際操業度 － 基準操業度）
△3,000円 ＝   @30円  × （ 250時間 － 350時間 ）
不利差異
```

```
能率差異 ＝ 標準配賦率 × （標準操業度 － 実際操業度）
2,400円 ＝   @30円  × （ 330時間 － 250時間 ）
有利差異
```

第12章 標準原価計算

参考

製造間接費配賦差異の分析

製造間接費を予定配賦していた場合（ CASE 25 ～ CASE 27 で学習）に生じる製造間接費配賦差異（予定配賦額と実際発生額との差額）も**予算差異**と**操業度差異**に分けることができます。

例

次の資料にもとづいて、当月の製造間接費配賦差異を計算し、さらに予算差異と操業度差異に分析しなさい。

(1) **公式法変動予算による年間予算データ**
年間固定費：72,000円
変動費率：@10円
年間基準操業度：3,600時間

(2) **当月実際データ**
製造間接費実際発生額：8,000円
実際直接作業時間：250時間

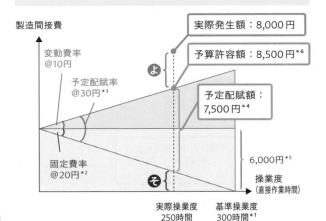

$* 1$　1カ月の基準操業度：$\dfrac{3,600 時間}{12 カ月} = 300$ 時間

$* 2$　固定費率：$\dfrac{72,000 円}{3,600 時間} = @ 20$ 円

資料が1年分で与えられているときは、12カ月で割って、1カ月の基準操業度で計算してください。

＊3　予定配賦率：＠ 10 円 ＋ ＠ 20 円 ＝ ＠ 30 円

＊4　予定配賦額：＠ 30 円 × 250 時間 ＝ 7,500 円

＊5　1 カ月の固定費：$\dfrac{72,000 円}{12 カ月}$ ＝ 6,000 円

＊6　予算許容額：＠ 10 円 × 250 時間 ＋ 6,000 円 ＝ 8,500 円

> **製造間接費配賦差異（総差異）** ＝ 予定配賦額 － 実際発生額
> △ 500 円　　　　　　　　＝ 7,500 円 － 8,000 円
> 不利差異
>
> よ　**予算差異** ＝ 予算許容額 － 実際発生額
> 　　500 円 ＝ 8,500 円 － 8,000 円
> 　　有利差異
>
> そ　**操業度差異** ＝ 固定費率 ×（実際操業度 － 基準操業度）
> 　△ 1,000 円 ＝ ＠ 20 円 ×（ 250 時間 － 300 時間 ）
> 　　不利差異

CASE

67 標準原価計算の勘定記入

実際原価で
記入？

それとも
標準原価？

? 標準原価計算の場合、
仕掛品勘定と製品勘
定の記入はどのようになる
のでしょう？

例

**次の資料にもとづいて、原価差異を計算し、パーシャル・プランとシングル・プ
ランにより、仕掛品勘定の記入を行いなさい。**

(1) 標準原価

月初仕掛品： 3,500円

完 成 品：25,000円

月末仕掛品： 7,000円

(2) 当月製造費用

	標準原価	実際原価
直接材料費	12,000円	@51円×242枚＝12,342円
直接労務費	6,600円	@25円×250時間＝6,250円
製造間接費	9,900円	10,000円

用語 パーシャル・プラン…仕掛品勘定の当月製造費用を実際原価で記入する方法
シングル・プラン…仕掛品勘定の当月製造費用を標準原価で記入する方法

🐱 **2つの勘定記入の方法**

　　標準原価計算では、仕掛品勘定の月初仕掛品原価、
完成品原価、月末仕掛品原価は標準原価で記入します。
　　一方、**当月製造費用**については、**実際原価で記入す**

る方法（パーシャル・プランといいます）と標準原価
で記入する方法（シングル・プランといいます）があ
ります。

なお、**製品勘定はすべて標準原価**で記入します。

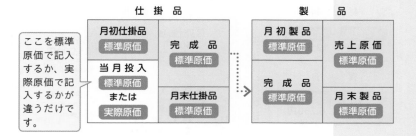

ここを標準
原価で記入
するか、実
際原価で記
入するかが
違うだけで
す。

🐱 パーシャル・プラン

パーシャル・プランでは、仕掛品勘定の当月製造費
用（直接材料費、直接労務費、製造間接費）を**実際原
価**で記入します。

したがって、標準原価と実際原価の差額である**原価
差異は、仕掛品勘定で把握**されることになります。

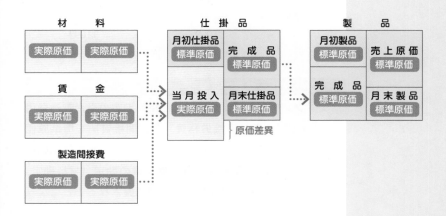

以上より、 CASE 67 の仕掛品勘定をパーシャル・プランで記入すると次のようになります。

CASE 67 のパーシャル・プランによる記入

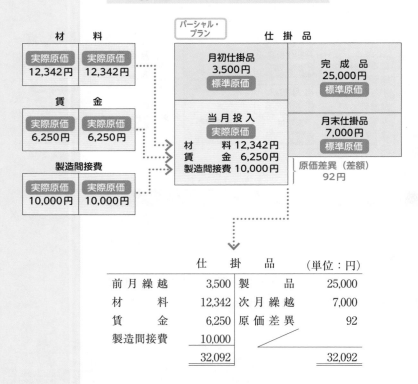

仕 掛 品			(単位：円)
前 月 繰 越	3,500	製　　　品	25,000
材　　　料	12,342	次 月 繰 越	7,000
賃　　　金	6,250	原 価 差 異	92
製 造 間 接 費	10,000		
	32,092		32,092

🐱 シングル・プラン

　シングル・プランでは、仕掛品勘定の当月製造費用（直接材料費、直接労務費、製造間接費）を標準原価で記入します。したがって、標準原価と実際原価の差額である**原価差異は、各原価要素の勘定**（材料勘定、賃金勘定、製造間接費勘定）**で把握**されることになります。

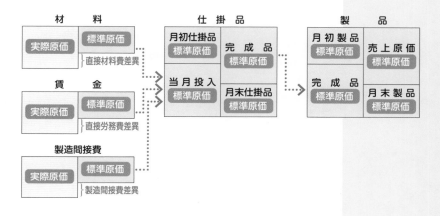

以上より、 CASE 67 の仕掛品勘定をシングル・プランで記入すると次のようになります。

CASE 67 のシングル・プランによる記入

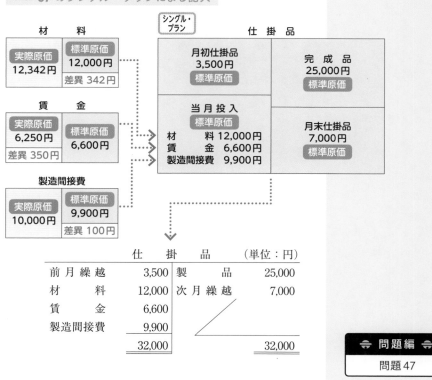

仕　掛　品			（単位：円）
前 月 繰 越	3,500	製　　　　品	25,000
材　　　料	12,000	次 月 繰 越	7,000
賃　　　金	6,600		
製 造 間 接 費	9,900		
	32,000		32,000

⇔ 問題編 ⇔
問題47

2級スッキリパック

2級みん欲し!パック

＼ 試験対策までバランス良く学習したい方にオススメ ／

人気書籍「みんなが欲しかった！」シリーズで学習するコースです。豊富なイラストと図解で、"読む"より"視覚からインプット"！ ネット模試 11 回が付いてしっかり試験対策できます。

迷っている人にオススメ！

「みん欲し!」パック

63時間

テキストなし **29,000円** (税込10%)

テキストあり **38,000円** (税込10%)

STEP 1 オンライン講義

基礎講義 **52**時間 　 演習**11**時間

簿記の教科書 日商2級 商業簿記

簿記の教科書 日商2級 工業簿記

可児友子講師ほか

本試験問題集 日商簿記2級

STEP 2 本試験対策

添削付き　予想問題 **2**回

＋

ネット模試 **11**回

＋

仕訳トレーニング

学習サポート

　質問20回

＋

　オンライン学習相談

＋

　自習室利用

2級合格本科生 (Web通信講座)

\\ **万全の試験対策で確実に合格したい方にオススメ** //

このコースだけで簿記2級対策は万全です。充実した講義と試験攻略のための「解法テクニック講義」、ネット模試までのフルパッケージ！上位級や税理士、公認会計士などの難関資格を目指す方へオススメです。

会計のプロフェッショナルを目指す！

2級合格本科生 Web通信講座

110時間

テキストなし	**50,000円**	(税込10%)
テキストあり	**59,000円**	(税込10%)

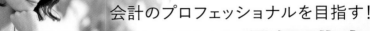

STEP 1 オンライン講義

基礎講義 **88時間** ＋ 演習 **22時間**

高橋 靖明 講師

STEP 2 本試験対策

予想問題 ＋ ネット模試 ＋ 仕訳トレーニング

添削付き **TEST 4回**

11回

仕訳猛特訓
日商簿記検定

学習サポート

 ＋  ＋

質問40回　　オンライン学習相談　　自習室利用

第13章

直接原価計算

「次期に製品を何個作って、いくらで売れば、予定した利益が得られるか」
という利益計画を立てるとき、
直接原価計算という方法が役に立つらしい。

ここでは、直接原価計算についてみていきましょう。

CASE
68

直接原価計算とは？

1個売っても70円の利益が出るニャ。

販売単価	@200円
原　　価	@130円
利　　益	@ 70円

ピッ
ピッ

当期も終わりに近づき、次期の計画を立てているゴエモン君。

「販売単価が@200円で原価が@130円なら製品1個売っただけでも70円の利益が出るんだね！」と電卓をたたいていますが、その計算はちょっと違うようです。

例

次の資料にもとづいて、製品の生産・販売量が0個、1個、2個、3個の場合の利益を計算しなさい。

(1)　製品1個あたりの販売単価は@200円である。

(2)　製品1個あたりの原価は@130円である。ただし、このうち、@60円は変動費である。なお、固定費の年間発生額は280円である。

🐾 **変動費と固定費**

　たとえば、材料費は製品を作れば作るほど多く発生（製品の生産・販売量に比例して発生）しますが、機械の減価償却費は、生産・販売量に関係なく一定額が発生します。

　材料費のように生産・販売量に比例して発生する費用を**変動費**、減価償却費のように生産・販売量に関係なく一定額が発生する費用を**固定費**といいます。

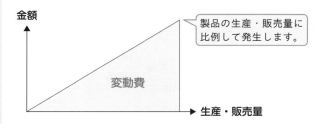

全部原価計算と直接原価計算

　これまでに学習した原価計算では、原価を変動費と固定費に分けずに計算しました。このような計算方法を**全部原価計算**といいます。

　 CASE 68 を全部原価計算で計算した場合の利益は、次のようになります。

CASE 68 全部原価計算の場合の利益

	生産・販売量			
	0個	1個	2個	3個
①売上高	0円	@200円×1個 ＝**200円**	@200円×2個 ＝**400円**	@200円×3個 ＝**600円**
②原　価	0円	@130円×1個 ＝**130円**	@130円×2個 ＝**260円**	@130円×3個 ＝**390円**
③利　益 （①－②）	0円	70円	140円	210円

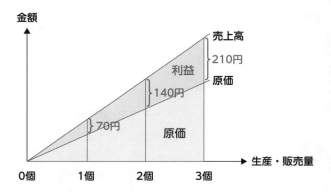

　上記の表および図からもわかるように、全部原価計
算によると製品を1個販売しただけでも、70円の利
益が発生し、1個も販売しなかったら原価も利益も0
円となります。しかし、減価償却費のような固定費は
製品の生産・販売量とは関係なく発生するので、製品
を1個も生産・販売しなくても一定額（ CASE 68 では
280円）が発生するはずです。

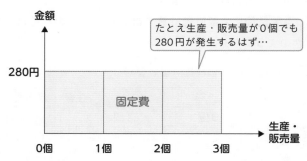

　全部原価計算によると、このような固定費の性質が
無視されるので、生産・販売量と原価、利益の関係が
わかりにくくなっています。
　そこで、製造原価を変動費と固定費に分け、**変動製
造原価のみを製品原価として集計し、固定製造原価は
発生額を全額その期間の費用として計算する方法**があ
ります。

このような計算方法を**直接原価計算**といいます。

直接原価計算で CASE 68 の利益を計算すると、次のようになります。

CASE **68** 直接原価計算の場合の利益

		生産・販売量			
		0個	1個	2個	3個
①売上高		0円	@200円×1個 = 200円	@200円×2個 = 400円	@200円×3個 = 600円
②原価	（変動費）	0円	@60円×1個 = 60円 ┐ 　　　　　 ├ 340円	@60円×2個 = 120円 ┐ 　　　　　 ├ 400円	@60円×3個 = 180円 ┐ 　　　　　 ├ 460円
	（固定費）	280円	280円 ┘	280円 ┘	280円 ┘
③利　益 （①－②）		△280円	△140円	0円	140円

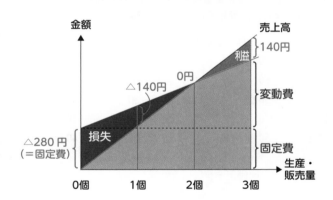

上記から、製品を 3 個以上販売しないと利益がでないことがわかります。

このように直接原価計算は、「次期に製品を何個売ればいくらの利益を獲得できる」という会社の**利益計画**を立てる際に役立ちます。

CASE
69 | 全部原価計算の損益計算書と 直接原価計算の損益計算書

変動費		固定費	
①直接材料費 @20円		①加 工 費 1,200円	
②加 工 費 @30円		②販売費・一般管理費 900円	
③販 売 費 @10円			

次期の利益計画を立てるために直接原価計算で損益計算をすることにしたゴエモン君。
まずは、原価を変動費と固定費に分けましたが、このあとはどうするのでしょう？

原価を分けたら、
次はどうする？

例

次の資料にもとづいて、**全部原価計算による損益計算書と直接原価計算による
損益計算書**を作成しなさい。なお、販売単価は@200円である。

生産・販売データ

期首仕掛品	0個	期 首 製 品	0個
当期投入	50	当期完成品	50
合 計	50個	合 計	50個
期末仕掛品	0	期 末 製 品	10
当期完成品	50個	当 期 販 売	40個

原価データ

(1) 変動費		(2) 固定費	
①直接材料費	@20円	①加工費（固定費）	1,200円
②加工費（変動費）	@30円	②固定販売費・一般管理費	900円
③変動販売費	@10円		

全部原価計算の損益計算書

全部原価計算では、製品の製造にかかった原価はす
べて製品原価として計算します。

全部原価計算による場合の仕掛品と製品のボックス図および損益計算書を示すと次のようになります。

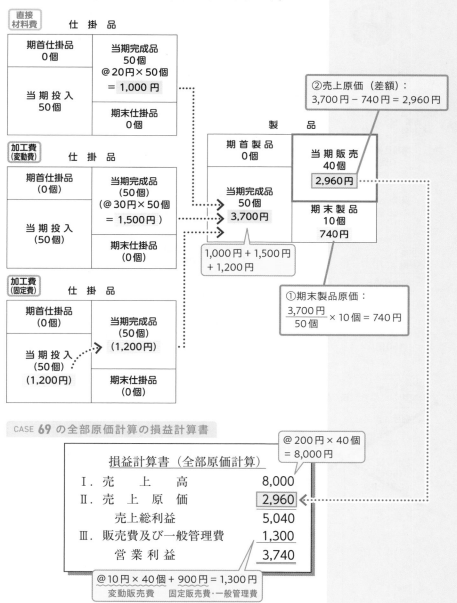

②売上原価（差額）：
3,700円 − 740円 = 2,960円

直接材料費 仕 掛 品

期首仕掛品 0個	当期完成品 50個 @20円×50個 = 1,000円
当期投入 50個	期末仕掛品 0個

加工費（変動費） 仕 掛 品

期首仕掛品 （0個）	当期完成品 （50個） （@30円×50個 = 1,500円）
当期投入 （50個）	期末仕掛品 （0個）

加工費（固定費） 仕 掛 品

期首仕掛品 （0個）	当期完成品 （50個） （1,200円）
当期投入 （50個） （1,200円）	期末仕掛品 （0個）

製 品

期首製品 0個	当期販売 40個 2,960円
当期完成品 50個 3,700円	期末製品 10個 740円

1,000円 + 1,500円 + 1,200円

①期末製品原価：
$\dfrac{3,700円}{50個} \times 10個 = 740円$

CASE **69** の全部原価計算の損益計算書

@200円×40個 = 8,000円

損益計算書（全部原価計算）

Ⅰ．売　上　高	8,000
Ⅱ．売　上　原　価	2,960
売上総利益	5,040
Ⅲ．販売費及び一般管理費	1,300
営　業　利　益	3,740

@10円×40個 + 900円 = 1,300円
変動販売費　固定販売費・一般管理費

🐱 直接原価計算の損益計算書

　直接原価計算では、売上原価（製造原価）と販売費及び一般管理費を変動費と固定費に分け、**変動製造原価（直接材料費と変動加工費）**のみを製品原価として計算します。

　なお、売上高から変動売上原価を差し引いた金額を**変動製造マージン**といいます。

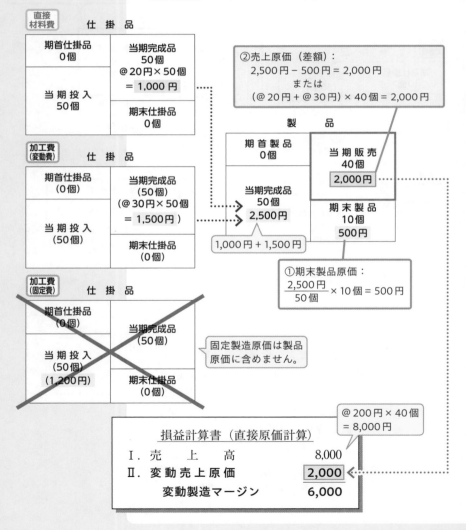

直接材料費	仕 掛 品		
期首仕掛品 0個	当期完成品 50個 @20円×50個 = 1,000円		
当期投入 50個	期末仕掛品 0個		

加工費（変動費）	仕 掛 品		
期首仕掛品（0個）	当期完成品（50個）（@30円×50個 = 1,500円）		
当期投入（50個）	期末仕掛品（0個）		

1,000円 + 1,500円

加工費（固定費）	仕 掛 品		
期首仕掛品（0個）	当期完成品（50個）		
当期投入（50個）（1,200円）	期末仕掛品（0個）		

固定製造原価は製品原価に含めません。

製　　品

期首製品 0個	当期販売 40個 2,000円
当期完成品 50個 2,500円	期末製品 10個 500円

②売上原価（差額）：
2,500円 − 500円 = 2,000円
または
（@20円 + @30円）× 40個 = 2,000円

①期末製品原価：
$\dfrac{2,500円}{50個} × 10個 = 500円$

@200円 × 40個 = 8,000円

損益計算書（直接原価計算）

Ⅰ. 売　上　高		8,000
Ⅱ. 変動売上原価		2,000
変動製造マージン		6,000

222

変動製造マージンから変動販売費を差し引いて、**貢献利益**を計算します。

損益計算書（直接原価計算）

Ⅰ. 売 上 高　　　　　　8,000
Ⅱ. 変動売上原価　　　　2,000
　　変動製造マージン　　6,000
Ⅲ. 変 動 販 売 費　　　 400　　@10円 × 40個 = 400円
　　貢 献 利 益　　　　 5,600

そして、貢献利益から固定費（固定製造原価と固定販売費及び一般管理費）を差し引いて営業利益を計算します。なお、固定製造原価は**発生額を記入**します。

CASE **69** の直接原価計算の損益計算書　とても **重要**

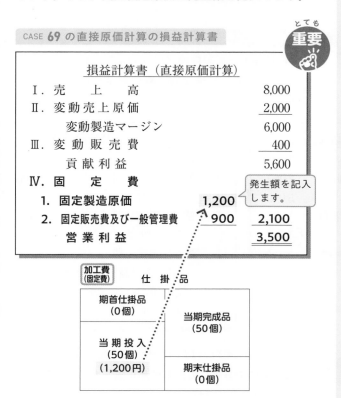

損益計算書（直接原価計算）

Ⅰ. 売 上 高　　　　　　　　8,000
Ⅱ. 変動売上原価　　　　　　2,000
　　変動製造マージン　　　　6,000
Ⅲ. 変 動 販 売 費　　　　　 400
　　貢 献 利 益　　　　　　 5,600
Ⅳ. 固 定 費
　　1. 固定製造原価　　1,200　　発生額を記入します。
　　2. 固定販売費及び一般管理費　900　　2,100
　　営 業 利 益　　　　　　　3,500

加工費（固定費）　　仕 掛 品

| 期首仕掛品 (0個) | 当期完成品 (50個) |
| 当期投入 (50個) (1,200円) | 期末仕掛品 (0個) |

⇔ 問題編 ⇔
問題48 ～ 50

CASE
70 　固定費調整とは？

● **全部**原価計算 ●
営業利益　3,740円

● **直接**原価計算 ●
営業利益　3,500円

なんで、利益の額が
違うの？

CASE **69** で計算した営業利益は、全部原価計算の場合は3,740円ですが、直接原価計算の場合は3,500円でした。
全部原価計算と直接原価計算で営業利益が違うのですが、このままでよいのでしょうか？

🐾 **固定費調整とは**

　　CASE **69** では、全部原価計算の営業利益が 3,740 円なのに対して、直接原価計算の営業利益は 3,500 円でした。

損益計算書（全部原価計算）
Ⅰ. 売　上　高　　　　　8,000
Ⅱ. 売　上　原　価　　　2,960
　　売上総利益　　　　　5,040
Ⅲ. 販売費及び一般管理費　1,300
　　営　業　利　益　　　3,740

損益計算書（直接原価計算）
Ⅰ. 売　上　高　　　　　　　　　8,000
Ⅱ. 変　動　売　上　原　価　　　2,000
　　変動製造マージン　　　　　　6,000
Ⅲ. 変　動　販　売　費　　　　　　400
　　貢　献　利　益　　　　　　　5,600
Ⅳ. 固　　　定　　　費
　　1. 固定製造原価　　　1,200
　　2. 固定販売費及び一般管理費　900　2,100
　　営　業　利　益　　　　　　　3,500

　　この差額 240 円（3,740 円 − 3,500 円）は、全部原価計算による場合の**期末製品に含まれる固定製造原価（加工費）**と一致します。

つまり、直接原価計算では、当期に発生した固定製造原価1,200円（下記a）を全額、固定費として費用計上しますが、全部原価計算では、当期に発生した1,200円のうち、当期販売分960円（下記b）だけを売上原価として費用計上し、期末製品分240円（下記c）は費用計上しません。そのため、その分だけ営業利益に差額が生じるのです。

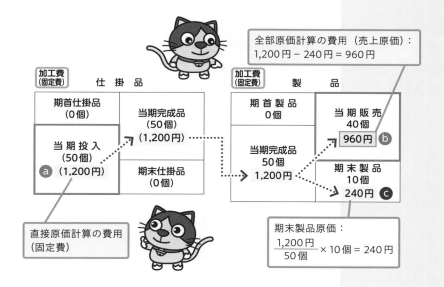

全部原価計算の費用（売上原価）：
1,200円 − 240円 = 960円

期末製品原価：
$\dfrac{1,200円}{50個} \times 10個 = 240円$

このように、期末や期首に製品（または仕掛品）がある場合、直接原価計算の営業利益と全部原価計算の営業利益が異なります。

そして、直接原価計算の営業利益と全部原価計算の営業利益が異なる場合には、製品（または仕掛品）に含まれる固定製造原価を調整して、**直接原価計算の営業利益を、全部原価計算の営業利益に一致させなければなりません。**これを固定費調整といいます。

固定費調整は、次の式によって行います。

固定費調整：

全部原価計算の営業利益	=	直接原価計算の営業利益	+	期末製品(仕掛品)に含まれる固定製造原価	−	期首製品(仕掛品)に含まれる固定製造原価

CASE 70 では、期末製品（仕掛品）に含まれる固定製造原価は 240 円、期首製品（仕掛品）に含まれる固定製造原価は 0 円なので、 CASE 70 の直接原価計算による損益計算書に固定費調整を加えると、次のようになります。

CASE 70 の固定費調整後の損益計算書

損益計算書（直接原価計算）

Ⅰ．売　上　高		8,000
Ⅱ．変動売上原価		2,000
変動製造マージン		6,000
Ⅲ．変動販売費		400
貢　献　利　益		5,600
Ⅳ．固　　定　　費		
1．固定製造原価	1,200	
2．固定販売費及び一般管理費	900	2,100
直接原価計算 による営業利益		3,500
固定費調整		
期末製品(仕掛品)の固定製造原価	➕	240
期首製品(仕掛品)の固定製造原価	➖	0
全部原価計算 による営業利益		3,740

⇔ 問題編 ⇔
問題51

CASE
71 損益分岐点の売上高

損をださないためには
最低、いくら売ればいい？

資料

当期の直接原価計算
による損益計算書を片
手に、次期の利益計画を
立てようとしているゴエモ
ン君。
まずは「次期に最低、いく
ら売り上げれば、損がでな
いか」を知りたいようです。

例

**ゴエモン㈱の次期の予算データは次のとおりである。なお、販売単価は@200
円である。次の資料にもとづいて、損益分岐点の売上高を計算しなさい。**

原価データ

(1) 変動費		(2) 固定費	
①直接材料費	@20円	①加工費（固定費）	1,200円
②加工費（変動費）	@30円	②固定販売費・一般管理費	900円
③変動販売費	@10円		

用語 **損益分岐点の売上高**…営業利益がちょうどゼロになる売上高

CVP分析とは

原価（Cost）、生産・販売量（Volume）、利益（Profit）
の関係から、製品をいくつ生産・販売すると原価がど
れだけかかり、利益がいくらになるかを明らかにする
ための分析を **CVP分析** といいます。

CVP分析によって、損益分岐点の売上高や目標利
益を獲得するための売上高などを計算することができ
ます。

> CVP分析には、損益
> 分岐点の売上高、目
> 標営業利益を達成す
> るための売上高、目
> 標営業利益率を達成
> するための売上高、
> 安全余裕率の計算が
> あります。

損益分岐点の売上高を計算しよう！…その①

損益分岐点の売上高とは、営業利益がちょうどゼロになる（損も益もでない）ときの売上高をいいます。

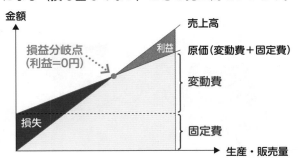

損益分岐点の売上高を求めるときには、まず、販売量を X（個）、**営業利益を 0（円）**とした直接原価計算の損益計算書を作ります。

CVP分析を行う際の損益計算書では、変動製造原価と変動販売費をまとめて「変動費」とします。

変動製造原価＋変動販売費

固定製造原価＋固定販売費及び一般管理費

損益計算書（直接原価計算）

Ⅰ．売　上　高		200X
Ⅱ．変　動　費		60X
貢　献　利　益		140X
Ⅲ．固　定　費		2,100
営　業　利　益		0

(@ 20円＋@ 30円＋@ 10円) × X個

1,200円＋900円

営業利益を 0（円）とします。

このXを解いて、損益分岐点の販売量を求め、これに販売単価（@ 200 円）を掛けて損益分岐点の売上高を計算します。

CASE **71** の損益分岐点の売上高①

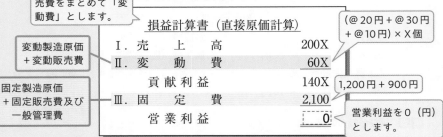

① 140X － 2,100 ＝ 0
　　貢献利益　固定費　営業利益

　　140X ＝ 2,100

　　　X ＝ 15（個）

②@ 200 円×15 個＝ 3,000 円…**損益分岐点の売上高①**

損益分岐点の売上高を計算しよう！…その②

その①では、損益分岐点の販売量を X（個）として計算しましたが、損益分岐点の売上高を S（円）として計算することもできます。

この場合は、変動費の売上高に占める割合（**変動費率**といいます）、または貢献利益の売上高に占める割合（**貢献利益率**といいます）を先に計算します。

なお、売上高から変動費を差し引いた金額が貢献利益なので、変動費率と貢献利益率の合計はつねに1となります。

> Sales（売上高）の「S」ですね。

> ですから、変動費率を求めたら、貢献利益率は「1－変動費率」で求めることができますよね。

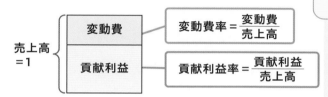

CASE 71 では、販売単価が@ 200 円、変動費が@ 60 円（@ 20 円 + @ 30 円 + @ 10 円）なので、変動費率と貢献利益率は次のように計算することができます。

CASE **71** の変動費率と貢献利益率

①変動費率：$\dfrac{60\,円}{200\,円} = 0.3$

②貢献利益率：$\dfrac{200\,円 - 60\,円}{200\,円} = 0.7$　$\lessdot$ または 1 − 0.3 = 0.7

変動費率と貢献利益率は、製品の生産・販売量にかかわらず、つねに一定となるので、変動費率に売上高を掛けて変動費を、貢献利益率に売上高を掛けて貢献利益を計算することができます。

この性質を利用して、損益分岐点の売上高を S（円）としたときの、直接原価計算による損益計算書を作成すると次のようになります。

損益計算書（直接原価計算）		
Ⅰ．売　上　高	**S**	変動費率×売上高
Ⅱ．変　動　費	**0.3S**	
貢　献　利　益	**0.7S**	貢献利益率×売上高 または 売上高−変動費
Ⅲ．固　定　費	2,100	
営　業　利　益	0	

この S を解いて、損益分岐点の売上高を計算します。

CASE **71** の損益分岐点の売上高②

・0.7S − 2,100 = 0
　貢献利益　固定費　営業利益

0.7S = 2,100

S = 3,000（円）…損益分岐点の売上高②

> 販売量を X（個）としたときと一致しますね！

なお、上記の式より、損益分岐点の売上高（S）は固定費（2,100 円）を貢献利益率（0.7）で割って計算していることがわかります。

したがって、次の CVP の公式を使って損益分岐点の売上高を計算することもできます。

$$損益分岐点の売上高 = \frac{固定費}{貢献利益率}$$

CASE 72 目標営業利益を達成するための売上高

ガンガン作りますよ！

えーと、この場合の売上高は…？

次期の目標
営業利益
4,200円！

ピッ ピッ

ゴエモン君は、次期の目標営業利益を4,200円と設定しました。
この場合、売上高がいくらなら、目標を達成することができるでしょうか？

例

ゴエモン㈱の次期の予算データは次のとおりである。なお、販売単価は@200円である。次の資料にもとづいて、目標営業利益を4,200円としたときの売上高を計算しなさい。

原価データ

(1) 変動費　@60円
　①直接材料費　　　@20円
　②加工費（変動費）@30円
　③変動販売費　　　@10円

(2) 固定費　2,100円
　①加工費（固定費）　　　1,200円
　②固定販売費・一般管理費　900円

🐱 目標営業利益を達成する売上高の計算…その①

目標営業利益を達成する売上高を計算するには、「**営業利益＝目標利益**」としたときの直接原価計算による損益計算書を作成して計算します。

CASE 72 について、目標利益を達成する販売量を X（個）とした場合の損益計算書は、次ページのようになります。

損益計算書（直接原価計算）

Ⅰ.	売　　上　　高	200X
Ⅱ.	変　　動　　費	60X
	貢　献　利　益	140X
Ⅲ.	固　　定　　費	2,100
	営　業　利　益	**4,200**

目標営業利益を
記入します。

CASE **72** の目標営業利益を達成する売上高①

① 140X － 2,100 ＝ 4,200
　　貢献利益　　固定費　　営業利益

　　140X ＝ 4,200 ＋ 2,100

　　　X ＝ 45（個）

②@ 200 円 × 45 個 ＝ 9,000 円…目標営業利益を
　　　　　　　　　　　　　　　　達成する売上高①

🐱 目標営業利益を達成する売上高の計算…その②

　また、目標営業利益を達成する売上高をS（円）と
して計算した場合は、次のようになります。

CASE **72** の変動費率と貢献利益率

①変 動 費 率：$\dfrac{60 円}{200 円}$ ＝ 0.3

②貢献利益率：$\dfrac{200 円 － 60 円}{200 円}$ ＝ 0.7　または
　　　　　　　　　　　　　　　　　　　1 － 0.3 ＝ 0.7

損益計算書（直接原価計算）

Ⅰ.	売　　上　　高	S
Ⅱ.	変　　動　　費	0.3S
	貢　献　利　益	0.7S
Ⅲ.	固　　定　　費	2,100
	営　業　利　益	**4,200**

目標営業利益を
記入します。

CASE 72 の目標営業利益を達成する売上高②

・0.7S − 2,100 = 4,200
  貢献利益 固定費 営業利益

0.7S = 4,200 + 2,100

S = 9,000（円）…**目標営業利益を達成する売上高②**

> 販売量をX（個）とした ときと一致します ね！

上記の式より、目標営業利益を達成する売上高（S）は営業利益（4,200円）と固定費（2,100円）を貢献利益率（0.7）で割って計算していることがわかります。

したがって、次のCVPの公式を使って目標営業利益を達成する売上高を計算することもできます。

$$\text{目標営業利益を達成する売上高} = \frac{\text{営業利益 ＋ 固定費}}{\text{貢献利益率}}$$

CASE 73　目標営業利益率を達成するための売上高

こうなると…
いくらだ？

めざせ！
営業利益率
45％！

ピッ
ピッ

? 今度は、次期の目標
営業利益率を45％と
設定したときの、目標を達
成する売上高を計算してみ
ましょう。

例

ゴエモン㈱の次期の予算データは次のとおりである。なお、販売単価は＠200
円である。次の資料にもとづいて、目標営業利益率を45％としたときの売上高
を計算しなさい。

原価データ

(1) 変動費　＠60円
　①直接材料費　　　　＠20円
　②加工費（変動費）　＠30円
　③変動販売費　　　　＠10円

(2) 固定費　2,100円
　①加工費（固定費）　　1,200円
　②固定販売費・一般管理費　900円

目標営業利益率を達成する売上高の計算

営業利益率とは、営業利益の売上高に対する割合
をいいます。

とても
重要

$$営業利益率 = \frac{営業利益}{売上高}$$

CASE 73 では、目標営業利益率が45％ですから、
このときの売上高をS（円）とすると、営業利益は0.45S
となります。したがって、営業利益率45％を達成す

る売上高は次のようになります。

①変動費率：$\dfrac{60\,円}{200\,円} = 0.3$

②貢献利益率：$\dfrac{200\,円 - 60\,円}{200\,円} = 0.7$ 〔または 1 − 0.3 = 0.7〕

販売量を X（個）
としたときは、次
のようになります。

損益計算書（直接原価計算）	
Ⅰ. 売上高	200X
Ⅱ. 変動費	60X
貢献利益	140X
Ⅲ. 固定費	2,100
営業利益	0.45×200X

損益計算書（直接原価計算）	
Ⅰ. 売　上　高	S
Ⅱ. 変　動　費	0.3S
貢　献　利　益	0.7S
Ⅲ. 固　定　費	2,100
営　業　利　益	**0.45S**

目標営業利益率
×
売上高

第
13
章

直
接
原
価
計
算

・$\underset{\text{貢献利益}}{0.7S} - \underset{\text{固定費}}{2,100} = \underset{\text{営業利益}}{0.45S}$

$0.7S - 0.45S = 2,100$

$S = 8,400$（円）…目標営業利益率を
達成する売上高

販売量を X（個）としたときは、
次のようになります。 → 90X
$140X - 2,100 = \boxed{0.45 \times 200X}$
$140X - 90X = 2,100$
$X = 42$（個）
@200円 × 42個 = 8,400円

　上記の式より、目標営業利益率を達成する売上高
（S）は固定費（2,100円）を貢献利益率（0.7）と営
業利益率（0.45）の差で割って計算していることがわ
かります。

　したがって、次の CVP の公式を使って目標営業利
益率を達成する売上高を計算することもできます。

$$\text{目標営業利益率を達成する売上高} = \dfrac{\text{固定費}}{\text{貢献利益率} - \text{営業利益率}}$$

74 | 安全余裕率の計算

ヘルメット？
何か違うのでは？

安全余裕率…。
なんだ、それ？

安全第一

ネコでもわかる
工業簿記

?　損益分岐点の売上高は営業利益がゼロとなる売上高なので、予想売上高は損益分岐点の売上高よりも多ければ多いほどよいわけですが、予想売上高が損益分岐点の売上高をどのくらい上回っているのかは、どのように計算するのでしょう？

例

損益分岐点の売上高が3,000円、予想売上高が5,000円のときの安全余裕率を計算しなさい。

用語　**安全余裕率**…予想売上高が損益分岐点をどれだけ上回っているかを表す比率

🐱 安全余裕率の計算

安全余裕率が高いということは、売上高が損益分岐点売上高を大きく上回っていることを意味するので、不況の影響で多少売上げが減っても利益がでるのです。

安全余裕率とは、予想売上高（または実際売上高）が損益分岐点をどれだけ上回っているかを表す比率をいい、この比率が高いほど、不況に強い（会社経営が安全である）ことを意味します。

なお、安全余裕率は次の計算式によって求めることができます。

$$安全余裕率 = \frac{予想売上高 - 損益分岐点の売上高}{予想売上高} \times 100$$

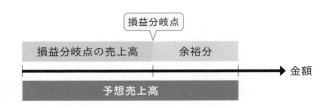

以上より、 CASE 74 の安全余裕率を求めると次のようになります。

CASE 74 の安全余裕率

$$\frac{5,000円 - 3,000円}{5,000円} \times 100 = 40\%$$

40%

損益分岐点の売上高 3,000円	余裕分 2,000円

→ 金額

予想売上高 5,000円

経営レバレッジ係数

経営レバレッジ係数とは、固定費の利用割合を示す指標で、次の計算式によって求めます。

$$経営レバレッジ係数 = \frac{貢献利益}{営業利益}$$

分子の貢献利益は、営業利益に固定費が含まれた金額です。

損益計算書（直接原価計算）

Ⅰ. 売　　上　　高		9,000
Ⅱ. 変　　動　　費		2,700
貢　献　利　益		6,300
Ⅲ. 固　　定　　費		2,100
営　業　利　益		4,200

4,200円 + 2,100円
営業利益　　固定費

そのため、固定費の利用割合が高い会社では、経営レバレッジ係数も高くなります。

⇔ 問題編 ⇔
問題 52 ～ 55

CASE 75 | 原価を変動費と固定費に分ける方法

ひとつひとつ分けるのは
めんどくさいニャ。

主要材料費　➡　変動費
減価償却費　➡　固定費
︙

直接原価計算では、
原価を変動費と固定
費に分けなくてはなりません。
原価を変動費と固定費に
分ける方法には、どんな方
法があるのでしょうか？

例

ゴエモン㈱の過去6カ月間の生産量と原価の発生額は次のとおりである。高低
点法により、変動費率と固定費額を計算しなさい。

	製品生産量	原価発生額
1月	5個	1,400円
2月	2個	1,300円
3月	6個	1,550円
4月	3個	1,360円
5月	8個	1,600円
6月	7個	1,580円

用語　**高低点法**…最低生産量と最高生産量の差から、原価を変動費と固定費に分
　　　　解する方法

🐱 原価の固変分解

　直接原価計算では、原価を変動費と固定費に分けな
ければなりません。原価を変動費と固定費に分ける方
法（**原価の固変分解**）には、たとえば主要材料費は全
額変動費、減価償却費は全額固定費というように、費
目ごとに変動費と固定費に分ける方法（**費目別精査法**

といいます）もありますが、試験では、**高低点法**という方法がよく出題されます。

🐱 高低点法で原価を変動費と固定費に分けよう！

高低点法とは、過去の一定期間における生産量とそのときの原価データにもとづいて、原価を変動費と固定費に分ける方法をいいます。

具体的には、まず、資料から最高の生産量（最高点）と最低の生産量（最低点）、およびそのときの各原価を抜き出します。

CASE 75 では、最低の生産量は2月の2個、最高の生産量は5月の8個なので、この2つのデータを抜き出します。

資料に正常なデータの範囲（正常操業圏）が示されている場合には、その正常なデータの範囲内にある最低点と最高点を選ぶことに注意しましょう。

		製品生産量	原価発生額
	1月	5個	1,400円
最低生産量（最低点）	2月	2個	1,300円
	3月	6個	1,550円
	4月	3個	1,360円
最高生産量（最高点）	5月	8個	1,600円
	6月	7個	1,580円

最低点と最高点の2点を線で結ぶと、このようになります。

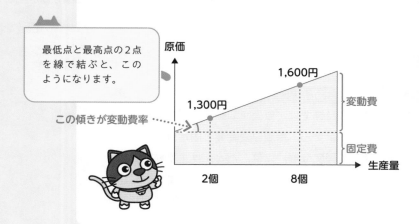

この傾きが変動費率

240

次に、最高点と最低点の原価の差額から、**変動費率**（傾き）を計算します。

$$変動費率 = \frac{最高点の原価 - 最低点の原価}{最高点の生産量 - 最低点の生産量}$$

CASE **75** の変動費率

・変動費率：$\dfrac{1,600円 - 1,300円}{8個 - 2個} = @\,50\,円$

そして、変動費率に最低点（または最高点）の生産量を掛けて最低点（または最高点）の変動費を計算します。

CASE **75** の変動費

・最低点（2個）の変動費：@ 50 円 × 2 個 = 100 円
・最高点（8個）の変動費：@ 50 円 × 8 個 = 400 円

> どちらか一方を計算すればOK！

最後に、最低点（または最高点）の原価から変動費を差し引いて固定費を計算します。

CASE **75** の固定費

・最低点(2個)の固定費：<u>1,300 円</u> − <u>100 円</u> = 1,200 円
　　　　　　　　　　　　最低点の　　最低点の
　　　　　　　　　　　　原価　　　　変動費

・最高点(8個)の固定費：<u>1,600 円</u> − <u>400 円</u> = 1,200 円
　　　　　　　　　　　　最高点の　　最高点の
　　　　　　　　　　　　原価　　　　変動費

> どちらか一方を計算すればOK！

⇔ 問題編 ⇔
問題56、57

第13章

直接原価計算

CASE

76 | 予算実績差異分析

価格が原因？
個数が原因？

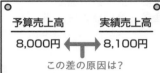

予算売上高　　　　実績売上高

8,000円 ⬅➡ 8,100円

この差の原因は？

❓ ゴエモン（株）では会計年度のはじめに予算を立てて、活動しています。

当期の予算売上高は8,000円で見積もりましたが、実際は8,100円だったので、その差異の原因を調べてみることにしました。

例

ゴエモン（株）の当期の予算と実績のデータは次のとおりである。この資料にもとづいて（1）売上高差異、（2）販売価格差異、（3）販売数量差異を求めなさい。

	予算	実績
販 売 数 量	40個	45個
販 売 価 格	@200円	@180円
変 動 費	@120円	@120円
固 定 費	2,000円	2,000円

🐱 予算実績差異分析とは

　企業は、会計年度のはじめに計画（予算）を立て、その計画にもとづいて活動します。しかし、計画と実際とは一致しないことが多く、予算と実績のデータには差異が生じます。

　その差異の原因を分析することを**予算実績差異分析**といいます。

　なお、予算実績差異分析には、収益項目（売上高や

利益）の差異の分析と、原価項目（変動費や固定費）の差異の分析がありますが、ここでは売上高の差異の分析を学習します。

予算営業利益と実績営業利益

予算実績差異分析をするにあたって、まずは予算と実績の損益計算書を作成します。

CASE **76** の予算営業利益と実績営業利益

	予　算		実　績	
売　上　高	@200円 × 40個 =	8,000円	@180円 × 45個 =	8,100円
変　動　費	@120円 × 40個 =	4,800円	@120円 × 45個 =	5,400円
貢　献　利　益		3,200円		2,700円
固　定　費		2,000円		2,000円
営　業　利　益		1,200円		700円

売上高の差異分析

売上高の差異は、実際の売上高（実績売上高）から予算売上高を差し引いて計算します。そして、その値が**プラス**なら**有利差異**、**マイナス**なら**不利差異**となります。

> 標準原価差異の差異分析（第12章）では、「標準」から「実際」を差し引いて、その値がプラスなら有利差異、マイナスなら不利差異と判定しましたが、売上高（収益）の差異分析では、「実績」から「予算」を差し引いて判定します。
> これは、原価の場合は予定した金額よりも実際にかかった金額が少ないほうが喜ばしいことであるのに対し、収益の場合には、予算よりも実際の売上高が多いほうが会社にとって喜ばしいことだからです。

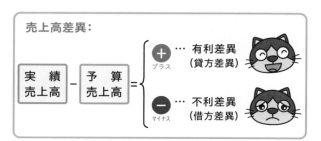

売上高差異:

実績売上高 － 予算売上高 ＝
＋ … 有利差異（貸方差異）
プラス
－ … 不利差異（借方差異）
マイナス

・8,100 円 − 8,000 円 = 100 円
実績売上高　予算売上高　有利差異

　この売上高差異を、さらに**販売価格差異**と**販売数量差異**に分けて分析します。

🐱 販売価格差異

　販売価格差異とは、予算販売価格よりも実績販売価格のほうが高かったり、逆に低かったときに生じる差異で、実績販売価格と予算販売価格の差に実績販売数量を掛けて計算します。

販売価格差異：

$$\left(\begin{matrix}実\ 績 \\ 販売価格\end{matrix} - \begin{matrix}予\ 算 \\ 販売価格\end{matrix}\right) \times \begin{matrix}実\ 績 \\ 販売数量\end{matrix} = \begin{cases}\boxed{+}\ \cdots\ 有利差異（貸方差異） \\ \boxed{-}\ \cdots\ 不利差異（借方差異）\end{cases}$$

・(180 円 − 200 円) × 45 個 = △ 900 円
　実績　　　予算　　　実績　　　不利差異
販売価格　販売価格　販売数量

🐱 販売数量差異

　販売数量差異とは、予算販売数量よりも実績販売数量のほうが多かったり、逆に少なかったときに生じる差異で、予算販売価格に実績販売数量と予算販売数量の差を掛けて計算します。

販売数量差異：

$$予算 \atop 販売価格 \times \left(実績 \atop 販売数量 - 予算 \atop 販売数量 \right) = \begin{cases} ⊕ \cdots 有利差異 \\ \quad (貸方差異) \\ ⊖ \cdots 不利差異 \\ \quad (借方差異) \end{cases}$$

CASE **76** の販売数量差異

・$\underset{\substack{予算 \\ 販売価格}}{200\,円} \times (\underset{\substack{実績 \\ 販売数量}}{45\,個} - \underset{\substack{予算 \\ 販売数量}}{40\,個}) = \underset{有利差異}{1{,}000\,円}$

● 売上高差異の分析図

売上高差異の分析図を書くと、次のようになります。

予算売上高
@200円 × 40個 = 8,000円

予算販売価格
@200円

実績販売価格
@180円

販売価格差異 (@180円 − @200円) × 45個 =△900円	販売 数量差異 @200円× (45個 − 40個) =1,000円
実際売上高 @180円 × 45個 =8,100円	

実績販売数量　予算販売数量
45個　　　　　40個

> 原価差異の分析図で
> は、「標準」のデータ
> を内側、「実際」の
> データを外側に書き
> ますが、売上高差異
> (収益の差異)の分析
> 図では、「実績」の
> データを内側、「予
> 算」のデータを外側
> に書きます。

⇔ 問題編 ⇔
問題 58

みんなの" ？ "をまとめてみました！

みんなの
ギモン＆ポイント
5

総合原価計算の仕損（減損）の問題で、完成品のみ負担と両者負担はどのように判断するのですか？

A1

　仕損（減損）の発生点が月末仕掛品の加工進捗度よりも後の場合には完成品のみ負担、仕損（減損）の発生点が月末仕掛品の加工進捗度よりも前の場合には両者負担で処理します。

　仕損（減損）の発生点が不明（指示なし）の場合は両者負担で処理します。

　総合原価計算の仕損（減損）の問題が出題された場合、まずは問題文に指示がないかどうかをチェックしてください。

　問題文に「完成品のみ負担」や「両者負担」の指示があったら、その指示にしたがいます。

　指示がない場合は、仕損（減損）の発生点と月末仕掛品の加工進捗度から判断してください。

　仕損（減損）の発生点が月末仕掛品の加工進捗度よりも**後**の場合には**完成品のみ負担**、仕損（減損）の発生点が月末仕掛品の加工進捗度よりも**前**の場合には**両者負担**で処理します。

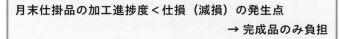

月末仕掛品の加工進捗度＜仕損（減損）の発生点
→ 完成品のみ負担

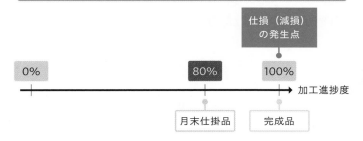

仕損（減損）の発生点＜月末仕掛品の加工進捗度
→ 両者負担

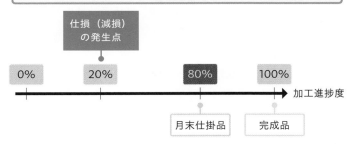

　仕損（減損）の発生点が不明で、指示もない場合には、**両者負担**で処理します。

　完成品のみ負担の場合、仕損（減損）を完成品に含めて計算するので、仕損（減損）の発生点（加工進捗度）が不明の場合には、加工費を計算することができません。

　一方、両者負担の場合、仕損（減損）を無視して計算するので、仕損（減損）の発生点（加工進捗度）が不明の場合でも、加工費を計算することができるのです。

標準原価計算の直接材料費差異や直接労務費差異のボックス
図で、「標準のデータは内側に、実際のデータは外側に記入
する」と説明があるのですが、逆ではダメなんですか？

A2

**標準のデータは目標値なので、実際のデータよりもタイ
ト（小さい）というイメージがあります。そこで、このテ
キストでは標準のデータを実際のデータよりも内側に記入
するようにしています。**

差異分析のボックス図の書き方には決まりはありませんの
で、標準のデータと実際のデータのどちらを内側に記入して
もかまいません。

しかし、「標準のデータをつねに内側に記入する」と決め
ておき、計算する際は「標準のデータから実際のデータを差
し引く」と決めておくと、迷わずに有利差異・不利差異の判
定ができるので、決めておくことをお勧めします。

また、標準のデータを内側に記入する理由ですが、標準の
データは目標値なので、実際のデータよりもタイト（小さい）
というイメージがあります。

したがって、標準のデータを実際のデータよりも内側に記
入するのです。

> 標準のデータ
> から実際の
> データを差し
> 引いて、プラ
> スなら有利差
> 異（貸方差
> 異）、マイナス
> なら不利差異
> （借方差異）
> ですね。

実際直接労務費
@25円×250時間＝6,250円

実際賃率
@25円

標準賃率
@20円

| 賃率差異 |
| （@20円－@25円）×250時間＝△1,250円 |

| 標準直接労務費
@20円×330時間
＝6,600円 | 時間差異
@20円×
（330時間－250時間）
＝1,600円 |

> 標準のデータが実際の
> データより多くても、
> 必ず内側に標準のデー
> タを書きましょう。

標準直接作業時間　　　実際直接作業時間
330時間　　　　　　　250時間

Q3

製造間接費差異（公式法変動予算）の分析図はどこから書き始めればよいのでしょう？
また、「能率差異は変動費と固定費からなるものとする」とは、どういうことをいっているのですか？

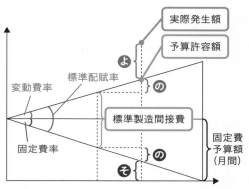

A3

　「能率差異は変動費と固定費からなるものとする」とは、能率差異を変動費と固定費に分けない（の＋のの金額で解答する）ということをいっています。

※製造間接費差異の分析図の書き方は以下の説明を参照してください。

　まずは下書用紙に次のような図を書き、資料から**基準操業度、実際操業度、標準操業度**を探して（または計算して）記入します。

基準操業度は年間の数値が与えられることがあります。その場合は、12カ月で割って1カ月の基準操業度を計算しましょう。

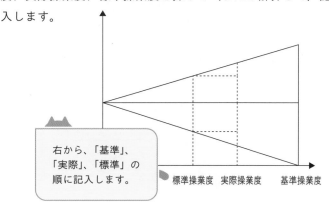

右から、「基準」、「実際」、「標準」の順に記入します。

251

標準配賦率、変動費率、固定費率、固定費予算額を記入します。

なお、**標準配賦率＝変動費率＋固定費率**や**固定費予算額÷基準操業度**という計算を利用し、自分で各値を求めなければならない場合もあります。

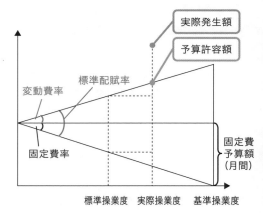

> 上が変動費率、
> 下が固定費率です。

予算許容額を計算し、実際操業度の縦線上に記入します。また、実際操業度の縦線を上に伸ばして、実際発生額を記入します。

> 予算許容額は、（変動費率×実際操業度＋固定費予算額）です。

ここまでできたら、以下の図のように差異の名称を記入し、各差異を計算していきます。

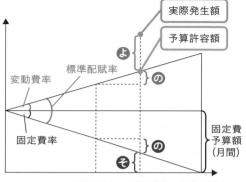

よ…予算差異
の…変動費能率差異
の…固定費能率差異
そ…操業度差異
各差異の計算の仕方は第12章で確認してください。

上記の分析図からもわかるように、能率差異は変動費部分と固定費部分に分かれます。

したがって、能率差異を変動費と固定費に分けずに解答する場合と能率差異を変動費と固定費に分けて解答する場合がありますが、試験で問題文に「**能率差異は変動費と固定費からなるものとする**」という指示がついた場合には、**能率差異を変動費と固定費に分けずに解答（の＋のの金額で解答）**します。

なお、この金額は**標準配賦率×（標準操業度－実際操業度）**で計算した金額と一致します。

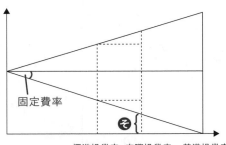

Q4

製造間接費差異（公式法変動予算）の分析図の操業度差異と
公式〔固定費率×（実際操業度－基準操業度）〕の関係がよく
わからないのですが…？

標準操業度　実際操業度　　基準操業度

A4

高さ（y）＝傾き（a）×底辺（x）
操業度差異　　　固定費率　　（実際操業度－基準操業度）

となります。

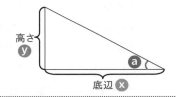

高さ
y

底辺 x

a

────────────────────────────

　数学の話になりますが、平行線に斜めの直線を書いた場合
の錯角（斜め向かいの角度）は、等しくなるという性質があ
ります。

　したがって、下図の**a**の角度（傾き）は同じになります。

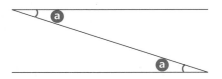

　そして、**高さ（y）＝傾き×底辺（x）** という比例の公式
から、操業度差異（**そ**）は次ページのように計算すること
ができます。

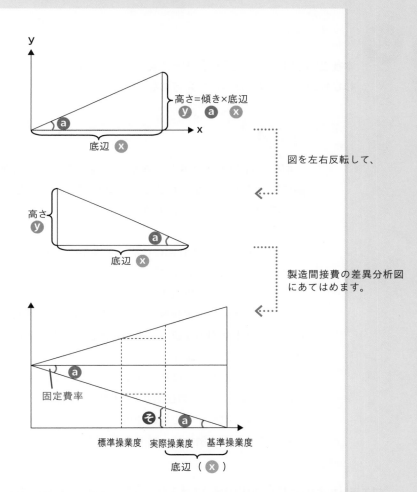

図を左右反転して、

製造間接費の差異分析図
にあてはめます。

操業度差異（）
＝固定費率（ⓐ）×（実際操業度－基準操業度）
　　　　　　　　　　　ⓧ

Q5 本社工場会計で、本社側の仕訳と工場側の仕訳の仕方がよく
わかりません。なにかよい考え方はないでしょうか？

A5

　　　**取引の仕訳をしたあと、本社側に設置された勘定か工場
側に設置された勘定かによって、取引の仕訳を本社の仕訳
と工場の仕訳に分けましょう。**

　本社工場会計で、本社側の仕訳と工場側の仕訳をする場合、
まずは取引の仕訳をします。
　そして、本社側に設置された勘定と工場側に設置された勘
定をみて、仕訳の勘定科目のうち、**本社側に設置された勘定
については本社側の仕訳、工場側に設置された勘定について
は工場側の仕訳**とします。
　この時点で借方または貸方が空欄になっていたら、**本社の
仕訳なら「工場」、工場の仕訳なら「本社」**を空欄に記入します。
　試験では、取引から工場の仕訳を答えるという問題が出題
されるので、次の例を使って工場の仕訳をしてみましょう。

例

ゴエモン㈱本社は材料100円を掛けで仕入れ、埼玉工場の材料倉庫に受け入れ
た。工場の仕訳をしなさい。
（工場の勘定：材料、仕掛品、製造間接費、本社）

◆取引の仕訳

（材　　　料）	100	（買　掛　金）	100

　ここで、工場の勘定をみると、「材料」は工場の勘定にあ
りますが、「買掛金」は工場の勘定にありません。
　したがって、**「材料」**のみ工場の仕訳に残します。

（材　　　　料）	100	（　　　　　　　）	

　そして、空欄となった貸方には「**本社**」と記入して、工場の仕訳が完成です。

工場の仕訳

（材　　　料）	100	（**本**　　　**社**）	100

方程式の解き方をすっかり忘れてしまったので、CVP分析の「X」や「S」の求め方がよくわかりません。方程式の解き方をもう少し詳しく説明してもらえないでしょうか？

　CVP分析の問題で、次のような直接原価計算の損益計算書（目標営業利益4,200円を達成するための販売数量をXとした場合）を作ったとしましょう。

損益計算書（直接原価計算）

Ⅰ．売　　上　　高	200X
Ⅱ．変　　動　　費	60X
貢　献　利　益	140X
Ⅲ．固　　定　　費	2,100
営　業　利　益	4,200

　これを数式にすると次のようになります。

　　$140X - 2{,}100 = 4{,}200 \cdots ①$

　このような方程式を解くときは、「＝」の左側に「X（またはS）」を残して、「＝」の右側に数字を移動させます。

　このとき、「**＝**」**をまたいで移動した数字は符号が逆になる**というルールがあります。

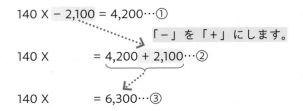

$$140\,X - 2{,}100 = 4{,}200 \cdots ①$$

「-」を「+」にします。

$$140\,X = 4{,}200 + 2{,}100 \cdots ②$$

$$140\,X = 6{,}300 \cdots ③$$

　最後は「=」の左側が「X（またはS）」のみになるようにします。

　「140 X」というのは、「140 × X」のことなので、「140」が「=」をまたいで符号が変わるときは、「÷ 140」になります。

$$140\,X = 6{,}300 \cdots ③$$

「×」を「÷」にします。

$$X = 6{,}300 ÷ 140 \cdots ④$$

$$X = 45（個）\cdots 答え$$

勘定科目一覧表 （工業簿記・代表的なもの）

原 価 計 算 の 勘 定

● 材料費	● 製造間接費
● 材料	● 切削部門費
● 材料副費	● 組立部門費
● 労務費	● 製造部門費
● 賃金	● 第1製造部門費
● 賃金・給料	● 第2製造部門費
● 経費	● 製品
● 外注加工賃	● A組製品
● 仕掛品	● B組製品
● 第1工程仕掛品	● A等級製品
● 第2工程仕掛品	● B等級製品

差 異 の 勘 定

● 原価差異	● 作業時間差異
● 材料消費価格差異	● 製造部門費配賦差異
● 価格差異	● 製造間接費配賦差異
● 数量差異	● 予算差異
● 材料副費差異	● 操業度差異
● 賃率差異	● 能率差異

そ の 他 の 勘 定

● 本社	● 工場

🐾 さくいん

さくいん

スッキリわかる
日商簿記

2級 工業簿記

問題編

マークの意味

基本 ……… 基本的な問題

応用 ……… 本試験レベルの問題（本試験の類題）

✎ ……… 答案用紙がある問題

別冊の答案用紙をご利用ください。
※仕訳問題の答案用紙が必要な方は、仕訳シート
（別冊の最終ページ）をご利用ください。

第2章 **材料費**

問題 **1** 材料費　　　　　　　　　　　　　　　　解答 P.42 基本

　次の一連の取引について仕訳しなさい。ただし、勘定科目は次の中からもっとも適当と思われるものを選ぶこと。

現　　金　　買　掛　金　　材　　　料
仕　掛　品　　製造間接費

⑴　A材料100kg（@10円）を掛けで購入した。
⑵　B材料200kg（@20円）を掛けで購入し、引取運賃50円は現金で支払った。
⑶　⑴で購入したA材料のうち、10kgは返品した。
⑷　C材料50個（@60円）を掛けで購入した。
⑸　C材料40個（直接材料として30個、間接材料として10個）を消費した。

問題 **2** 材料費　　　　　　　　　　　　　　　　解答 P.42 基本

　次の資料にもとづいて、⑴先入先出法、⑵平均法により材料の当月消費額を計算しなさい。なお、棚卸減耗は生じていない。
[資料]
　材料の月初在庫量は100kg（@260円）、当月購入量は300kg（@280円）、当月の消費数量は280kgであった。

問題 **3** 材料費　　　　　　　　　　　　　　　　解答 P.43 基本

　次の資料にもとづいて、材料の棚卸減耗費の仕訳をしなさい。ただし、勘定科目は次の中からもっとも適当と思われるものを選ぶこと。

材　　　料　　仕　掛　品　　製造間接費

[資料]
　月末における材料の帳簿棚卸数量は50kg（消費単価は@120円）であるが、実地棚卸数量は47kgであった。なお、棚卸減耗は正常なものである。

次の一連の取引について仕訳しなさい。ただし、勘定科目は次の中からもっとも適当と思われるものを選ぶこと。

仕　掛　品　　製造間接費　　材　　料
買　掛　金　　当座預金　　材料消費価格差異

⑴　A材料200kgを@490円で掛けで購入した。なお、当社負担の運送費1,000円を小切手を振り出して支払っている。

⑵　A材料の実際払出数量は180kgであった（うち、直接材料としての消費は120kg）。材料費の計算には@500円の予定消費単価を用いて計算している。

⑶　A材料の消費価格差異を計上した。ただし、A材料の月初在庫数量は10kg（@496円）であり、月末在庫数量は30kgである。棚卸減耗はなかった。なお、払出単価の計算は先入先出法によっている。

当工場では、材料の購入に際して、材料受入れのつど、引取費用を実際額で材料の購入代価に加算し、内部副費を購入代価の2％の額で予定配賦し、材料の購入原価に算入している。

次の一連の取引について仕訳しなさい。ただし、材料の払出単価の算定は先入先出法による実際購入原価で行っているものとする（月初有高はない）。なお、勘定科目は次の中からもっとも適当と思われるものを選び、記号で解答すること。

ア．当座預金　　　　イ．材料　　　　　ウ．内部材料副費
エ．仕掛品　　　　　オ．製造間接費　　カ．買掛金

4/3　B材料200個（@100円）を掛けで購入した。なお、引取運賃800円は当社が負担することとなっており、小切手を振り出して支払った。

4/6　B材料100個を直接材料として生産現場に払い出した。

4/16　B材料400個（@100円）を掛けで購入した。なお、引取運賃800円は当社が負担することとなっており、小切手を振り出して支払った。

4/20　B材料350個を直接材料として生産現場に払い出した。

4/22　4/20に払い出したB材料のうち10個が生産現場から倉庫に戻された。

4/30　実地棚卸の結果、B材料は実際残高が帳簿残高より5個少ないことが判明した。

第 3 章 **労務費**

次の資料にもとづいて、当月の賃金消費額を計算しなさい。
[資料]
(1) 前月賃金未払額　　50,000円
(2) 当月賃金支給総額　200,000円
　　（うち、源泉所得税と社会保険料の合計額25,000円）
(3) 当月賃金未払額　　40,000円

次の取引について仕訳しなさい。ただし、勘定科目は次の中からもっとも適当と思われるものを選ぶこと。

仕　掛　品　　製造間接費　　賃　　金
未 払 賃 金　　現　　金　　預 り 金

(1) 前月の賃金未払額20,000円を未払賃金勘定から賃金勘定に振り替える。
(2) 賃金の当月支給総額300,000円のうち、源泉所得税30,000円と社会保険料10,000円を差し引いた残額を現金で支払った。
(3) 賃金の当月消費額は330,000円（直接労務費200,000円、間接労務費130,000円）であった。
(4) 当月の賃金未払額50,000円を計上した。

次の一連の取引について仕訳しなさい。ただし、勘定科目は次の中からもっとも適当と思われるものを選ぶこと。

仕　掛　品　　製造間接費　　賃　　金　　賃率差異

(1) 当社は予定賃率（@1,100円）を用いて賃金の消費額を計算している。当月の実際作業時間は400時間（直接作業時間300時間、間接作業時間100時間）であった。
(2) 当月の実際賃金消費額は460,000円であった。

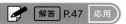

次の一連の取引について仕訳しなさい。ただし、勘定科目は次の中からもっとも適当と思われるものを選び、記号で解答すること。

　　ア．仕掛品　　　　　イ．製造間接費　　　　ウ．賃金
　　エ．賃率差異

(1) 直接工の実際直接作業時間は500時間、実際間接作業時間は40時間であった。直接工賃金の計算は作業1時間あたり@1,400円の予定消費賃率を用いている。
(2) 直接工の賃率差異を計上した。ただし、当月の実際賃金支給額は770,000円、前月末の未払賃金は60,000円、当月末の未払賃金は65,000円であった。

第4章 **経　費**

次の取引について仕訳しなさい。ただし、勘定科目は次の中からもっとも適当と思われるものを選ぶこと。

　　　仕　掛　品　　　製造間接費　　　当座預金　　　減価償却累計額

(1) 外注加工賃5,000円を小切手を振り出して支払った。
(2) 当月の機械の賃借料200円を小切手を振り出して支払った。
(3) 工場建物の減価償却費1,000円（1カ月分）を計上した。

次の資料にもとづいて、当月の経費消費額を計算しなさい。

[資料]
(1) 工場建物減価償却費　　　　24,000円（1年分）
(2) 当月の工場水道光熱費　　　　800円
(3) 工場建物の保険料　　　　1,200円（半年分）
(4) 材料棚卸減耗費　　　　　　100円

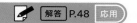

問題 **12** 経　費　　　　　　　　　　　　　　　　　解答 P.48　応用

　次の取引について仕訳しなさい。ただし、勘定科目は次の中からもっとも適当と思われるものを選び、記号で解答すること。

　　ア．仕掛品　　　　　　イ．製造間接費　　　　ウ．買掛金
　　エ．材料　　　　　　　オ．未払電力料　　　　カ．機械減価償却累計額

(1)　製品Aを製造するため、材料20,000円を出庫し、外注先の工場に加工を依頼した。なお、当社では材料を外注のため、無償支給しており、材料を外注先に渡すときに材料の出庫の記録を行っている。
(2)　(1)の外注先から加工品を受け入れた。なお、請求書によると外注加工賃は5,000円であった（代金は来月末に支払う）。
(3)　材料の棚卸しを行い、材料の減耗600円が発見されたので、棚卸減耗費を計上した。
(4)　当月の機械減価償却費を計上した。なお、機械減価償却費の年間見積額は120,000円である。
(5)　月末に電力料3,000円を計上した。なお、電力料の支払いは来月末である。

第5章 ┃ **個別原価計算**

問題 **13** 個別原価計算　　　　　　　　　　　　　　　解答 P.48　基本

　当工場は個別原価計算を行っている。次の資料にもとづいて、原価計算表を完成させなさい。

[資料]

製造指図書番号	No. 101	No. 102	No. 103
製 造 原 価 ： 直 接 材 料 費	4,000円	5,000円	3,000円
直 接 労 務 費	2,000円	2,400円	800円
直 接 経 費	100円	0円	200円
製 造 間 接 費	？円	？円	？円

（注）製造間接費9,100円は下記の直接作業時間をもとに各製造指図書に配賦する。

	No. 101	No. 102	No. 103
直接作業時間	50時間	60時間	20時間

当工場は個別原価計算を行っている。次の資料にもとづいて、(1)原価計算表を完成させ、(2)仕掛品勘定、製品勘定に記入しなさい。なお、当月に製造指図書No. 201とNo. 202が完成（No. 201は引渡済）したが、No. 203は月末現在仕掛中である。また、No. 201は前月から製造に着手しており、前月末までの原価は15,750円である。

[資料]

(1) 当月の直接材料費消費額
    No. 201： 5,250円　　　No. 202： 6,300円　　　No. 203： 3,150円

(2) 当月の直接労務費消費額
    No. 201： 7,350円　　　No. 202： 8,400円　　　No. 203：10,500円

(3) 当月の製造間接費配賦額
    No. 201：10,500円　　　No. 202：12,600円　　　No. 203：13,300円

当工場は実際個別原価計算を行っている。次の資料にもとづいて、答案用紙の仕掛品勘定と製品勘定の（　　　）内に金額を記入しなさい。

[資料]

製 造 指 図 書 番 号	No. 101	No. 102	No. 103	No. 104
製 造 着 手 日	8 /20	9 /12	10/11	10/25
完 成 日	9 /28	10/11	10/31	11/26予定
引 渡 日	10/ 1	10/12	11/ 5 予定	11/27予定
製造原価：				
直 接 材 料 費*1	18,000円	16,500円	16,800円	15,000円
直 接 労 務 費	15,000	15,000	14,400	2,800
製 造 間 接 費	9,000	13,500	10,600	1,400
合 計	42,000円	45,000円	41,800円	19,200円
(内前月末までの集計分)	(42,000円)	(27,600円*2)	(0円)	(0円)

*1 直接材料は製造着手時にすべて投入されている。
*2 うち直接労務費は6,000円、製造間接費は5,100円である。

問題 **16** 個別原価計算 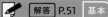 解答 P.51 基本

　次の資料にもとづいて、(1)各製品の製造間接費配賦額を計算し、(2)製造間接費配賦差異を計算しなさい。

[資料]

(1)　製造間接費は直接作業時間を基準に予定配賦する。なお、製造間接費の年間予算は900,000円、年間直接作業時間は3,000時間である。

(2)　当月の製品別の直接作業時間は次のとおりである。
　　　No.301：100時間　　No.302：80時間　　No.303：60時間
　　　当月の製造間接費実際発生額は73,500円であった。

問題 **17** 個別原価計算  解答 P.51 応用

　当工場は実際個別原価計算を行っている。次の資料にもとづいて、答案用紙の仕掛品勘定と製品勘定の（　　）内に金額を記入しなさい。なお、当月は7月である。製造間接費は直接作業時間を基準に予定配賦している（予定配賦率は@600円）。

[資料]

製造指図書	直接材料費	直接労務費	直接作業時間	備　　考
No.401	9,000円	7,200円	60時間	6月着手・完成 7月引渡し
No.402 　6月中 　7月中	8,500円 ―円	3,600円 1,800円	30時間 15時間	6月着手 7月完成・引渡し
No.403	7,500円	2,400円	20時間	7月着手・完成 7月末未引渡し
No.404	4,300円	1,200円	10時間	7月着手 7月末未完成

| 第6章 | **部門別個別原価計算** |

問題 18 直接配賦法 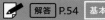 解答 P.53 基本

　次の資料にもとづいて、直接配賦法により、答案用紙の製造間接費部門別配賦表を完成させなさい。

[資料]

(1) 部門個別費

第1製造部門	第2製造部門	修繕部門	工場事務部門
24,852円	81,320円	9,672円	3,108円

(2) 部門共通費

　　建物減価償却費：23,040円　　　　電力料：7,200円

(3) 部門共通費の配賦資料

	配賦基準	合　　計	第1製造部門	第2製造部門	修繕部門	工場事務部門
建物減価償却費	占有面積	800㎡	400㎡	300㎡	60㎡	40㎡
電　力　料	電力使用量	480kWh	120kWh	240kWh	80kWh	40kWh

(4) 補助部門費の配賦資料

	配賦基準	合　　計	第1製造部門	第2製造部門	修繕部門	工場事務部門
修 繕 部 門 費	修繕時間	160時間	100時間	50時間	8時間	2時間
工場事務部門費	従業員数	60人	15人	30人	10人	5人

問題 19 相互配賦法 解答 P.54 基本

　次の資料にもとづいて、相互配賦法により、答案用紙の製造間接費部門別配賦表を完成させなさい。

[資料]

(1) 部門費は答案用紙に記入済みである。

(2) 補助部門費の配賦資料

	配賦基準	合　　計	第1製造部門	第2製造部門	材料部門	保全部門
材 料 部 門 費	材料出庫額	2,650円	1,250円	750円	500円	150円
保 全 部 門 費	保全時間	40時間	20時間	10時間	5時間	5時間

10

製造部門費の予定配賦　　　　　　　　　　　　✎　解答 P.55　基本

　次の資料にもとづいて、(1)部門別予定配賦率と(2)指図書別予定配賦額を計算しなさい。なお、当工場は製造間接費を部門別に予定配賦している（配賦基準は機械作業時間）。

[資料]

(1) 補助部門費配賦後の製造間接費年間予算

第1製造部門	第2製造部門
420,000円	156,000円

(2) 年間予定機械作業時間

第1製造部門	第2製造部門
6,000時間	2,000時間

(3) 指図書別の実際機械作業時間

	第1製造部門	第2製造部門
指図書No.501	280時間	100時間
指図書No.502	240時間	50時間

当工場は直接作業時間を配賦基準として製造間接費を部門別に予定配賦している。次の資料にもとづいて、以下の各問いに答えなさい。

問1 答案用紙の製造間接費部門別配賦表を完成させなさい。なお、補助部門費は直接配賦法によって製造部門に配賦すること。

問2 切削部門と組立部門の部門別予定配賦率を計算しなさい。

問3 当月における製造指図書No.601の製造に要した実際直接作業時間は切削部門が34時間、組立部門が20時間であった。当月の製造指図書No.601に対する製造間接費予定配賦額を計算しなさい。

[資料]

(1) 部門個別費年間予算額は答案用紙に示したとおりである。

(2) 部門共通費年間予算額
 建物減価償却費　167,000円　　機械保険料　50,000円

(3) 部門共通費の配賦資料

	配賦基準	合　　計	切削部門	組立部門	修繕部門	材料倉庫部　　門	工場事務部　　門
建物減価償却費	占有面積	1,670㎡	800㎡	500㎡	250㎡	100㎡	20㎡
機 械 保 険 料	帳簿価額	250,000円	100,000円	90,000円	40,000円	15,000円	5,000円

(4) 補助部門費の配賦資料

	配賦基準	合　　計	切削部門	組立部門	修繕部門	材料倉庫部　　門	工場事務部　　門
修 繕 部 門 費	修繕時間	135時間	60時間	40時間	20時間	10時間	5時間
材料倉庫部門費	出庫回数	50回	30回	20回	―	―	―
工場事務部門費	従業員数	402人	200人	120人	60人	20人	2人

(5) 年間予定直接作業時間

切 削 部 門	組 立 部 門
3,000時間	2,000時間

第7章 | **総合原価計算①**

問題 **22** 月初仕掛品がない場合　　　　　　✎ 解答 P.57 基本

　次の資料にもとづいて、①月末仕掛品原価、②完成品原価、③完成品単位原価を計算しなさい。なお、直接材料は工程の始点で投入している。
[資料]
(1) 生産データ

月初仕掛品　　　0個
当月投入　　　400
合　　計　　　400個
月末仕掛品　　　20　(50%)
完　成　品　　　380個
* （　）内の数値は加工進捗度を示す。
(2) 製造原価データ
当月製造費用：直接材料費　24,000円　　　加　工　費　27,300円

問題 **23** 先入先出法　　　　　　　　　　　✎ 解答 P.58 基本

　次の資料にもとづいて、先入先出法により、①月末仕掛品原価、②完成品原価、③完成品単位原価を計算しなさい。なお、直接材料は工程の始点で投入している。
[資料]
(1) 生産データ

月初仕掛品　　100個(20%)
当月投入　　　450
合　　計　　　550個
月末仕掛品　　　50　(80%)
完　成　品　　　500個
* （　）内は加工進捗度を示す。
(2) 製造原価データ
月初仕掛品原価：直接材料費　　2,600円　　　加　工　費　　1,480円
当月製造費用：直接材料費　13,950円　　　加　工　費　25,480円

次の資料にもとづいて、平均法により、①月末仕掛品原価、②完成品原価、③完成品単位原価を計算しなさい。なお、直接材料は工程の始点で投入している。

[資料]

(1) 生産データ

月初仕掛品 　160個（50%）

当月投入 　　740

合　計 　　900個

月末仕掛品 　100 　（60%）

完 成 品 　　800個

＊（ ）内は加工進捗度を示す。

(2) 製造原価データ

月初仕掛品原価：直接材料費 　17,800円 　　加 工 費 　　11,080円

当月製造費用：直接材料費 　74,000円 　　加 工 費 　124,800円

次の資料にもとづいて、平均法により、①月末仕掛品原価、②完成品原価、③完成品単位原価を計算しなさい。なお、直接材料は工程の始点で投入している。

[資料]

(1) 生産データ

月初仕掛品 　100個（$\frac{1}{5}$）

当月投入 　　980

合　計 　　1,080個

月末仕掛品 　　80 　（$\frac{3}{4}$）

完 成 品 　1,000個

＊（ ）内は加工進捗度を示す。

(2) 製造原価データ

月初仕掛品原価：直接材料費 　6,260円 　　加 工 費 　　5,656円

当月製造費用：直接材料費 　40,180円 　　加 工 費 　68,544円

第8章 | 総合原価計算②

 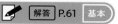

当社は2つの工程を経て製品Pを製造している。原価計算の方法は工程別総合原価計算を採用している。次の資料にもとづいて、答案用紙の工程別総合原価計算表を完成させなさい。なお、第1工程は平均法、第2工程は先入先出法を用いること。

[資料] 生産データ

	第1工程		第2工程	
月初仕掛品	400個	(50%)	600個	(50%)
当月投入	7,600		7,200	
合計	8,000個		7,800個	
月末仕掛品	800	(25%)	200	(75%)
完成品	7,200個		7,600個	

＊1 直接材料はすべて第1工程の始点で投入される。
＊2 （ ）内は加工進捗度を示す。

当社は2つの工程を経て製品Qを製造している。原価計算の方法は工程別総合原価計算を採用している。次の資料にもとづいて、答案用紙の仕掛品勘定を完成させなさい。なお、第1工程、第2工程とも先入先出法を用いること。

[資料] 生産データ

	第1工程		第2工程	
月初仕掛品	150kg	$\left(\frac{1}{3}\right)$	100kg	$\left(\frac{4}{5}\right)$
当月投入	450		500	
合計	600kg		600kg	
月末仕掛品	100	$\left(\frac{1}{2}\right)$	200	$\left(\frac{1}{4}\right)$
完成品	500kg		400kg	

＊1 原料はすべて第1工程の始点で投入される。
＊2 （ ）内は加工進捗度を示す。

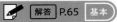

次の資料にもとづいて、A組製品とB組製品の①月末仕掛品原価、②完成品原価、③完成品単位原価を計算しなさい。なお、組間接費の配賦は直接作業時間を基準に行う。また、A組製品は先入先出法、B組製品は平均法を用いること。

[資料]

(1) 生産データ

	A組製品		B組製品	
月初仕掛品	1,200個	(75%)	800個	(50%)
当月投入	9,600		7,200	
合計	10,800個		8,000個	
月末仕掛品	2,800	(50%)	2,000	(80%)
完成品	8,000個		6,000個	
直接作業時間	1,000時間		720時間	

*1 直接材料はすべて工程の始点で投入される。
*2 （ ）内は加工進捗度を示す。

(2) 製造原価データ

		A組製品	B組製品
月初仕掛品：	直接材料費	14,400円	7,700円
	加工費	21,000円	6,400円
当月投入：	直接材料費	105,600円	72,300円
	加工費	78,000円	30,800円
	組間接費	129,000円	

問題 29 等級別総合原価計算　　　　　　　✏ 解答 P.67 基本

　当工場では等級製品を生産している。次の資料にもとづいて、先入先出法により各等級製品の完成品原価と完成品単位原価を計算しなさい。

[資料]

(1) 生産データ

月初仕掛品	3,600個(60%)
当月投入	8,400
合計	12,000個
月末仕掛品	2,000 (50%)
完成品	10,000個

　＊1　直接材料はすべて工程の始点で投入される。

　＊2　（　）内は加工進捗度を示す。

(2) 製造原価データ

	直接材料費	加工費
月初仕掛品原価	59,200円	72,640円
当月製造費用	184,800円	256,360円

(3) 完成品数量の内訳

　　製品A　5,000個　　　製品B　5,000個

(4) 等価係数

　　製品A：製品B＝1：1.5

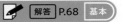

当工場では等級製品を生産している。次の資料にもとづいて、平均法により各等級製品の完成品原価と完成品単位原価を計算しなさい。

[資料]
(1) 生産データ

月初仕掛品　　　2,500個（20%）
当月投入　　　 22,500
　合　計　　　 25,000個
月末仕掛品　　　7,000　（80%）
完　成　品　　 18,000個

＊1　直接材料はすべて工程の始点で投入される。
＊2　（　　）内は加工進捗度を示す。

(2) 製造原価データ

	直接材料費	加工費
月初仕掛品原価	140,000円	52,480円
当月製造費用	1,035,000円	462,000円

(3) 完成品数量の内訳

製品A　8,000個　　　製品B　6,000個　　　製品C　4,000個

(4) 等価係数

製品A：製品B：製品C＝0.8：1：1.2

第9章 総合原価計算③

　次の資料にもとづいて、平均法により、①月末仕掛品原価、②完成品原価、③完成品単位原価を計算しなさい。なお、正常仕損は工程の終点で発生しているため、正常仕損費はすべて完成品に負担させる（仕損の評価額は０円である）。

[資料]

(1)　生産データ

月初仕掛品	600個（50%）
当月投入	2,900
合計	3,500個
正常仕損	100
月末仕掛品	400　（75%）
完成品	3,000個

　＊1　直接材料はすべて工程の始点で投入される。
　＊2　（　）内は加工進捗度を示す。

(2)　製造原価データ

	直接材料費	加工費
月初仕掛品原価	29,800円	2,900円
当月製造費用	110,200円	65,100円

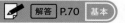

　次の資料にもとづいて、平均法により①月末仕掛品原価、②完成品原価、③完成品単位原価を計算しなさい。なお、正常仕損は工程の始点で発生しているため、正常仕損費は完成品と月末仕掛品の両者に負担させる（仕損の評価額は0円である）。

[資料]

(1) 生産データ

月初仕掛品	200個	(70%)
当月投入	1,150	
合　計	1,350個	
正常仕損	50	
月末仕掛品	300	(40%)
完成品	1,000個	

＊1　直接材料はすべて第1工程の始点で投入される。
＊2　（　）内は加工進捗度を示す。

(2) 製造原価データ

	直接材料費	加工費
月初仕掛品原価	6,950円	6,440円
当月製造費用	63,250円	21,560円

次の資料にもとづいて、先入先出法により、①月末仕掛品原価、②完成品原価、③完成品単位原価を計算しなさい。なお、正常減損は工程の始点で発生しているため、正常減損費は完成品と月末仕掛品の両者に負担させる。

[資料]

(1) 生産データ

月初仕掛品	600kg(60%)
当月投入	1,920
合　計	2,520kg
正常減損	20
月末仕掛品	500　(40%)
完成品	2,000kg

＊1　原料はすべて工程の始点で投入される。
＊2　（　）内は加工進捗度を示す。
＊3　正常減損はすべて当月投入分から生じたものである。

(2) 製造原価データ

	原　料　費	加　工　費
月初仕掛品原価	29,000円	17,800円
当月製造費用	85,500円	101,200円

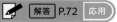
当社は2つの工程を経て製品Gを製造している。原価計算の方法は工程別総合原価計算を採用している。答案用紙の工程別総合原価計算表を完成させなさい。なお、第1工程、第2工程とも平均法を用いること。

[資料] 生産データ

	第1工程	第2工程
月初仕掛品	0kg	310kg $\left(\frac{1}{5}\right)$
当月投入	1,000	890
合計	1,000kg	1,200kg
正常減損	10	—
月末仕掛品	100 $\left(\frac{1}{2}\right)$	200 $\left(\frac{3}{4}\right)$
完成品	890kg	1,000kg

＊1 原料はすべて第1工程の始点で投入される。
＊2 （ ）内は加工進捗度を示す。
＊3 第1工程の終点で減損が発生している。これは通常発生する程度のもの（正常減損）である。なお、減損費はすべて完成品に負担させる。

次の資料にもとづいて、平均法により、①月末仕掛品原価、②完成品原価、③完成品単位原価を計算しなさい。なお、A原料は工程の始点で、B原料は工程の終点でそれぞれ投入される。

[資料]
(1) 生産データ

月初仕掛品	100kg(20%)
当月投入	900
合計	1,000kg
月末仕掛品	200 （40%）
完成品	800kg

＊ （ ）内は加工進捗度を示す。

(2) 製造原価データ

	A原料費	B原料費	加工費
月初仕掛品原価	1,100円	0円	1,460円
当月製造費用	18,900円	8,000円	24,940円

問題 36 材料の追加投入

 解答 P.75 基本

次の資料にもとづいて、平均法により、①月末仕掛品原価、②完成品原価、③完成品単位原価を計算しなさい。なお、A原料は工程の始点で、C原料は加工中平均的に投入される。

[資料]

(1) 生産データ

月初仕掛品	200kg(10%)
当 月 投 入	1,100
合　計	1,300kg
月末仕掛品	300　(50%)
完　成　品	1,000kg

*　（　）内は加工進捗度を示す。

(2) 製造原価データ

	A原料費	C原料費	加　工　費
月初仕掛品原価	4,600円	4,550円	4,050円
当 月 製 造 費 用	11,000円	16,150円	24,700円

問題 37 総合原価計算

 解答 P.76 応用

当社は2つの工程を経て製品Hを製造している。原価計算の方法は工程別総合原価計算を採用している。答案用紙の仕掛品勘定を完成させなさい。なお、第1工程では平均法、第2工程では先入先出法を用いること。

[資料]

(1) 生産データ

	第1工程		第2工程	
月初仕掛品	200個	($\frac{1}{2}$)	300個	($\frac{1}{3}$)
当 月 投 入	7,800		7,740	
合　計	8,000個		8,040個	
正 常 仕 損	100		—	
月末仕掛品	160	($\frac{1}{2}$)	240	($\frac{2}{3}$)
完　成　品	7,740個		7,800個	

*　（　）内は加工進捗度を示す。

(2) 第1工程の終点で仕損が発生している（処分価額は0円）。それは通常発生する程度のもの（正常仕損）である。なお、仕損費はすべて完成品に負担させる。

(3) A原料は第1工程の始点で投入される。B原料は第2工程の加工進捗度50%の時点で投入される。

　次の資料にもとづいて、答案用紙の製造原価報告書を完成させなさい。なお、製造間接費は予定配賦している。また、直接工賃金はすべて直接労務費である。

[資料]
(1)　棚卸資産有高

	期首有高	期末有高
①直接材料	500円	750円
②仕掛品	1,250円	800円

(2)　直接材料当期仕入高　　　6,500円

(3)　賃金未払額

	期首未払額	期末未払額
①直接工賃金	750円	850円
②間接工賃金	250円	370円

(4)　賃金当期支払額
　　①直接工賃金　　　4,800円
　　②間接工賃金　　　2,300円

(5)　当期経費
　　①水道光熱費　　　1,250円
　　②減価償却費　　　　300円
　　③賃　借　料　　　　200円

(6)　製造間接費の予定配賦額は4,000円である。

次の資料にもとづいて、答案用紙の製造原価報告書を完成させなさい。なお、製造間接費は予定配賦しており、予定配賦額は直接労務費の120%である。また、材料消費額はすべて直接材料費、直接工賃金はすべて直接労務費である。

[資料]

(1) 棚卸資産有高

	期首有高	期末有高
①材　　料	60,000円	52,800円
②仕　掛　品	12,000円	6,000円

(2) 賃金・給料未払額

	期首未払額	期末未払額
①直接工賃金	54,000円	33,600円
②間接工賃金	6,000円	2,400円
③給　　料	12,000円	10,800円

(3) 直接材料当期仕入高　　　1,560,000円

(4) 賃金・給料当期支払額

①直接工賃金	960,000円
②間接工賃金	144,000円
③給　　料	600,000円

(5) 当期経費

①水道光熱費	48,000円
②減価償却費	360,000円
③賃　借　料	36,000円
④保　険　料	3,600円

本社工場会計

問題 **40** 本社工場会計　　　　　　　　　　　　　　　✏　解答 P.81 基本

　当社は本社会計から工場会計を独立させている。次の各取引について本社と工場で行われる仕訳をしなさい。ただし、勘定科目は次の中からもっとも適当と思われるものを選び、仕訳がないときは「仕訳なし」と借方科目欄に記入すること。

　　　本社側の勘定：買掛金、現金、製品、工場
　　　工場側の勘定：材料、仕掛品、製造間接費、賃金、本社

(1)　材料10,000円を掛けで仕入れ、工場倉庫に受け入れた。
(2)　直接材料5,000円、間接材料3,000円を消費した。
(3)　賃金8,000円を現金で支払った。
(4)　直接賃金6,000円、間接賃金2,000円を消費した。
(5)　製造間接費7,000円を仕掛品勘定に振り替えた。
(6)　製品20,000円が完成し、本社倉庫に移した。

問題 **41** 本社工場会計　　　　　　　　　　　　　　　　解答 P.82 基本

　当社は本社会計から工場会計を独立させている。次の各取引について工場で行われる仕訳をしなさい。ただし、勘定科目は次の中からもっとも適当と思われるものを選ぶこと。

　　　　　材　　　料　　　仕　掛　品　　　賃　　　金
　　　　　製造間接費　　　本　　　社

(1)　工場で直接材料3,000円と間接材料1,000円を消費した。
(2)　工場従業員に賃金9,000円を支給した。
(3)　工場で賃金7,000円（直接労務費5,000円、間接労務費2,000円）を消費した。
(4)　工場機械減価償却費8,000円（当月分）を計上した。

問題 42 本社工場会計　　　　　　　　　✎ 解答 P.82　応用

当社は本社会計から工場会計を独立させている。次の各取引について工場で行われる仕訳をしなさい。ただし、勘定科目は次の中からもっとも適当と思われるものを選び、記号で解答すること。

ア．材料　　　　　　　　イ．仕掛品　　　　　　ウ．製造間接費
エ．設備減価償却累計額　オ．本社　　　　　　　カ．賃金

[前提]
①材料倉庫は工場内にある。
②材料購入に要する支払い、従業員に対する給与の支払いは本社で行っている。
③材料の購入と製品の販売は本社が行っている。
④工場で製造された製品はすべて本社に納入される。

[取引]
(1)　本社が掛けで購入した材料40,000円を工場の倉庫に受け入れた。
(2)　工場従業員に賃金60,000円が支給された。
(3)　工場の設備減価償却費として5,000円を計上した。
(4)　工場で直接材料25,000円、間接材料10,000円を消費した。
(5)　工場で直接労務費34,000円、間接労務費12,000円を消費した。
(6)　製造間接費（直接労務費の120%）を各製品に配賦した。
(7)　工場は完成した製品90,000円を本社に納入した。
(8)　工場は完成品のうち、40,000円（製造原価）を60,000円で本社の得意先に直接売り上げ、代金は掛けとした。

当社は標準原価計算を採用している。次の資料にもとづいて、直接材料費差異を分析しなさい。

[資料]

(1) 製品1個あたりの標準直接材料費は次のとおりである。

標準直接材料費：@10円×10kg＝100円
　　　　　　　　　標準単価　標準消費量

(2) 当月の生産データは次のとおりである。

月初仕掛品	50個	(20%)
当月投入	300	
合　計	350個	
月末仕掛品	100	(50%)
完成品	250個	

＊1　直接材料はすべて工程の始点で投入される。
＊2　（　）内は加工進捗度を示す。

(3) 当月の実際直接材料費は次のとおりである。

実際直接材料費：@11円×3,100kg＝34,100円

問題 **44** 標準原価計算  解答 P.84 基本

当社は標準原価計算を採用している。次の資料にもとづいて、直接労務費差異を分析しなさい。

[資料]

(1) 製品1個あたりの標準直接労務費は次のとおりである。

標準直接労務費：＠30円×5時間＝150円
　　　　　　　　 標準賃率　　標準直接作業時間

(2) 当月の生産データは次のとおりである。

月初仕掛品	50個（20％）
当月投入	300
合　計	350個
月末仕掛品	100　（50％）
完成品	250個

＊1　直接材料はすべて工程の始点で投入される。
＊2　（　）内は加工進捗度を示す。

(3) 当月の実際直接労務費は次のとおりである。

実際直接労務費：＠28円×1,400時間＝39,200円

問題 **45** 標準原価計算  解答 P.85 基本

当社は標準原価計算を採用している。次の資料にもとづいて、公式法変動予算を前提にして製造間接費差異を分析しなさい。能率差異は標準配賦率に標準直接作業時間と実際直接作業時間の差を掛けて計算すること。

[資料]

(1) 製品1個あたりの標準製造間接費は次のとおりである。なお、製造間接費は直接作業時間を基準に標準配賦している。

標準製造間接費：＠40円×5時間＝200円
　　　　　　　　 標準配賦率　標準直接作業時間

(2) 製造間接費の月間予算額は60,000円（変動費率：＠10円、固定費予算額：45,000円）であり、月間基準操業度は1,500時間である。

(3) 当月の標準直接作業時間は1,450時間、製造間接費実際発生額は58,500円、実際直接作業時間は1,400時間である。

当社は製品Rを製造している。次の資料にもとづいて、以下の問いに答えなさい。

[資料]

(1) 製品1個あたりの標準原価は次のとおりである。

標準原価カード

	（標準単価）		（標準消費量）		
標準直接材料費	@120円	×	10kg	=	1,200円
	（標準賃率）		（標準直接作業時間）		
標準直接労務費	@150円	×	2時間	=	300円
	（標準配賦率）		（標準直接作業時間）		
標準製造間接費	@ ? 円	×	2時間	=	? 円
製品1個あたり標準原価					? 円

(2) 製造間接費は直接作業時間を基準に標準配賦している。

なお、変動費率は@100円、年間固定費予算額は450,000円、年間正常作業時間（基準操業度）は3,000時間である。

(3) 当月の生産・販売量は100個であった。

(4) 当月の原価要素別の実際発生額は次のとおりである。

直接材料費：132,000円（@110円×1,200kg）
直接労務費： 33,440円（@152円×220時間）
製造間接費： 59,450円

問1 直接材料費差異を計算し、分析しなさい。

問2 直接労務費差異を計算し、分析しなさい。

問3 製造間接費差異を計算し、公式法変動予算を前提に分析しなさい。なお、能率差異は変動費部分と固定費部分からなるものとする。

問題 47 標準原価計算 ✏ 解答 P.88 基本

当社は標準原価計算を採用している。次の資料にもとづいて、①パーシャル・プランと②シングル・プランによる仕掛品勘定の記入を行いなさい。

[資料]

(1) 製品1個あたりの標準原価は次のとおりである。

```
                     標準原価カード

                 (標準単価)          (標準消費量)
標準直接材料費      @10円    ×       10kg    =    100円
                 (標準賃率)        (標準直接作業時間)
標準直接労務費      @30円    ×       5時間    =    150円
                 (標準配賦率)      (標準直接作業時間)
標準製造間接費      @40円    ×       5時間    =    200円
   製品1個あたり標準原価                          450円
```

(2) 当月の生産データは次のとおりである。

```
月初仕掛品       50個（20％）
当 月 投 入      300
  合  計        350個
月末仕掛品       100 （50％）
完  成  品      250個
```

＊1　直接材料はすべて工程の始点で投入される。
＊2　（　）内は加工進捗度を示す。

(3) 当月の実際原価発生額は次のとおりである。

実際直接材料費：@11円×3,100kg=34,100円
実際直接労務費：@28円×1,400時間=39,200円
実際製造間接費：58,500円

第13章 | 直接原価計算

問題 **48** 直接原価計算  解答 P.89 基本

次の資料にもとづいて、直接原価計算による損益計算書を作成しなさい。なお、期首および期末仕掛品はない。

[資料]

売　上　高	4,000円	変動製造原価	1,000円	変動販売費	500円
固定製造原価	800円	固定販売費	400円	固定一般管理費	300円
期首製品棚卸高	200円	期末製品棚卸高	100円		

問題 **49** 直接原価計算 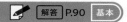 解答 P.90 基本

次の資料にもとづいて、①全部原価計算による損益計算書と②直接原価計算による損益計算書を作成しなさい。なお、期首および期末の仕掛品・製品はない。

[資料]

(1) 当期の生産・販売量は100個、製品1個あたりの販売価格は@100円である。
(2) 製品1個あたりの変動製造原価は@40円、固定製造原価は2,000円（期間総額）である。
(3) 製品1個あたりの変動販売費は@10円、当期の固定販売費は600円である。
(4) 当期の一般管理費（すべて固定費）は700円である。

問題 50 直接原価計算 〔解答〕 P.91 基本

次の資料にもとづいて、全部原価計算による損益計算書と直接原価計算による損益計算書を、2期分作成しなさい。

[資料]

(1) 販売単価　@300円

(2) 製造原価：製品1個あたりの変動製造原価　　@70円
　　　　　　　固定製造原価（期間総額）　　45,000円

(3) 販 売 費：製品1個あたりの変動販売費　　@45円
　　　　　　　固定販売費（期間総額）　　14,500円

(4) 一般管理費（すべて固定費）　　13,000円

(5) 生産・販売データ

	第1期	第2期
期首製品在庫量	0個	0個
当 期 生 産 量	500個	600個
当 期 販 売 量	500個	550個
期 末 製 品	0個	50個

＊　期首および期末に仕掛品はない。

次の資料にもとづいて、各自、全部原価計算による損益計算書と直接原価計算による損益計算書を作成したうえで以下の問いに答えなさい。なお、製品の払出単価の計算は平均法によっている。

[資料]

第1期から第3期を通じて、販売単価、製品単位あたりの変動費、固定費の金額に変化はなく、次のとおりであった。

(1) 販売単価　@3,200円

(2) 製品単位あたりの変動費（製造原価のみ）

製造直接費　@800円　　　製造間接費　@600円

(3) 固定費

製造原価　1,200,000円　　　販売費及び一般管理費　550,000円

(4) 生産・販売データ

	第1期	第2期	第3期
期首製品在庫量	0個	0個	500個
当期生産量	2,000個	1,500個	2,000個
当期販売量	2,000個	1,000個	1,800個
期末製品在庫量	0個	500個	700個

＊　期首および期末に仕掛品はない。

問1　第1期から第3期における全部原価計算の営業利益と直接原価計算による営業利益を計算しなさい。

問2　第2期末の貸借対照表の製品有高は、全部原価計算の場合と直接原価計算の場合とではどちらがどれだけ多いか。

次の資料にもとづいて、以下の問いに答えなさい。

[資料]

(1) 販売単価　@600円

(2) 製品1個あたりの変動費　@240円

(3) 固定費（期間総額）180,000円

問1　損益分岐点の売上高と販売量を計算しなさい。

問2　目標営業利益99,000円を達成する売上高と販売量を計算しなさい。

問3　目標営業利益率20%を達成する売上高と販売量を計算しなさい。

問4　予想売上高が1,000,000円のときの安全余裕率を計算しなさい。

次の資料にもとづいて、以下の問いに答えなさい。

[資料]

(1) 販売単価　@1,000円

(2) 製造原価

　　製品1個あたりの変動費　　　　@500円

　　固定費（期間総額）　　　　　200,000円

(3) 販売費及び一般管理費

　　製品1個あたりの変動費　　　　@200円

　　固定費（期間総額）　　　　　100,000円

問1　損益分岐点の売上高と販売量を計算しなさい。

問2　目標営業利益270,000円を達成する売上高と販売量を計算しなさい。

問3　目標営業利益率10%を達成する売上高と販売量を計算しなさい。

問4　仮に変動製造原価が@400円としたときの損益分岐点の売上高と販売量を計算しなさい。

当社は製品Fを生産・販売しており、次期の利益計画を立てている。

当期の業績は次のとおりであった。なお、次期においても販売価格、製品単位あたり変動費、期間あたり固定費額は当期と同じであるとして、以下の問いに答えなさい。

(1) 売上高：@2,000円×4,000個 ……………………………… 8,000,000円
(2) 原　価
　①変動費
　　　売上原価：@1,000円×4,000個＝4,000,000円
　　　販　売　費：@　300円×4,000個＝1,200,000円
　②固定費
　　　製造原価：　　　　　　　　　1,000,000円
　　　販売費・一般管理費：　　　　 225,000円　　　6,425,000円
(3) 営業利益 ……………………………………………………… 1,575,000円

問1　次期における損益分岐点の売上高を計算しなさい。
問2　次期の目標営業利益1,750,000円を達成する販売量を計算しなさい。
問3　材料費の高騰により、次期の変動売上原価が20％高くなると予想される。この場合に当期と同額の営業利益（1,575,000円）を達成する販売量を計算しなさい。
問4　販売部門より、問3の販売量は達成することが困難であり、5,000個が限界との意見があった。そこで、販売量を5,000個とした場合でも当期と同額の営業利益（1,575,000円）を達成するために固定費を削減することとした。削減すべき固定費の金額を計算しなさい。

問題 **55** CVP 分析　　　　　　　　　　　　✍ 解答 P.102 応用

　当年度の直接原価計算方式の損益計算書は次のとおりであった。変動費率および固定費が次年度も当年度と同様であるとした場合、以下の問いに答えなさい。

<u>直接原価計算方式の損益計算書</u>

（単位：万円）

売　上　高	12,500
変動売上原価	7,000
変動製造マージン	5,500
変動販売費	500
貢　献　利　益	5,000
固　定　費	4,500
営　業　利　益	500

問1　損益分岐点の売上高はいくらか。

問2　売上高が14,000万円の場合の営業利益はいくらか。

問3　固定費を300万円削減した場合の損益分岐点の売上高はいくらか。

問4　売上高が12,500万円、固定費が4,500万円のままで、変動費を625万円削減した場合の損益分岐点の売上高は問1の場合と比べていくら減少するか。

問5　現在の当社の経営レバレッジ係数を求めなさい。

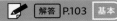

　当社の過去 6 カ月間における製品生産量と原価発生額は次のとおりである（原価発生額はすべて正常な範囲内である）。高低点法により総原価の固変分解を行い、(1)製品 1 個あたりの変動費、(2)月間の固定費を計算しなさい。

	製 品 生 産 量	原 価 発 生 額
1月	27個	2,980円
2月	40個	4,110円
3月	23個	2,840円
4月	38個	3,820円
5月	29個	3,100円
6月	42個	4,360円

 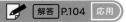

　当社は製品 J を製造・販売している。当社の正常操業圏は月間生産量が4,500個から6,300個である。製品 J の販売価格は@500円で、過去 6 カ月の生産・販売量、総原価に関する実績データは次のとおりである。

	生産・販売量	原価発生額
1月	3,900個	2,005,500円
2月	4,500個	2,370,000円
3月	5,600個	2,498,400円
4月	6,300個	2,838,000円
5月	6,500個	2,890,800円
6月	6,200個	2,829,200円

問1　正常操業圏における最大の売上高と最小の売上高を求めなさい。
問2　高低点法による製品 J の総原価の固変分解を行い、製品 1 個あたりの変動費と月間の固定費を計算しなさい。
問3　問2の結果を利用し、当社の月間損益分岐点の売上高を計算しなさい。

問題 58 予算実績差異分析 解答 P.105 基本

　当社の当年度の予算と実績の資料にもとづいて、売上高差異を計算し、販売価格差異と販売数量差異に分析しなさい。

[資料]

(1) 予算データ

　　販売価格：@500円　　販売数量：400個

(2) 実績データ

　　販売価格：@480円　　販売数量：410個

問 題 編

· ·

解 答 ・ 解 説

· ·

	借 方 科 目	金 額	貸 方 科 目	金 額
(1)	材　　　　　料	1,000*1	買　　掛　　金	1,000
(2)	材　　　　　料	4,050	買　　掛　　金	4,000*2
			現　　　　　金	50
(3)	買　　掛　　金	100	材　　　　　料	100*3
(4)	材　　　　　料	3,000*4	買　　掛　　金	3,000
(5)	仕　　掛　　品	1,800*5	材　　　　　料	2,400
	製　造　間　接　費	600*6		

* 1　@10円 × 100kg = 1,000円
* 2　@20円 × 200kg = 4,000円
* 3　@10円 × 10kg = 100円
* 4　@60円 × 50個 = 3,000円
* 5　@60円 × 30個 = 1,800円
* 6　@60円 × 10個 = 600円

(1)先 入 先 出 法　　　**76,400円**
(2)平　　均　　法　　　**77,000円**

∴∴∴∴∴∴∴∴∴∴∴∴∴∴∴∴∴∴∴∴ 🐾 解　説 🐾 ∴∴∴∴∴∴∴∴∴∴∴∴∴∴∴∴∴∴∴∴

(1)先入先出法

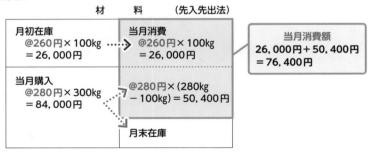

(2)平均法

平均単価： $\dfrac{26,000円 + 84,000円}{100kg + 300kg} = @\,275\,円$

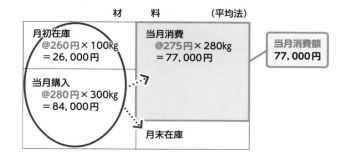

材　　料　　　（平均法）

月初在庫 @260円×100kg =26,000円	当月消費 @275円×280kg =77,000円
当月購入 @280円×300kg =84,000円	
	月末在庫

当月消費額
77,000円

解答　3

借　方　科　目	金　　額	貸　方　科　目	金　　額
製　造　間　接　費	360	材　　　　　料	360*

*　@120円×(50kg − 47kg)=360円

❁　解　説　❁

材料棚卸減耗費は**製造間接費（間接経費）**として処理します。

	借 方 科 目	金 額	貸 方 科 目	金 額
(1)	材　　　　　料	99,000 *²	買　　掛　　金	98,000 *¹
			当　座　預　金	1,000
(2)	仕　　掛　　品	60,000 *³	材　　　　　料	90,000
	製　造　間　接　費	30,000 *⁴		
(3)	材　　　　　料	890 *⁵	材料消費価格差異	890

＊1　@490円 × 200kg = 98,000円

＊2　98,000円 + 1,000円 = 99,000円

＊3　@500円 × 120kg = 60,000円

＊4　@500円 × (180kg − 120kg) = 30,000円

＊5　当月購入単価：$\dfrac{99,000円}{200kg}$ = @495円

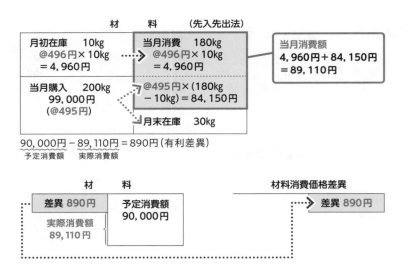

	借	方		貸	方	
	記　　号	金　額	記　　号		金　額	
4／3	（イ）材　　　料	21,200*3	（カ）買　掛　金		20,000*1	
			（ア）当 座 預 金		800	
			（ウ）内 部 材 料 副 費		400*2	
4／6	（エ）仕　掛　品	10,600	（イ）材　　　料		10,600*4	
4／16	（イ）材　　　料	41,600*7	（カ）買　掛　金		40,000*5	
			（ア）当 座 預 金		800	
			（ウ）内 部 材 料 副 費		800*6	
4／20	（エ）仕　掛　品	36,600	（イ）材　　　料		36,600*8	
4／22	（イ）材　　　料	1,040*9	（エ）仕　掛　品		1,040	
4／30	（オ）製 造 間 接 費	520	（イ）材　　　料		520*10	

* 1　@100円 × 200個 = 20,000円
* 2　20,000円 × 2％ = 400円
* 3　20,000円 + 800円 + 400円 = 21,200円　　購入単価：$\dfrac{21,200円}{200個}$ = @106円
* 4　@106円 × 100個 = 10,600円
* 5　@100円 × 400個 = 40,000円
* 6　40,000円 × 2％ = 800円
* 7　40,000円 + 800円 + 800円 = 41,600円　　購入単価：$\dfrac{41,600円}{400個}$ = @104円
* 8　@106円 × 100個 + @104円 × (350個 − 100個) = 36,600円
* 9　先入先出法なので、後に払い出した材料が倉庫に戻されたとして計算します。
　　　@104円 × 10個 = 1,040円
* 10　@104円 × 5個 = 520円

材　　料　　　　　（先入先出法）

4/3　200個購入 　　（@106円）	4/6　100個払い出し @106円 × 100個 = 10,600円
	4/20　350個払い出し @106円 × 100個 = 10,600円
4/16　400個購入 　　（@104円）	@104円 × 250個 = 26,000円
	4/30　5個減耗 　　@104円 × 5個 = 520円
4/22　10個戻り @104円 × 10個 = 1,040円	

36,600円

当月の賃金消費額   **190,000**円

	借 方 科 目	金 額	貸 方 科 目	金 額
(1)	未 払 賃 金	20,000	賃 金	20,000
(2)	賃 金	300,000	預 り 金	40,000
			現 金	260,000
(3)	仕 掛 品	200,000	賃 金	330,000
	製 造 間 接 費	130,000		
(4)	賃 金	50,000	未 払 賃 金	50,000

	借 方 科 目	金 額	貸 方 科 目	金 額
(1)	仕 掛 品	330,000 *1	賃 金	440,000
	製 造 間 接 費	110,000 *2		
(2)	賃 率 差 異	20,000 *3	賃 金	20,000

* 1 @1,100円 × 300時間 = 330,000円

* 2 @1,100円 × 100時間 = 110,000円

* 3 $\underset{\text{予定消費額}}{440,000円} - \underset{\text{実際消費額}}{460,000円} = \triangle 20,000円$ (不利差異)

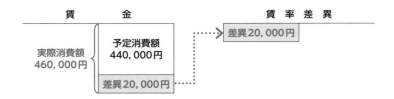

解答 9

	借　　　　方		貸　　　　方	
	記　　号	金　　額	記　　号	金　　額
(1)	（ア）仕　掛　品	700,000 *1	（ウ）賃　　　金	756,000
	（イ）製 造 間 接 費	56,000 *2		
(2)	（エ）賃 率 差 異	19,000 *3	（ウ）賃　　　金	19,000

*1　@1,400円×500時間 = 700,000円

*2　@1,400円×40時間 = 56,000円

*3　実際消費額：770,000円 − 60,000円 + 65,000円 = 775,000円

　　756,000円 − 775,000円 = △19,000円（不利差異）
　　<u>予定消費額</u>　　　　<u>実際消費額</u>

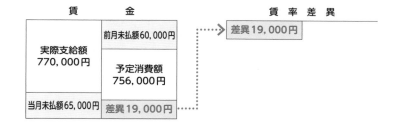

解答 10

	借 方 科 目	金　　額	貸 方 科 目	金　　額
(1)	仕　　掛　　品	5,000	当 座 預 金	5,000
(2)	製 造 間 接 費	200	当 座 預 金	200
(3)	製 造 間 接 費	1,000	減 価 償 却 累 計 額	1,000

・・・・・・・・・・・・・・・・・・・・・・・・・・・ 🐾 解　説 🐾 ・・・・・・・・・・・・・・・・・・・

　外注加工賃は直接経費なので、仕掛品で処理します。それ以外の経費は間接経費なので、製造間接費で処理します。

解答 11

　当月の経費消費額　　　<u>**3,100円**</u>*

*　$\dfrac{24,000円}{12カ月} + 800円 + \dfrac{1,200円}{6カ月} + 100円 = 3,100円$

	借	方		貸	方	
	記　号	金　額	記　号	金　額
(1)	(ア) 仕　掛　品	20,000	(エ) 材　　　料	20,000
(2)	(ア) 仕　掛　品	5,000	(ウ) 買　掛　金	5,000
(3)	(イ) 製 造 間 接 費	600	(エ) 材　　　料	600
(4)	(イ) 製 造 間 接 費	10,000*	(カ) 機械減価償却累計額	10,000
(5)	(イ) 製 造 間 接 費	3,000	(オ) 未 払 電 力 料	3,000

$* \quad \dfrac{120,000円}{12カ月} = 10,000円$

・・・・・・・・・・・・・・・・・・・・・・・ 🐾 解　説 🐾 ・・・・・・・・・・・・・・・・・・・・・・・

(1)材料を外注先に渡しているので、材料（資産）から仕掛品（資産）に振り替えます。

(2)外注加工により仕掛品の価値が増えるので、仕掛品（資産）の増加として処理します。なお、
支払いはまだされていないので、買掛金（負債）または未払金（負債）で処理します。
本問では指定勘定科目に「買掛金」があるので、「買掛金」で処理します。

(3)材料棚卸減耗費は製造間接費（費用）で処理します。

原 価 計 算 表　　　　　　　　　　　　（単位：円）

費　　　目	No. 101	No. 102	No. 103	合　　　計
直 接 材 料 費	4,000	5,000	3,000	12,000
直 接 労 務 費	2,000	2,400	800	5,200
直 接 経 費	100	0	200	300
製 造 間 接 費	3,500*	4,200*	1,400*	9,100
合　　　計	9,600	11,600	5,400	26,600

$* \quad$ 製造間接費の配賦率：$\dfrac{9,100円}{50時間+60時間+20時間} = @70円$

No. 101：@70円 × 50時間 = 3,500円

No. 102：@70円 × 60時間 = 4,200円

No. 103：@70円 × 20時間 = 1,400円

解答 14

(1)

原 価 計 算 表 （単位：円）

費　　目	No. 201	No. 202	No. 203	合　　計
前 月 繰 越	15,750	—	—	15,750
直 接 材 料 費	5,250	6,300	3,150	14,700
直 接 労 務 費	7,350	8,400	10,500	26,250
製 造 間 接 費	10,500	12,600	13,300	36,400
合　　計	38,850	27,300	26,950	93,100
備　　考	完成・引渡済	完成・未引渡	未完成	

(2)

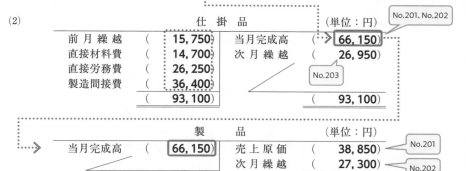

仕　掛　品 （単位：円）　No.201、No.202

前 月 繰 越	(15,750)	当月完成高	(66,150)
直接材料費	(14,700)	次 月 繰 越	(26,950) No.203
直接労務費	(26,250)		
製造間接費	(36,400)		
	(93,100)		(93,100)

製　　品 （単位：円）

当月完成高	(66,150)	売 上 原 価	(38,850) No.201
		次 月 繰 越	(27,300) No.202
	(66,150)		(66,150)

解答 15

仕　掛　品 （単位：円）　No.102、No.103

No.102 前月までの原価

10/ 1	月 初 有 高	(27,600)	10/31	当月完成高	(86,800)
31	直接材料費	(31,800*1)	〃	月 末 有 高	(19,200) No.104
〃	直接労務費	26,200			
〃	製造間接費	(20,400*2)			
		(106,000)			(106,000)

No.101 製　　品 （単位：円）　No.101、No.102

10/ 1	月 初 有 高	(42,000)	10/31	売 上 原 価	(87,000)
31	当月完成高	(86,800)	〃	月 末 有 高	(41,800) No.103
		(128,800)			(128,800)

*1　直接材料は製造着手時にすべて投入されているため、当月（10月）投入分は当月に着手
　　したNo.103とNo.104の直接材料費となります。

　　　16,800円 ＋ 15,000円 ＝ 31,800円
　　　└No.103┘　└No.104┘

＊2　No.102 の当月分の製造間接費（13,500円から前月末までの集計分5,100円を
　　差し引いた金額）と No.103 および No.104 の製造間接費の合計額が当月投入分
　　の製造間接費となります。

$$\underset{\text{No.102}}{\underline{13,500円-5,100円}}+\underset{\text{No.103}}{\underline{10,600円}}+\underset{\text{No.104}}{\underline{1,400円}}=20,400円$$

・・・・・・・・・・・・・・・・・・・・・・ 🐾 解　説 🐾 ・・・・・・・・・・・・・・・・・・・・

各製造指図書の月初と月末の状態は次のとおりです。

No.101：［月初］前月（9/28）完成 ➡ **製品**
　　　　［月末］当月（10/ 1）引渡し ➡ **売上原価**
No.102：［月初］前月（9/12）着手、前月末未完成 ➡ **仕掛品**
　　　　［月末］当月（10/11）完成、当月（10/12）引渡し ➡ **当月完成・売上原価**
No.103：［月末］当月（10/11）着手、当月（10/31）完成、当月末未引渡し➡ **当月完成・製品**
No.104：［月末］当月（10/25）着手、当月末未完成 ➡ **仕掛品**

仕　掛　品

No.102（月初有高） 27,600円	No.102（当月完成） 27,600円+17,400円 =45,000円
No.102（当月投入） 直接材料費：　　　0円 直接労務費：　9,000円 製造間接費：　8,400円 　　　　　　　17,400円	
No.103（当月投入） 直接材料費：16,800円 直接労務費：14,400円 製造間接費：10,600円 　　　　　　　41,800円	No.103（当月完成） 41,800円
No.104（当月投入） 直接材料費：15,000円 直接労務費：　2,800円 製造間接費：　1,400円 　　　　　　　19,200円	No.104（月末有高） 19,200円

15,000円 - 6,000円 ……▷
13,500円 - 5,100円 ……▷

当月完成高
86,800円

製　　品

No.101（月初有高） 42,000円	No.101（売上原価） 42,000円
No.102（当月完成） 45,000円	No.102（売上原価） 45,000円
No.103（当月完成） 41,800円	No.103（月末有高） 41,800円

売上原価
87,000円

(1)製造間接費配賦額： No. 301 **30,000**円
No. 302 **24,000**円
No. 303 **18,000**円
(2)製造間接費配賦差異： **1,500**円（**借方**）差異

※ （ ）内には「借方」または「貸方」を記入すること。

・・・・・・・・・・・・・・・・・・・・ 🐾 解 説 🐾 ・・・・・・・・・・・・・・・・・・・・

(1)製造間接費配賦額

製造間接費予定配賦率：$\dfrac{900,000円}{3,000時間}$ ＝@300円

予定配賦額　No. 301：@300円×100時間＝30,000円
No. 302：@300円× 80時間＝24,000円
No. 303：@300円× 60時間＝18,000円
合　　計　　　　　　　　72,000円

(2)製造間接費配賦差異

72,000円－73,500円＝△1,500円（借方差異）

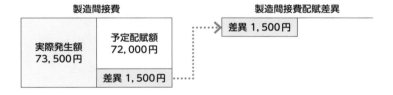

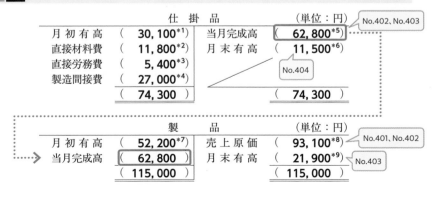

仕　掛　品

No.402（月初有高）＊1 直接材料費：　8,500円 直接労務費：　3,600円 製造間接費：18,000円 @600円×30時間·········⌐ 30,100円	**No.402（当月完成）** 30,100円＋10,800円 ＝40,900円
No.402（当月投入） 直接材料費：　　　0円 直接労務費：　1,800円 製造間接費：　9,000円 @600円×15時間·········⌐ 10,800円	
No.403（当月投入） 直接材料費：　7,500円 直接労務費：　2,400円 製造間接費：12,000円 @600円×20時間·········⌐ 21,900円	**No.403（当月完成）** 21,900円
No.404（当月投入） 直接材料費：　4,300円 直接労務費：　1,200円 製造間接費：　6,000円 @600円×10時間·········⌐ 11,500円	**No.404（月末有高）＊6** 11,500円

＊5 当月完成高
　　62,800円

＊2　当月投入直接材料費：7,500円 ＋ 4,300円 ＝ 11,800円
　　　　　　　　　　　　　No.403　　No.404

＊3　当月投入直接労務費：1,800円 ＋ 2,400円 ＋ 1,200円 ＝ 5,400円
　　　　　　　　　　　　　No.402　　No.403　　No.404

＊4　当月投入製造間接費：9,000円 ＋ 12,000円 ＋ 6,000円 ＝ 27,000円
　　　　　　　　　　　　　No.402　　No.403　　No.404

製　　品

No.401（月初有高）＊7 直接材料費：　9,000円 直接労務費：　7,200円 製造間接費：36,000円 @600円×60時間·········⌐ 52,200円	**No.401（売上原価）** 52,200円
No.402（当月完成） 40,900円	**No.402（売上原価）** 40,900円
No.403（当月完成） 21,900円	**No.403（月末有高）＊9** 21,900円

＊8 売上原価
　　93,100円

製造間接費部門別配賦表　　　（単位：円）

摘　　　　　要	合　　　計	製　造　部　門		補　助　部　門	
		第1製造部門	第2製造部門	修　繕部門	工場事務部門
部 門 個 別 費	118,952	24,852	81,320	9,672	3,108
部 門 共 通 費					
建物減価償却費	23,040	11,520	8,640	1,728	1,152
電 力 料	7,200	1,800	3,600	1,200	600
部 門 費	149,192	38,172	93,560	12,600	4,860
修 繕 部 門 費	12,600	8,400	4,200		
工場事務部門費	4,860	1,620	3,240		
製 造 部 門 費	149,192	48,192	101,000		

- - - - - - - - - - - - - - 🐾 解　説 🐾 - - - - - - - - - - - - - -

(1)部門共通費の配賦

①建物減価償却費

第1製造部門：　　　　　　　　　400㎡ = 11,520円
第2製造部門：23,040円　×　300㎡ = 8,640円
修 繕 部 門：　800㎡　　　　　60㎡ = 1,728円
工場事務部門：　　　　　　　　　40㎡ = 1,152円

②電力料

第1製造部門：　　　　　　　　　120kWh = 1,800円
第2製造部門：7,200円　×　240kWh = 3,600円
修 繕 部 門：　480kWh　　　　80kWh = 1,200円
工場事務部門：　　　　　　　　　40kWh = 600円

(2)補助部門費の配賦

①修繕部門費

第1製造部門：　　12,600円　　　×　100時間 = 8,400円
第2製造部門：100時間 + 50時間　　　50時間 = 4,200円

②工場事務部門費

第1製造部門：　　4,860円　　×　15人 = 1,620円
第2製造部門：15人 + 30人　　　30人 = 3,240円

製造間接費部門別配賦表　　　　　　（単位：円）

摘　　　　　要	合　　　計	製　造　部　門		補　助　部　門	
		第 1 製 造部　　　門	第 2 製 造部　　　門	材料部門	保全部門
部　　門　　費	249,800	120,000	90,000	25,800	14,000
第　1　次　配　賦					
材　料　部　門　費	**25,800**	**15,000**	**9,000**	**−**	**1,800**
保　全　部　門　費	**14,000**	**8,000**	**4,000**	**2,000**	**−**
第　2　次　配　賦				2,000	1,800
材　料　部　門　費	**2,000**	**1,250**	**750**		
保　全　部　門　費	**1,800**	**1,200**	**600**		
製　造　部　門　費	**249,800**	**145,450**	**104,350**		

- 😺 解　説 😺 -

⑴第 1 次配賦

　①材料部門費

　　第 1 製造部門：

　　第 2 製造部門： $\dfrac{25,800円}{1,250円 + 750円 + 150円} \times$ $\begin{cases} 1,250円 = 15,000円 \\ 750円 = 9,000円 \\ 150円 = 1,800円 \end{cases}$

　　保　全　部　門：

　②保全部門費

　　第 1 製造部門：

　　第 2 製造部門： $\dfrac{14,000円}{20時間 + 10時間 + 5時間} \times$ $\begin{cases} 20時間 = 8,000円 \\ 10時間 = 4,000円 \\ 5時間 = 2,000円 \end{cases}$

　　材　料　部　門：

⑵第 2 次配賦

　①材料部門費

　　第 1 製造部門： $\dfrac{2,000円}{1,250円 + 750円} \times$ $\begin{cases} 1,250円 = 1,250円 \\ 750円 = 750円 \end{cases}$

　　第 2 製造部門：

　②保全部門費

　　第 1 製造部門： $\dfrac{1,800円}{20時間 + 10時間} \times$ $\begin{cases} 20時間 = 1,200円 \\ 10時間 = 600円 \end{cases}$

　　第 2 製造部門：

解答 20

(1)部門別予定配賦率
第1製造部門 @ **70**円　　第2製造部門 @ **78**円
(2)指図書別予定配賦額
No. 501　**27,400**円　　No. 502　**20,700**円

･･････････････ 😺 解　説 😺 ･･････････････

(1)部門別予定配賦率

第1製造部門：$\dfrac{420,000円}{6,000時間}$ ＝@70円

第2製造部門：$\dfrac{156,000円}{2,000時間}$ ＝@78円

(2)指図書別予定配賦額

No. 501：@70円×280時間 ＋ @78円×100時間 ＝ 27,400円
　　　　　　第1製造部門費　　　　第2製造部門費

No. 502：@70円×240時間 ＋ @78円×50時間 ＝ 20,700円
　　　　　　第1製造部門費　　　　第2製造部門費

解答 21

問1

製造間接費部門別配賦表　　　　　　　　(単位：円)

摘　　　　要	合　　　計	製　　造　　部　　門		補　　　助　　　部　　　門		
		切削部門	組立部門	修繕部門	材料倉庫部門	工場事務部門
部 門 個 別 費	1,228,000	558,000	491,000	137,000	37,000	5,000
部 門 共 通 費						
建物減価償却費	167,000	80,000	50,000	25,000	10,000	2,000
機械保険料	50,000	20,000	18,000	8,000	3,000	1,000
部 　　門 　　費	1,445,000	658,000	559,000	170,000	50,000	8,000
修繕部門費	170,000	102,000	68,000			
材料倉庫部門費	50,000	30,000	20,000			
工場事務部門費	8,000	5,000	3,000			
製 造 部 門 費	1,445,000	795,000	650,000			

問2　部門別予定配賦率
切削部門 @ **265**円　　組立部門 @ **325**円
問3　製造指図書No. 601に対する予定配賦額　**15,510**円

問1　直接配賦法による補助部門費の配賦

⑴部門共通費の配賦

①建物減価償却費

切 削 部 門：
組 立 部 門：
修 繕 部 門： $\dfrac{167,000円}{1,670㎡}$ ×
材料倉庫部門：
工場事務部門：
$\begin{cases} 800㎡ = 80,000円 \\ 500㎡ = 50,000円 \\ 250㎡ = 25,000円 \\ 100㎡ = 10,000円 \\ 20㎡ = 2,000円 \end{cases}$

②機械保険料

切 削 部 門：
組 立 部 門：
修 繕 部 門： $\dfrac{50,000円}{250,000円}$ ×
材料倉庫部門：
工場事務部門：
$\begin{cases} 100,000円 = 20,000円 \\ 90,000円 = 18,000円 \\ 40,000円 = 8,000円 \\ 15,000円 = 3,000円 \\ 5,000円 = 1,000円 \end{cases}$

⑵補助部門費の配賦

①修繕部門費

切 削 部 門： $\dfrac{170,000円}{60時間 + 40時間}$ × $\begin{cases} 60時間 = 102,000円 \\ 40時間 = 68,000円 \end{cases}$
組 立 部 門：

②材料倉庫部門費

切 削 部 門： $\dfrac{50,000円}{30回 + 20回}$ × $\begin{cases} 30回 = 30,000円 \\ 20回 = 20,000円 \end{cases}$
組 立 部 門：

③工場事務部門費

切 削 部 門： $\dfrac{8,000円}{200人 + 120人}$ × $\begin{cases} 200人 = 5,000円 \\ 120人 = 3,000円 \end{cases}$
組 立 部 門：

問2　部門別予定配賦率

切 削 部 門： $\dfrac{795,000円}{3,000時間}$ = @265円

組 立 部 門： $\dfrac{650,000円}{2,000時間}$ = @325円

問3　製造指図書No. 601に対する予定配賦額

@265円 × 34時間 + @325円× 20時間 = 15,510円
　　切削部門費　　　　　組立部門費

①	月末仕掛品原価		**1,900**円
②	完 成 品 原 価		**49,400**円
③	完成品単位原価	@	**130**円

・・・・・・・・・・・・・・・・・・・・・ 🐾 解 説 🐾 ・・・・・・・・・・・・・・・・・・・・・

総合原価計算の問題を解く際には、仕掛品のボックスをつくって計算していきます。

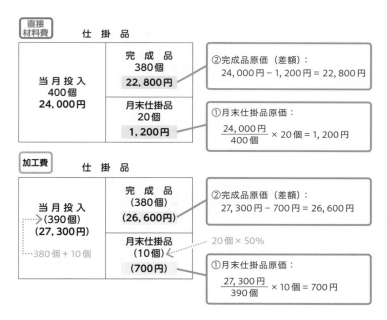

①**月末仕掛品原価**：1,200円＋700円＝1,900円
②**完 成 品 原 価**：22,800円＋26,600円＝49,400円
③**完成品単位原価**：49,400円÷380個＝@130円

①	月末仕掛品原価		3,510円
②	完 成 品 原 価		40,000円
③	完成品単位原価	@	80円

❀ 解 説 ❀

　先入先出法は、先に投入したものから先に完成したとして完成品原価と月末仕掛品原価を計算する方法です。

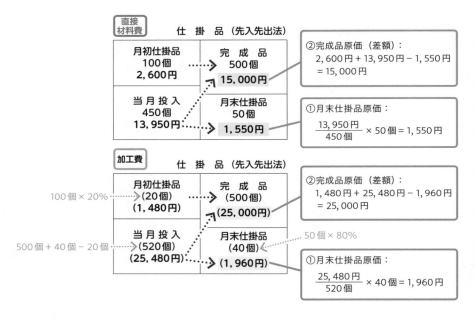

①月末仕掛品原価：1,550円＋1,960円＝3,510円
②完 成 品 原 価：15,000円＋25,000円＝40,000円
③完成品単位原価：40,000円÷500個＝@80円

①	月末仕掛品原価		**19,680** 円
②	完 成 品 原 価		**208,000** 円
③	完成品単位原価	@	**260** 円

・・・・・・・・・・・・・・・・・・・・・・ 🐾 解 説 🐾 ・・・・・・・・・・・・・・・・・・・・・・

　平均法なので、直接材料費と加工費の平均単価を計算してから月末仕掛品原価と完成品原価を計算します。

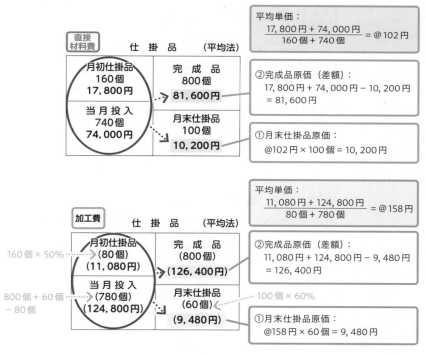

平均単価：
$$\frac{17,800円 + 74,000円}{160個 + 740個} = @102円$$

②完成品原価（差額）：
17,800円 + 74,000円 − 10,200円
= 81,600円

①月末仕掛品原価：
@102円 × 100個 = 10,200円

平均単価：
$$\frac{11,080円 + 124,800円}{80個 + 780個} = @158円$$

②完成品原価（差額）：
11,080円 + 124,800円 − 9,480円
= 126,400円

①月末仕掛品原価：
@158円 × 60個 = 9,480円

①**月末仕掛品原価**：10,200円 + 9,480円 = 19,680円
②**完 成 品 原 価**：81,600円 + 126,400円 = 208,000円
③**完成品単位原価**：208,000円 ÷ 800個 = @260円

① 月末仕掛品原価 　　**7,640** 円
② 完成品原価 　　**113,000** 円
③ 完成品単位原価 　@　　**113** 円

・・・・・・・・・・・・・・ 🐾 解 説 🐾 ・・・・・・・・・・・・・・

直接材料費	仕　掛　品	（平均法）
月初仕掛品 100個 6,260円	完成品 1,000個 **43,000円**	
当月投入 980個 40,180円	月末仕掛品 80個 **3,440円**	

平均単価：
$$\frac{6,260円 + 40,180円}{100個 + 980個} = @43円$$

②完成品原価（差額）：
6,260円 + 40,180円 − 3,440円
= 43,000円

①月末仕掛品原価：
@43円 × 80個 = 3,440円

100個 × $\frac{1}{5}$

1,000個 + 60個
− 20個

加工費	仕　掛　品	（平均法）
月初仕掛品 (20個) (5,656円)	完成品 (1,000個) (70,000円)	
当月投入 (1,040個) (68,544円)	月末仕掛品 (60個) (4,200円)	

平均単価：
$$\frac{5,656円 + 68,544円}{20個 + 1,040個} = @70円$$

②完成品原価（差額）：
5,656円 + 68,544円 − 4,200円
= 70,000円

80個 × $\frac{3}{4}$

①月末仕掛品原価：
@70円 × 60個 = 4,200円

①月末仕掛品原価：3,440円 + 4,200円 = 7,640円
②完成品原価：43,000円 + 70,000円 = 113,000円
③完成品単位原価：113,000円 ÷ 1,000個 = @113円

工程別総合原価計算表　　　　　　（単位：円）

	第　1　工　程			第　2　工　程		
	直接材料費	加　工　費	合　　計	前工程費	加　工　費	合　　計
月初仕掛品原価	8,000	2,000	10,000	10,000	4,800	14,800
当月製造費用	168,000	85,320	253,320	243,360	119,200	362,560
合　　　　計	176,000	87,320	263,320	253,360	124,000	377,360
月末仕掛品原価	17,600	2,360	19,960	6,760	2,400	9,160
完 成 品 原 価	158,400	84,960	243,360	246,600	121,600	368,200

😺 解　説 😺

第1工程は平均法、第2工程は先入先出法で計算します。

(1)第1工程の計算

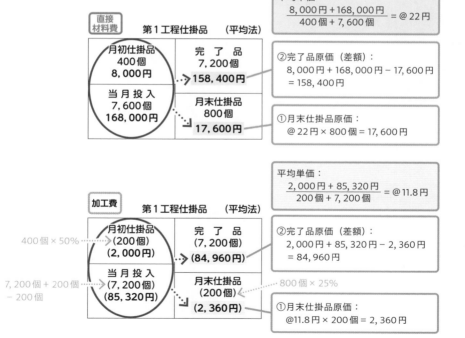

(2)第2工程の計算

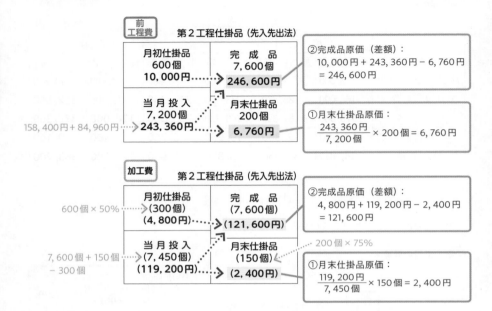

前工程費
第2工程仕掛品（先入先出法）

| 月初仕掛品 600個 10,000円 | 完成品 7,600個 246,600円 |
| 当月投入 7,200個 243,360円 | 月末仕掛品 200個 6,760円 |

158,400円 + 84,960円

②完成品原価（差額）:
10,000円 + 243,360円 − 6,760円
= 246,600円

①月末仕掛品原価:
$\dfrac{243,360円}{7,200個} × 200個 = 6,760円$

加工費
第2工程仕掛品（先入先出法）

| 月初仕掛品 (300個) (4,800円) | 完成品 (7,600個) (121,600円) |
| 当月投入 (7,450個) (119,200円) | 月末仕掛品 (150個) (2,400円) |

600個 × 50%

7,600個 + 150個 − 300個

200個 × 75%

②完成品原価（差額）:
4,800円 + 119,200円 − 2,400円
= 121,600円

①月末仕掛品原価:
$\dfrac{119,200円}{7,450個} × 150個 = 2,400円$

仕掛品－第1工程　　　　　　（単位：円）

月 初 有 高 ：		次工程振替高：	
原 料 費	6,300	原 料 費	(**20,300**)
加 工 費	2,800	加 工 費	(**26,200**)
小 計	9,100	小 計	(**46,500**)
当月製造費用：		月 末 有 高 ：	
原 料 費	18,000	原 料 費	(**4,000**)
加 工 費	26,000	加 工 費	(**2,600**)
小 計	44,000	小 計	(**6,600**)
	(**53,100**)		(**53,100**)

仕掛品－第2工程　　　　　　（単位：円）

月 初 有 高 ：		当月完成高：	
前 工 程 費	9,500	前 工 程 費	(**37,400**)
加 工 費	9,600	加 工 費	(**41,600**)
小 計	19,100	小 計	(**79,000**)
当月製造費用：		月 末 有 高 ：	
前 工 程 費	(**46,500**)	前 工 程 費	(**18,600**)
加 工 費	37,000	加 工 費	(**5,000**)
小 計	(**83,500**)	小 計	(**23,600**)
	(**102,600**)		(**102,600**)

第1工程、第2工程ともに先入先出法で計算します。

(1)第1工程の計算

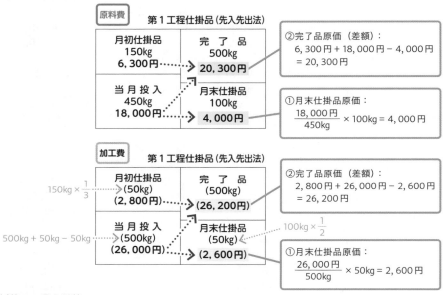

(2)第2工程の計算

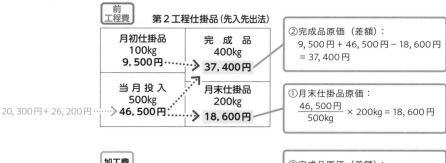

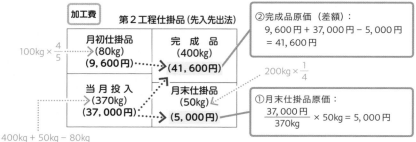

	A 組 製 品	B 組 製 品
①月末仕掛品原価	**56,000** 円	**39,200** 円
②完成品原価	**238,000** 円	**132,000** 円
③完成品単位原価	@ **29.75** 円	@ **22** 円

・・・・・・・・・・・・・・・・・・・・・・・・ 🐾 解 説 🐾 ・・・・・・・・・・・・・・・・・・・・・・・・

まず、当月投入組間接費を各組製品に配賦してから、組製品ごとに総合原価計算を行います。

1.組間接費の配賦

A 組製品： $\dfrac{129,000円}{1,000時間 + 720時間} \times \begin{cases} 1,000時間 = 75,000円 \\ 720時間 = 54,000円 \end{cases}$
B 組製品：

2.A組製品原価の計算

当月投入加工費：78,000円 + 75,000円 = 153,000円

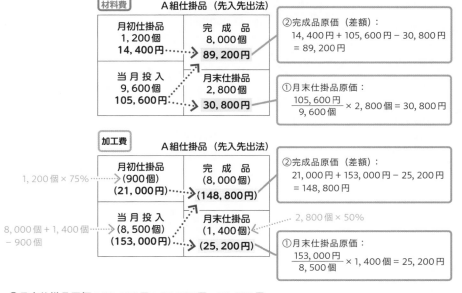

①**月末仕掛品原価**：30,800円 + 25,200円 = 56,000円
②**完成品原価**：89,200円 + 148,800円 = 238,000円
③**完成品単位原価**：238,000円 ÷ 8,000個 = @29.75円

3．B組製品原価の計算

当月投入加工費：30,800円 + 54,000円 = 84,800円

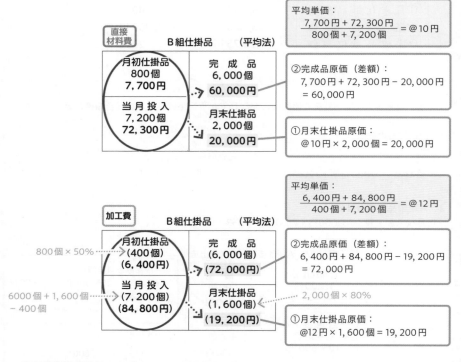

①**月末仕掛品原価：** 20,000円 + 19,200円 = 39,200円
②**完 成 品 原 価：** 60,000円 + 72,000円 = 132,000円
③**完成品単位原価：** 132,000円 ÷ 6,000個 = @22円

	製 品 A	製 品 B
完 成 品 原 価	200,000円	300,000円
完 成 品 単 位 原 価	@ 40円	@ 60円

·········· 🐾 解 説 🐾 ··········

まず、単純総合原価計算により完成品原価を計算してから、積数を用いて各等級製品の原価に配分します。

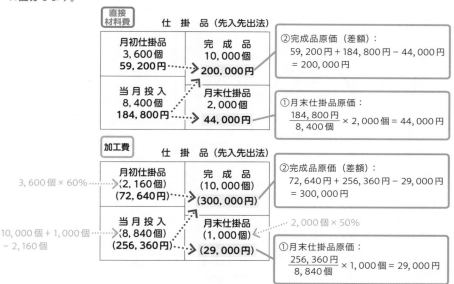

(1)積数
製品A：5,000個× 1 = 5,000個
製品B：5,000個×1.5 = 7,500個

(2)完成品原価： 200,000円 + 300,000円 = 500,000円

製品A： $\dfrac{500,000円}{5,000個 + 7,500個}$ × { 5,000個 = 200,000円
製品B： 7,500個 = 300,000円

(3)完成品単位原価
製品A：200,000円 ÷ 5,000個 = @40円
製品B：300,000円 ÷ 5,000個 = @60円

	製 品 A	製 品 B	製 品 C
完 成 品 原 価	**460,800**円	**432,000**円	**345,600**円
完 成 品 単 位 原 価	@ **57.6**円	@ **72**円	@ **86.4**円

· 😺 解 説 😺 ·

まず、単純総合原価計算により完成品原価を計算してから、積数を用いて各等級製品の原価に配分します。

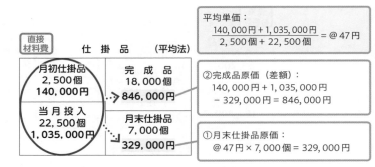

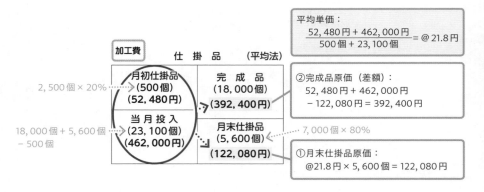

(1)積数

製品A：8,000個×0.8 = 6,400個
製品B：6,000個× 1　 = 6,000個
製品C：4,000個×1.2 = 4,800個

(2)完成品原価：846,000円 + 392,400円 = 1,238,400円

製品A：
製品B：$\dfrac{1,238,400円}{6,400個 + 6,000個 + 4,800個}$ × { 6,400個 = 460,800円
製品C：　　　　　　　　　　　　　　　　　　　　 6,000個 = 432,000円
　　　　　　　　　　　　　　　　　　　　　　　　 4,800個 = 345,600円

(3)完成品単位原価
製品A：460, 800円 ÷ 8, 000個 = @57. 6円
製品B：432, 000円 ÷ 6, 000個 = @72　円
製品C：345, 600円 ÷ 4, 000個 = @86. 4円

解答	31		
①	月末仕掛品原価		**22, 000**円
②	完成品原価		**186, 000**円
③	完成品単位原価	@	**62**円

・・・・・・・・・・・・・・・・・・・・・・・・🐾 　解　　説　　🐾・・・・・・・・・・・・・・・・・・・・・・・・

　正常仕損費は完成品のみに負担させるため、完成品原価を求める際には、完成品の数量に仕損品の数量を含めて計算します。

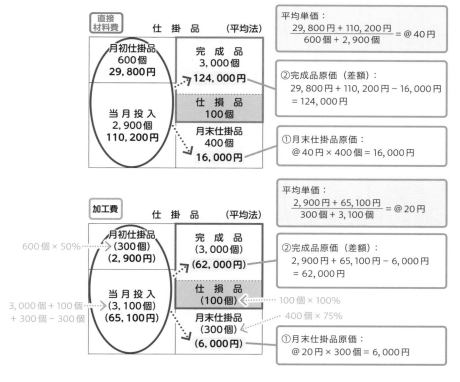

①**月末仕掛品原価**：16, 000円 + 6, 000円 = 22, 000円
②**完 成 品 原 価**：124, 000円 + 62, 000円 = 186, 000円
③**完成品単位原価**：186, 000円 ÷ 3, 000個 = @62円

① 月末仕掛品原価　　　　　**19,200**円
② 完 成 品 原 価　　　　　**79,000**円
③ 完成品単位原価　　@　　　　**79**円

・・・・・・・・・・・・・・・・・・・・・・・・・・・🐾 解　説 🐾 ・・・・・・・・・・・・・・・・・・・・・・・・・・・

　正常仕損費は完成品と月末仕掛品の両者に負担させるため、月初仕掛品原価と当月製造費用の合計額を完成品と月末仕掛品に按分します。

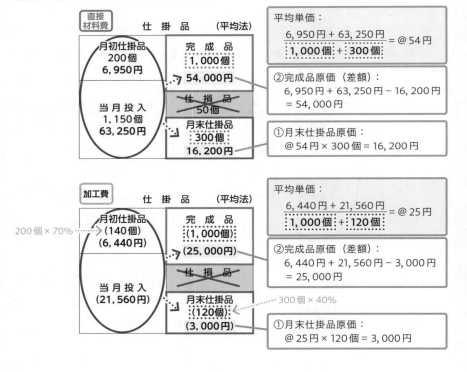

①**月末仕掛品原価**：16,200円 + 3,000円 = 19,200円
②**完 成 品 原 価**：54,000円 + 25,000円 = 79,000円
③**完成品単位原価**：79,000円 ÷ 1,000個 = @79円

①	月末仕掛品原価		**33,500** 円
②	完 成 品 原 価		**200,000** 円
③	完成品単位原価	@	**100** 円

・・・・・・・・・・・・・・・・・・・・・・・・ 🐾 解 説 🐾 ・・・・・・・・・・・・・・・・・・・・・・・・

　正常減損費は完成品と月末仕掛品の両者に負担させるため、月初仕掛品原価と当月製造費用の合計額を完成品と月末仕掛品に按分します。なお、先入先出法の場合は、当月製造費用を完成品数量のうちの当月投入分と月末仕掛品数量で按分します。

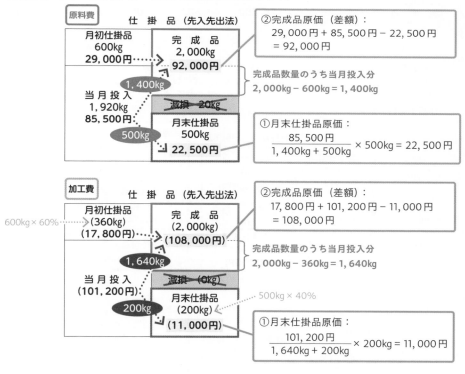

①**月末仕掛品原価**：22,500円 + 11,000円 = 33,500円
②**完 成 品 原 価**：92,000円 + 108,000円 = 200,000円
③**完成品単位原価**：200,000円 ÷ 2,000kg = @100円

工程別総合原価計算表　　　　　　（単位：円）

	第 1 工 程			第 2 工 程		
	原 料 費	加 工 費	合　　　計	前工程費	加 工 費	合　　　計
月初仕掛品原価	0	0	0	21,600	2,000	23,600
当月製造費用	40,000	30,400	70,400	**64,800**	25,600	**90,400**
合　　　計	40,000	30,400	70,400	86,400	27,600	114,000
月末仕掛品原価	**4,000**	**1,600**	**5,600**	**14,400**	**3,600**	**18,000**
完 成 品 原 価	**36,000**	**28,800**	**64,800**	**72,000**	**24,000**	**96,000**

- 🐾 　解　説　🐾 -

　第1工程、第2工程ともに平均法で計算します。なお、減損費はすべて完成品に負担させる
ため、完成品原価を求める際には、完成品の数量に減損数量を含めて計算します。

⑴ 第1工程の計算

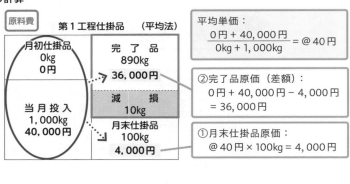

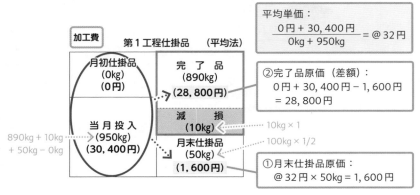

(2)第 2 工程の計算

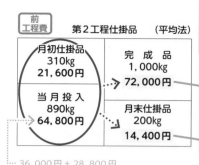

平均単価：
$$\frac{21,600\text{円} + 64,800\text{円}}{310\text{kg} + 890\text{kg}} = @72\text{円}$$

②完成品原価（差額）：
21,600 円 + 64,800 円 − 14,400 円
= 72,000 円

①月末仕掛品原価：
@ 72 円 × 200kg = 14,400 円

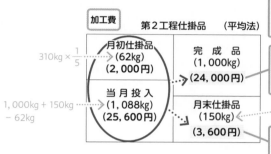

平均単価：
$$\frac{2,000\text{円} + 25,600\text{円}}{62\text{kg} + 1,088\text{kg}} = @24\text{円}$$

②完成品原価（差額）：
2,000 円 + 25,600 円 − 3,600 円
= 24,000 円

①月末仕掛品原価：
@ 24 円 × 150kg = 3,600 円

①	月末仕掛品原価		**6,400**円
②	完 成 品 原 価		**48,000**円
③	完成品単位原価	@	**60**円

◦◦◦◦◦◦◦◦◦◦◦◦◦◦◦◦◦◦◦◦◦◦◦◦◦◦◦◦ 🐾 解 説 🐾 ◦◦◦◦◦◦◦◦◦◦◦◦◦◦◦◦◦◦◦◦◦◦◦◦◦◦◦◦◦

B原料は工程の終点で投入しているため、完成品のみに含まれています。

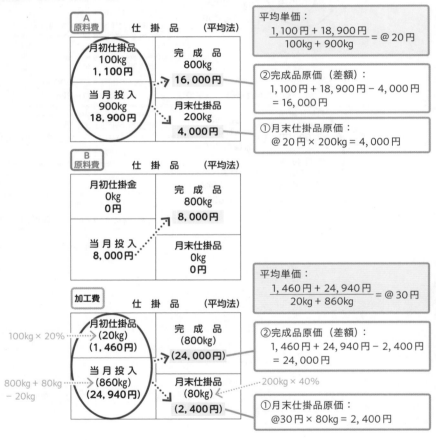

①**月末仕掛品原価**：4,000円 + 0円 + 2,400円 = 6,400円
②**完 成 品 原 価**：16,000円 + 8,000円 + 24,000円 = 48,000円
③**完成品単位原価**：48,000円 ÷ 800kg = @60円

①	月末仕掛品原価		**10,050**円
②	完 成 品 原 価		**55,000**円
③	完成品単位原価	@	**55**円

・・・・・・・・・・・・・・・・・・・・・・・・・・ 🐾 解 説 🐾 ・・・・・・・・・・・・・・・・・・・・・・・・・・

Ｃ原料は加工中平均的に投入しているため、加工費と同様に計算します。

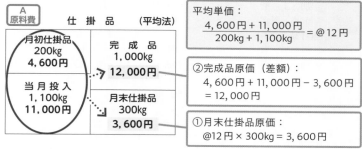

平均単価：
$$\frac{4,600円 + 11,000円}{200kg + 1,100kg} = @12円$$

②完成品原価（差額）：
4,600円 + 11,000円 − 3,600円
= 12,000円

①月末仕掛品原価：
@12円 × 300kg = 3,600円

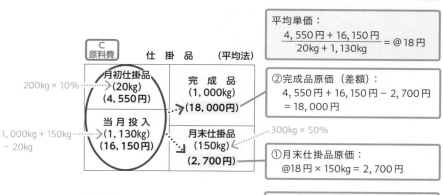

平均単価：
$$\frac{4,550円 + 16,150円}{20kg + 1,130kg} = @18円$$

②完成品原価（差額）：
4,550円 + 16,150円 − 2,700円
= 18,000円

①月末仕掛品原価：
@18円 × 150kg = 2,700円

200kg × 10%

1,000kg + 150kg − 20kg

300kg × 50%

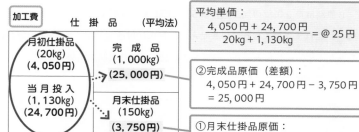

平均単価：
$$\frac{4,050円 + 24,700円}{20kg + 1,130kg} = @25円$$

②完成品原価（差額）：
4,050円 + 24,700円 − 3,750円
= 25,000円

①月末仕掛品原価：
@25円 × 150kg = 3,750円

①月末仕掛品原価：3,600円＋2,700円＋3,750円＝10,050円
②完 成 品 原 価：12,000円＋18,000円＋25,000円＝55,000円
③完成品単位原価：55,000円÷1,000kg＝@55円

解答 **37**

仕掛品－第1工程　　　　　　　　　　（単位：円）

月 初 有 高 ：		次工程振替高：	
原 料 費	15,800	原 料 費	(**313,600**)
加 工 費	5,940	加 工 費	(**444,920**)
小 計	21,740	小 計	(**758,520**)
当月製造費用：		月 末 有 高 ：	
原 料 費	304,200	原 料 費	(**6,400**)
加 工 費	443,520	加 工 費	(**4,540**)
小 計	747,720	小 計	(**10,940**)
	(**769,460**)		(**769,460**)

仕掛品－第2工程　　　　　　　　　　（単位：円）

月 初 有 高 ：		当 月 完 成 高 ：	
前 工 程 費	45,000	前 工 程 費	(**780,000**)
原 料 費	(**0**)	原 料 費	(**312,000**)
加 工 費	50,500	加 工 費	(**936,000**)
小 計	(**95,500**)	小 計	(**2,028,000**)
当月製造費用：		月 末 有 高 ：	
前 工 程 費	(**758,520**)	前 工 程 費	(**23,520**)
原 料 費	321,600	原 料 費	(**9,600**)
加 工 費	903,900	加 工 費	(**18,400**)
小 計	(**1,984,020**)	小 計	(**51,520**)
	(**2,079,520**)		(**2,079,520**)

・・・・・・・・・・・・・・・・・・・・・・・　🐾　解　説　🐾　・・・・・・・・・・・・・・・・・・・・・・・

　B原料は第2工程の加工進捗度50％の時点で追加投入されるため、月初仕掛品（加工進捗度 $\frac{1}{3}$）にはまだ投入されていませんが、月末仕掛品（加工進捗度 $\frac{2}{3}$）には投入されています。したがって、当月投入のB原料費を完成品と月末仕掛品で按分します。

(1)第1工程の計算

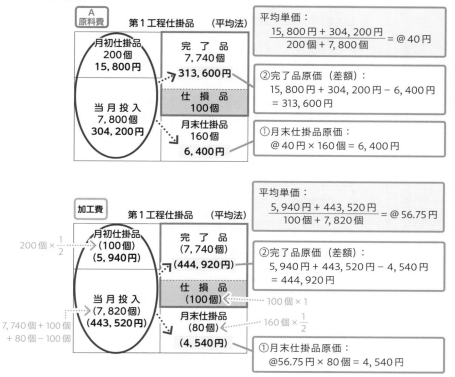

(2)第2工程の計算

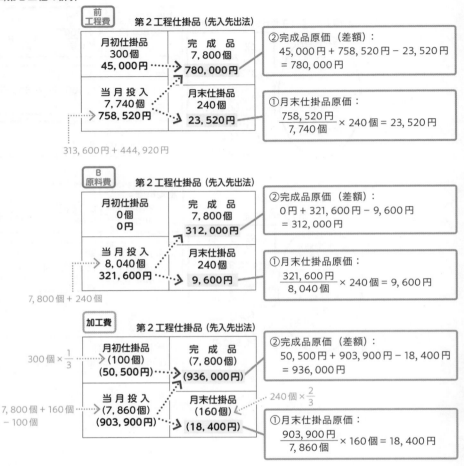

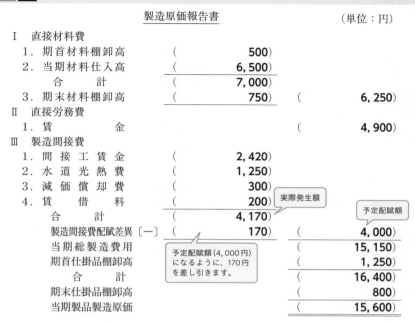

製造原価報告書　　　　　　（単位：円）

Ⅰ　直接材料費
　1．期首材料棚卸高　（　　　　　　500）
　2．当期材料仕入高　（　　　　　6,500）
　　　合　　　計　　（　　　　　7,000）
　3．期末材料棚卸高　（　　　　　　750）（　　　　　6,250）
Ⅱ　直接労務費
　1．賃　　　　　金　　　　　　　　　　　　（　　　　　4,900）
Ⅲ　製造間接費
　1．間 接 工 賃 金　（　　　　　2,420）
　2．水 道 光 熱 費　（　　　　　1,250）
　3．減 価 償 却 費　（　　　　　300）　実際発生額
　4．賃　 借　 料　（　　　　　200）
　　　合　　　計　　（　　　　　4,170）　　　　　　　予定配賦額
　　製造間接費配賦差異〔－〕（　　170）（　　　　　4,000）
　　当期総製造費用　　　　　　　　　　　（　　　　15,150）
　　期首仕掛品棚卸高　予定配賦額（4,000円）（　　　　1,250）
　　　合　　　計　　になるように、170円（　　　　16,400）
　　期末仕掛品棚卸高　を差し引きます。（　　　　　800）
　　当期製品製造原価　　　　　　　　　　（　　　　15,600）

※　〔　〕には＋（有利差異の場合）または－（不利差異の場合）を記入すること。

❀　解　説　❀

(1)直接材料費

500円＋6,500円－750円＝6,250円
　期首有高　当期仕入高　期末有高

(2)直接労務費（直接工賃金）

4,800円－750円＋850円＝4,900円
　当期支払額　期首未払額　期末未払額

(3)製造間接費（実際発生額）

2,300円＋370円－250円＋1,250円＋300円＋200円＝4,170円
　　　　間接工賃金　　　　　　水道光熱費　減価償却費　賃借料

製造原価報告書　　　　　　　　　　　　　　　　　（単位：円）

Ⅰ　材　料　費
　1．期首材料棚卸高　　　　（　　　　　**60,000**）
　2．当期材料仕入高　　　　（　　　**1,560,000**）
　　　　合　　　計　　　　　（　　　**1,620,000**）
　3．期末材料棚卸高　　　　（　　　　　**52,800**）　　（　　　**1,567,200**）
Ⅱ　労　務　費
　1．賃　　　　　金　　　　（　　　**1,080,000**）
　2．給　　　　　料　　　　（　　　　**598,800**）　　（　　　**1,678,800**）
Ⅲ　経　　　費
　1．水 道 光 熱 費　　　　（　　　　　**48,000**）
　2．減 価 償 却 費　　　　（　　　　**360,000**）
　3．賃　　借　　料　　　　（　　　　　**36,000**）
　4．保　　険　　料　　　　（　　　　　**3,600**）　　（　　　　**447,600**）
　　　　合　　　計　　　　　　　　　　　　　　　　　　（　　　**3,693,600**）
　　製造間接費配賦差異　｜期首仕掛品原価でも可｜　　〔－〕（　　　　**59,280**）
　　当 期 総 製 造 費 用　　　　　　　　　　　　　　　（　　　**3,634,320**）
　　（期首仕掛品棚卸高）　｜期末仕掛品原価でも可｜　（　　　　**12,000**）
　　　　合　　　計　　　　　　　　　　　　　　　　　　（　　　**3,646,320**）
　　（期末仕掛品棚卸高）　　　　　　　　　　　　　（　　　　**6,000**）
　　（当期製品製造原価）　　　　　　　　　　　　　（　　　**3,640,320**）

※　製造間接費配賦差異は加算するなら＋、控除するなら－を〔　〕に記入すること。

・・・・・・・・・・・・・・・・・・・・・・・・・・　😺　解　説　😺　・・・・・・・・・・・・・・・・・・・・・・・・・・・・・

(1)材料費（＝直接材料費）

$\underbrace{60,000\text{円}}_{\text{期首有高}}+\underbrace{1,560,000\text{円}}_{\text{当期仕入高}}-\underbrace{52,800\text{円}}_{\text{期末有高}}=1,567,200\text{円}$

(2)労務費

①直接工賃金（＝直接労務費）

$\underbrace{960,000\text{円}}_{\text{当期支払額}}-\underbrace{54,000\text{円}}_{\text{期首未払額}}+\underbrace{33,600\text{円}}_{\text{期末未払額}}=939,600\text{円}$ ─┐

②間接工賃金（＝製造間接費）　　　　　　　　　　　｜賃金1,080,000円｜

$\underbrace{144,000\text{円}}_{\text{当期支払額}}-\underbrace{6,000\text{円}}_{\text{期首未払額}}+\underbrace{2,400\text{円}}_{\text{期末未払額}}=140,400\text{円}$ ─┘

③給料（＝製造間接費）

$\underbrace{600,000\text{円}}_{\text{当期支払額}}-\underbrace{12,000\text{円}}_{\text{期首未払額}}+\underbrace{10,800\text{円}}_{\text{期末未払額}}=598,800\text{円}$

(3)経費（＝製造間接費）

48,000円＋360,000円＋36,000円＋3,600円＝447,600円

(4)製造間接費（実際発生額）

$\underbrace{140,400円}_{間接工賃金}＋\underbrace{598,800円}_{給料}＋\underbrace{447,600円}_{経費合計}＝1,186,800円$

● 59,280円

(5)製造間接費（予定配賦額）

$\underbrace{939,600円}_{直接工賃金}×120\%＝1,127,520円$ ◀

解答 40

本社の仕訳

	借　方　科　目	金　額	貸　方　科　目	金　額
(1)	工　　　　　場	10,000	買　　掛　　金	10,000
(2)	仕　訳　な　し			
(3)	工　　　　　場	8,000	現　　　　　金	8,000
(4)	仕　訳　な　し			
(5)	仕　訳　な　し			
(6)	製　　　　　品	20,000	工　　　　　場	20,000

工場の仕訳

	借　方　科　目	金　額	貸　方　科　目	金　額
(1)	材　　　　　料	10,000	本　　　　　社	10,000
(2)	仕　　掛　　品	5,000	材　　　　　料	8,000
	製　造　間　接　費	3,000		
(3)	賃　　　　　金	8,000	本　　　　　社	8,000
(4)	仕　　掛　　品	6,000	賃　　　　　金	8,000
	製　造　間　接　費	2,000		
(5)	仕　　掛　　品	7,000	製　造　間　接　費	7,000
(6)	本　　　　　社	20,000	仕　　掛　　品	20,000

・・・・・・・・・・・・・・・・・・・・・・・・・・・・　😺　解　説　🐾　・・・・・・・・・・・・・・・・・・・・・・・・・・・

(1)材料は工場の倉庫で受け入れますが、支払いの処理は本社で行われる（買掛金勘定が本社に
　ある）ため、本社では買掛金を計上し、工場では材料の受入れの処理をします。

(2)材料の消費は製造活動なので、工場で処理します。

(3)賃金の支給は工場で処理しますが、現金の支払いは本社で処理します。

(4)賃金の消費は製造活動なので、工場で処理します。

(5)製造間接費の仕掛品勘定への振り替えは工場で処理します。

(6)製品が完成したので、工場では仕掛品勘定から製品勘定に振り替えますが、製品勘定は本社
　にあるので、工場では借方科目を「本社」で処理します。また、本社では製品の受入れの処
　理をします。

解答 **41**

	借 方 科 目	金 額	貸 方 科 目	金 額
(1)	仕 掛 品	3,000	材 料	4,000
	製 造 間 接 費	1,000		
(2)	賃 金	9,000	本 社	9,000
(3)	仕 掛 品	5,000	賃 金	7,000
	製 造 間 接 費	2,000		
(4)	製 造 間 接 費	8,000	本 社	8,000

· 🐾 解 説 🐾 ·

(2)賃金の支払いの処理は本社で行う（工場に現金勘定や未払賃金勘定がない）ので、貸方科目は「本社」で処理します。

(4)工場機械減価償却費は製造間接費として処理しますが、工場に減価償却累計額勘定がないため、貸方科目は「本社」で処理します。

解答 **42**

	借 方		貸 方	
	記 号	金 額	記 号	金 額
(1)	（ア）材 料	40,000	（オ）本 社	40,000
(2)	（カ）賃 金	60,000	（オ）本 社	60,000
(3)	（ウ）製 造 間 接 費	5,000	（エ）設備減価償却累計額	5,000
(4)	（イ）仕 掛 品	25,000	（ア）材 料	35,000
	（ウ）製 造 間 接 費	10,000		
(5)	（イ）仕 掛 品	34,000	（カ）賃 金	46,000
	（ウ）製 造 間 接 費	12,000		
(6)	（イ）仕 掛 品	40,800*	（ウ）製 造 間 接 費	40,800
(7)	（オ）本 社	90,000	（イ）仕 掛 品	90,000
(8)	（オ）本 社	40,000	（イ）仕 掛 品	40,000

*　34,000円 × 120% = 40,800円

· 🐾 解 説 🐾 ·

(2)賃金の支払いの処理は本社で行う（工場に現金勘定や未払賃金勘定がない）ので、貸方科目は「本社」で処理します。

(3)設備減価償却費は製造間接費として処理します。なお、工場に設備減価償却累計額勘定があるため、貸方科目は「設備減価償却累計額」で処理します。

(7)製品が完成したので、仕掛品勘定から製品勘定に振り替えますが、工場に製品勘定がないため、借方科目は「本社」で処理します。

(8)製品の販売は本社が行うため、工場では完成した製品を本社に納入したときの処理のみ行います。

解答 **43**

(1)直接材料費差異（総差異）　　　**4,100**円（**不利**）差異

(2)価格差異　　　**3,100**円（**不利**）差異

(3)数量差異　　　**1,000**円（**不利**）差異

※　（　）には「有利」または「不利」を記入すること。

実際直接材料費：34,100円

実際単価 @11円

標準単価 @10円

(2)価格差異
(@10円 − @11円) × 3,100kg = △3,100円
　　不利差異

(1)直接材料費差異（総差異）
30,000円 − 34,100円
= △4,100円
　　不利差異

標準直接材料費
@10円 × 3,000kg
= 30,000円

(3)数量差異
@10円 ×
(3,000kg − 3,100kg)
= △1,000円
　　不利差異

標準消費量
10kg × 300個（当月投入量）‥‥▶ 3,000kg

実際消費量
3,100kg

(1)直接労務費差異（総差異） **4,300**円（**有利**）差異
(2)賃率差異 **2,800**円（**有利**）差異
(3)時間差異 **1,500**円（**有利**）差異

※ （ ）には「有利」または「不利」を記入すること。

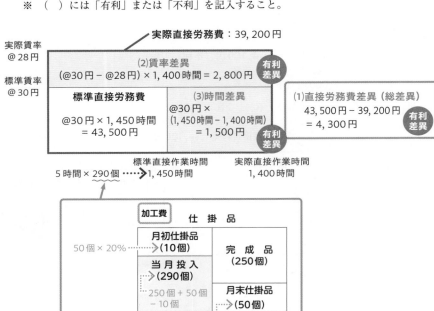

(1)製造間接費差異（総差異）　　　　**500**円（**不利**）差異
(2)予 算 差 異　　　　**500**円（**有利**）差異
(3)操 業 度 差 異　　　**3,000**円（**不利**）差異
(4)能 率 差 異　　　　**2,000**円（**有利**）差異

※　（　）には「有利」または「不利」を記入すること。

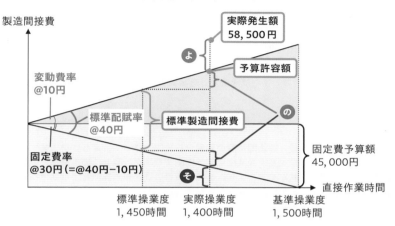

(1)製造間接費差異（総差異）

@40円 × 1,450時間 − 58,500円 = △500円　不利差異
<u>標準製造間接費</u>　<u>実際発生額</u>

(2)予算差異 よ

予算許容額：@10円 × 1,400時間 + 45,000円 = 59,000円
　　　　　　　　<u>変動費予算額</u>　　<u>固定費予算額</u>

予 算 差 異：59,000円 − 58,500円 = 500円　有利差異
　　　　　　　<u>予算許容額</u>　<u>実際発生額</u>

(3)操業度差異 そ

@30円 × (1,400時間 − 1,500時間) = △3,000円　不利差異

(4)能率差異 の

@40円 × (1,450時間 − 1,400時間) = 2,000円　有利差異

問1　直接材料費差異（総差異）　_____**12,000円**（**借方**）差異
　(1)価 格 差 異　　**12,000円**（**貸方**）差異
　(2)数 量 差 異　　**24,000円**（**借方**）差異
問2　直接労務費差異（総差異）　_____**3,440円**（**借方**）差異
　(1)賃 率 差 異　　　　**440円**（**借方**）差異
　(2)時 間 差 異　　**3,000円**（**借方**）差異
問3　製造間接費差異（総差異）　_____**9,450円**（**借方**）差異
　(1)予 算 差 異　　　　　**50円**（**貸方**）差異
　(2)操業度差異　　**4,500円**（**借方**）差異
　(3)能 率 差 異　　**5,000円**（**借方**）差異

　　※　（　）には「貸方」または「借方」を記入すること。

・・・・・・・・・・・・・・・ 🐾 解 説 🐾 ・・・・・・・・・・・・・・・

　直接材料費、直接労務費、製造間接費の差異分析の図を作って計算していきます。
　なお、年間固定費予算額を基準操業度で割って固定費率を計算し、固定費率と変動費率を足して製造間接費の標準配賦率を求めます。また、資料の固定費予算額および基準操業度は年間データであるため、差異分析の図を作るときには、12カ月で割って月間データを用います。

問1　直接材料費差異の分析

問2　直接労務費差異の分析

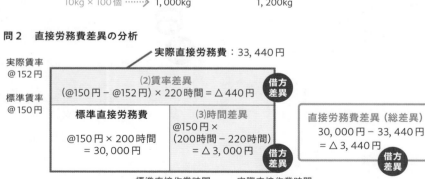

問3 製造間接費差異の分析

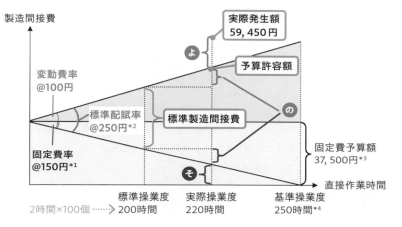

*1　固定費率：$\dfrac{450,000円}{3,000時間}$ ＝＠150円

*2　標準配賦率：＠100円 ＋ ＠150円 ＝ ＠250円

*3　固定費予算額（月間）：$\dfrac{450,000円}{12カ月}$ ＝ 37,500円

*4　基準操業度（月間）：$\dfrac{3,000時間}{12カ月}$ ＝ 250時間

(1)製造間接費差異（総差異）

$\underset{\text{標準製造間接費}}{\underline{@250円 \times 200時間}}$ － $\underset{\text{実際発生額}}{\underline{59,450円}}$ ＝ △9,450円　借方差異

(2)予算差異

予算許容額：$\underset{\text{変動費予算額}}{\underline{@100円 \times 220時間}}$ ＋ $\underset{\text{固定費予算額}}{\underline{37,500円}}$ ＝ 59,500円

予 算 差 異：$\underset{\text{予算許容額}}{\underline{59,500円}}$ － $\underset{\text{実際発生額}}{\underline{59,450円}}$ ＝ 50円　貸方差異

(3)操業度差異

＠150円 ×（220時間 － 250時間）＝ △4,500円　借方差異

(4)能率差異

＠250円 ×（200時間 － 220時間）＝ △5,000円　借方差異

①パーシャル・プランによる仕掛品勘定の記入

仕 掛 品 （単位：円）

月 初 有 高	（ 8,500)	完 成 品 原 価	（ 112,500)
直 接 材 料 費	（ 34,100)	月 末 有 高	（ 27,500)
直 接 労 務 費	（ 39,200)	原 価 差 異	（ 300)
製 造 間 接 費	（ 58,500)		
原 価 差 異	（ ）		
	（ 140,300)		（ 140,300)

※　原価差異は借方または貸方のいずれかに記入すること。

②シングル・プランによる仕掛品勘定の記入

仕 掛 品 （単位：円）

月 初 有 高	（ 8,500)	完 成 品 原 価	（ 112,500)
直 接 材 料 費	（ 30,000)	月 末 有 高	（ 27,500)
直 接 労 務 費	（ 43,500)		
製 造 間 接 費	（ 58,000)		
	（ 140,000)		（ 140,000)

※　原価差異は借方または貸方のいずれかに記入すること。

・・・・・・・・・・・・・・・・・・・・・・・ 🐾 解 説 🐾 ・・・・・・・・・・・・・・・・・・・・・・・

　パーシャル・プランでは、月初仕掛品原価、完成品原価、月末仕掛品原価は標準原価で記入しますが、当月製造費用（直接材料費、直接労務費、製造間接費）は実際原価で記入します。
　一方、シングル・プランでは、仕掛品勘定はすべて標準原価で記入します。

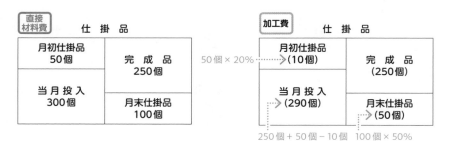

①パーシャル・プランによる仕掛品勘定の記入
　月初有高：@100円×50個＋(@150円＋@200円)×10個＝8,500円
　　　　　　　　直接材料費　　　　　　　加工費

直接材料費：実際原価を記入

直接労務費：実際原価を記入

製造間接費：実際原価を記入

完成品原価：@450円 × 250個 = 112,500円

月末有高：@100円 × 100個 + (@150円 + @200円) × 50個 = 27,500円
　　　　　　　直接材料費　　　　　　　　　加工費

原価差異：貸借差額

②シングル・プランによる仕掛品勘定の記入

月初有高：@100円 × 50個 + (@150円 + @200円) × 10個 = 8,500円
　　　　　　直接材料費　　　　　　　　加工費

直接材料費：@100円 × 300個 = 30,000円

直接労務費：@150円 × 290個 = 43,500円

製造間接費：@200円 × 290個 = 58,000円

完成品原価：@450円 × 250個 = 112,500円

月末有高：@100円 × 100個 + (@150円 + @200円) × 50個 = 27,500円
　　　　　　直接材料費　　　　　　　　加工費

解答 **48**

損益計算書（直接原価計算）		（単位：円）
Ⅰ. 売　上　高		（ 4,000）
Ⅱ. 変動売上原価		
1. 期首製品棚卸高	（ 200）	
2. 当期製品製造原価	（ 1,000）	
合　　　計	（ 1,200）	
3. 期末製品棚卸高	（ 100）	（ 1,100）
変動製造マージン		（ 2,900）
Ⅲ. 変動販売費		（ 500）
貢献利益		（ 2,400）
Ⅳ. 固　　定　　費		
1. 固定製造原価	（ 800）	
2. 固定販売費	（ 400）	
3. 固定一般管理費	（ 300）	（ 1,500）
営　業　利　益		（ 900）

①全部原価計算による損益計算書

損益計算書（全部原価計算）　（単位：円）

Ⅰ. 売　上　高	(**10,000**[*1])
Ⅱ. 売　上　原　価	(**6,000**[*2])
売　上　総　利　益	(**4,000**)
Ⅲ. 販売費及び一般管理費	(**2,300**[*3])
営　業　利　益	(**1,700**)

＊1　@100円 × 100個 = 10,000円

＊2　$\underset{\text{変動製造原価}}{\underline{@40円 × 100個}} + \underset{\text{生産量}}{\underline{\dfrac{2,000円}{100個}}} × \overset{\text{販売量}}{100個} = 6,000円$

固定製造原価

＊3　$\underset{\text{変動販売費}}{\underline{@10円 × 100個}} + \underset{\text{固定販売費}}{\underline{600円}} + \underset{\text{一般管理費}}{\underline{700円}} = 2,300円$

②直接原価計算による損益計算書

損益計算書（直接原価計算）　（単位：円）

Ⅰ. 売　上　高		(**10,000**[*1])
Ⅱ. 変動売上原価		(**4,000**[*2])
変動製造マージン		(**6,000**)
Ⅲ. 変動販売費		(**1,000**[*3])
貢　献　利　益		(**5,000**)
Ⅳ. 固　　定　　費		
1. 固定製造原価	(**2,000**[*4])	
2. 固定販売費	(**600**)	
3. 固定一般管理費	(**700**)	(**3,300**)
営　業　利　益		(**1,700**)

＊1　@100円 × 100個 = 10,000円

＊2　@40円 × 100個 = 4,000円

＊3　@10円 × 100個 = 1,000円

＊4　期間総額

損益計算書（全部原価計算）　　　　（単位：円）

	第 1 期	第 2 期
売　上　高	(150,000)	(165,000)
売　上　原　価	(80,000)	(79,750)
売　上　総　利　益	(70,000)	(85,250)
販売費・一般管理費	(50,000)	(52,250)
営　業　利　益	(20,000)	(33,000)

損益計算書（直接原価計算）　　　　（単位：円）

	第 1 期	第 2 期
売　上　高	(150,000)	(165,000)
変動売上原価	(35,000)	(38,500)
変動製造マージン	(115,000)	(126,500)
変動販売費	(22,500)	(24,750)
貢　献　利　益	(92,500)	(101,750)
固　定　費	(72,500)	(72,500)
営　業　利　益	(20,000)	(29,250)

・・・・・・・・・・・・・・・・・・・・・・・　🐾　解　説　🐾　・・・・・・・・・・・・・・・・・・・・・・・

全部原価計算と直接原価計算では、固定製造原価の扱いが異なります。
全部原価計算では1個あたりの固定製造原価に販売数量を掛けた金額を売上原価として計上しますが、直接原価計算では発生額（期間総額）を期間費用として計上します。

⑴全部原価計算による損益計算書

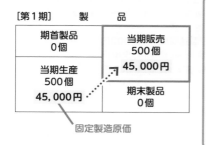

売　上　高：@300円×500個＝150,000円
売　上　原　価：
　変動売上原価：@70円×500個＝35,000円
　固定売上原価：　　　　　　　　**45,000円**
　　　　　　　　　　　　　　　　80,000円
販売費及び一般管理費：
　変動販売費：@45円×500個＝22,500円
　固定販売費：　　　　　　　　　14,500円
　一般管理費：　　　　　　　　　13,000円
　　　　　　　　　　　　　　　　50,000円

[第2期] 製 品

期首製品 0個	当期販売 550個 **41,250円**
当期生産 600個 **45,000円**	期末製品 50個

固定製造原価

$$\frac{45,000円}{600個} \times 550個 = 41,250円$$

売　上　高：@300円×550個＝165,000円
売上原価：
　変動売上原価：@70円×550個＝38,500円
　固定売上原価：　　　　　　　**41,250円**
　　　　　　　　　　　　　　　　79,750円

販売費及び一般管理費：
　変動販売費：@45円×550個＝24,750円
　固定販売費：　　　　　　　　14,500円
　一般管理費：　　　　　　　　13,000円
　　　　　　　　　　　　　　　52,250円

(2)直接原価計算による損益計算書

[第1期] 製 品

期首製品 0個	当期販売 500個
当期生産 500個 **45,000円**	期末製品 0個

固定製造原価

売　上　高：@300円×500個＝150,000円
変動売上原価：@70円×500個＝35,000円
変動販売費：@45円×500個＝22,500円
固　定　費：
　固定製造原価：**45,000円**
　固定販売費：14,500円
　一般管理費：13,000円
　　　　　　　72,500円

[第2期] 製 品

期首製品 0個	当期販売 550個
当期生産 600個 **45,000円**	期末製品 50個

固定製造原価

売　上　高：@300円×550個＝165,000円
変動売上原価：@70円×550個＝38,500円
変動販売費：@45円×550個＝24,750円
固　定　費：
　固定製造原価：**45,000円**
　固定販売費：14,500円
　一般管理費：13,000円
　　　　　　　72,500円

問1

(単位:円)

	第1期	第2期	第3期
全部原価計算の営業利益	1,850,000	450,000	1,538,000
直接原価計算の営業利益	1,850,000	50,000	1,490,000

問2

　　第2期末の貸借対照表の製品有高は（全部原価計算の場合）、直接原価計算の場合）
のほうが、**400,000** 円だけ多い。

　※　（　）内は正しいほうの語句に◯をつけること。

・・・・・・・・・・・・・・・・・・・・・・・・・🐾　解　説　🐾　・・・・・・・・・・・・・・・・・・・・・・・・・・・・・・・・・・

問1　全部原価計算と直接原価計算の営業利益

　全部原価計算による損益計算書と直接原価計算による損益計算書を作成すると次のとおりです。

⑴全部原価計算による損益計算書

損益計算書（全部原価計算）　　　　　　（単位:円）

	第 1 期	第 2 期	第 3 期
売 上 高	6,400,000	3,200,000	5,760,000
売 上 原 価	4,000,000	2,200,000	3,672,000
売 上 総 利 益	2,400,000	1,000,000	2,088,000
販売費・一般管理費	550,000	550,000	550,000
営 業 利 益	1,850,000	450,000	1,538,000

[第1期]　　　製　　品　　（平均法）

期首製品 0個	当期販売 2,000個 1,200,000円
当期生産 2,000個 1,200,000円	期末製品 0個

固定製造原価

売　上　高：@3,200円 × 2,000個 = 6,400,000円
売　上　原　価：
　変動売上原価：（@800円 + @600円）× 2,000個
　　　　　　　　　　　　　　= 2,800,000円
　固定売上原価：　　　　　　**1,200,000円**
　　　　　　　　　　　　　　4,000,000円
販売費及び一般管理費：550,000円

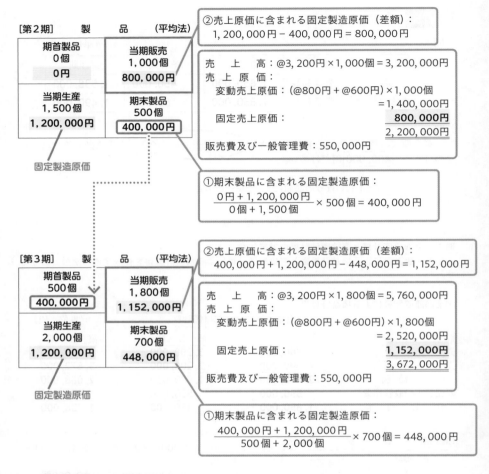

②売上原価に含まれる固定製造原価（差額）：
1,200,000円 − 400,000円 = 800,000円

[第2期] 　製　　品　 （平均法）

| 期首製品 0個 0円 | 当期販売 1,000個 800,000円 |
| 当期生産 1,500個 1,200,000円 | 期末製品 500個 400,000円 |

固定製造原価

売　上　高：@3,200円×1,000個 = 3,200,000円
売　上　原価：
　変動売上原価：（@800円 + @600円）×1,000個
　　　　　　　　 = 1,400,000円
　固定売上原価：　　　　　　　　 800,000円
　　　　　　　　　　　　　　　　 2,200,000円
販売費及び一般管理費：550,000円

①期末製品に含まれる固定製造原価：
$$\frac{0円 + 1,200,000円}{0個 + 1,500個} × 500個 = 400,000円$$

[第3期] 　製　　品　 （平均法）

②売上原価に含まれる固定製造原価（差額）：
400,000円 + 1,200,000円 − 448,000円 = 1,152,000円

| 期首製品 500個 400,000円 | 当期販売 1,800個 1,152,000円 |
| 当期生産 2,000個 1,200,000円 | 期末製品 700個 448,000円 |

固定製造原価

売　上　高：@3,200円×1,800個 = 5,760,000円
売　上　原価：
　変動売上原価：（@800円 + @600円）×1,800個
　　　　　　　　 = 2,520,000円
　固定売上原価：　　　　　　　 1,152,000円
　　　　　　　　　　　　　　　 3,672,000円
販売費及び一般管理費：550,000円

①期末製品に含まれる固定製造原価：
$$\frac{400,000円 + 1,200,000円}{500個 + 2,000個} × 700個 = 448,000円$$

(2)直接原価計算による損益計算書

損益計算書（直接原価計算）　　　　　　　（単位：円）

	第 1 期	第 2 期	第 3 期
売　上　高	6,400,000	3,200,000	5,760,000
変動売上原価	2,800,000	1,400,000	2,520,000
貢　献　利　益	3,600,000	1,800,000	3,240,000
固　定　費	1,750,000	1,750,000	1,750,000
営　業　利　益	1,850,000	50,000	1,490,000

[第1期]　　製　　品　　（平均法）

期首製品 0個	当期販売 2,000個
当期生産 2,000個 **1,200,000円**	
	期末製品 0個

↳固定製造原価

売　上　高：@3,200円×2,000個=6,400,000円
変動売上原価：（@800円＋@600円）×2,000個
　　　　　　　　　　　　　　　＝2,800,000円
固　定　費：
　固 定 製 造 原 価：**1,200,000円**
　販売費及び一般管理費：　　550,000円
　　　　　　　　　　　　　1,750,000円

[第2期]　　製　　品　　（平均法）

期首製品 0個	当期販売 1,000個
当期生産 1,500個 **1,200,000円**	
	期末製品 500個

↳固定製造原価

売　上　高：@3,200円×1,000個=3,200,000円
変動売上原価：（@800円＋@600円）×1,000個
　　　　　　　　　　　　　　　＝1,400,000円
固　定　費：
　固 定 製 造 原 価：**1,200,000円**
　販売費及び一般管理費：　　550,000円
　　　　　　　　　　　　　1,750,000円

[第3期]　　製　　品　　（平均法）

期首製品 500個	当期販売 1,800個
当期生産 2,000個 **1,200,000円**	
	期末製品 700個

↳固定製造原価

売　上　高：@3,200円×1,800個=5,760,000円
変動売上原価：（@800円＋@600円）×1,800個
　　　　　　　　　　　　　　　＝2,520,000円
固　定　費：
　固 定 製 造 原 価：**1,200,000円**
　販売費及び一般管理費：　　550,000円
　　　　　　　　　　　　　1,750,000円

問2　第2期末の製品有高

　第2期の生産量は1,500個、期末製品在庫数量は500個です。したがって、全部原価計算によると固定製造原価1,200,000円のうち500個分が期末製品に配賦されるので、その金額だけ直接原価計算に比べて製品有高が多くなります。

　期末製品に配賦される固定製造原価：$\dfrac{1,200,000円}{1,500個}$×500個=400,000円

問1	売 上 高	**300,000**円	販 売 量	**500**個
問2	売 上 高	**465,000**円	販 売 量	**775**個
問3	売 上 高	**450,000**円	販 売 量	**750**個
問4	安全余裕率	**70**%		

• • • • • • • • • • • • • • • • • • • 🐾 解 説 🐾 •

問1 損益分岐点の売上高と販売量

販売量を X とする場合

損益計算書（直接原価計算）
Ⅰ. 売 上 高	600X
Ⅱ. 変 動 費	240X
貢 献 利 益	360X
Ⅲ. 固 定 費	180,000
営 業 利 益	0

(1)販売量
 $360X - 180,000 = 0$
 $X = 500$（個）
(2)売上高
 @600円 × 500個 = 300,000円

売上高を S とする場合

損益計算書（直接原価計算）
Ⅰ. 売 上 高	S
Ⅱ. 変 動 費	0.4S
貢 献 利 益	0.6S
Ⅲ. 固 定 費	180,000
営 業 利 益	0

変動費率：$\dfrac{@240円}{@600円} = 0.4$

(1)売上高
 $0.6S - 180,000 = 0$
 $S = 300,000$（円）
(2)販売量
 300,000円 ÷ @600円 = 500個

問2 目標営業利益を達成する売上高と販売量

販売量を X とする場合

損益計算書（直接原価計算）
Ⅰ. 売 上 高	600X
Ⅱ. 変 動 費	240X
貢 献 利 益	360X
Ⅲ. 固 定 費	180,000
営 業 利 益	99,000

(1)販売量
 $360X - 180,000 = 99,000$
 $X = 775$（個）
(2)売上高
 @600円 × 775個 = 465,000円

売上高をSとする場合

損益計算書（直接原価計算）	
Ⅰ．売　上　高	S
Ⅱ．変　動　費	0.4 S
貢　献　利　益	0.6 S
Ⅲ．固　定　費	180,000
営　業　利　益	99,000

(1)売上高
0.6 S − 180,000 = 99,000
S = 465,000（円）

(2)販売量
465,000円 ÷ @600円 = 775個

問3　目標営業利益率を達成する売上高と販売量

販売量をXとする場合

損益計算書（直接原価計算）	
Ⅰ．売　上　高	600X
Ⅱ．変　動　費	240X
貢　献　利　益	360X
Ⅲ．固　定　費	180,000
営　業　利　益	0.2×600X

(1)販売量
360 X − 180,000 = 0.2 × 600 X
X = 750（個）

(2)売上高
@600円 × 750個 = 450,000円

売上高をSとする場合

損益計算書（直接原価計算）	
Ⅰ．売　上　高	S
Ⅱ．変　動　費	0.4 S
貢　献　利　益	0.6 S
Ⅲ．固　定　費	180,000
営　業　利　益	0.2 S

(1)売上高
0.6 S − 180,000 = 0.2 S
S = 450,000（円）

(2)販売量
450,000円 ÷ @600円 = 750個

問4　安全余裕率

損益分岐点の売上高

$$\frac{1,000,000円 - \boxed{300,000円}}{1,000,000円} \times 100（\%） = 70\%$$

問1	売 上 高	**1,000,000円**	販 売 量	**1,000**個
問2	売 上 高	**1,900,000円**	販 売 量	**1,900**個
問3	売 上 高	**1,500,000円**	販 売 量	**1,500**個
問4	売 上 高	**750,000円**	販 売 量	**750**個

・・・・・・・・・・・・・・・・・・・・・・・ 🐾 解 説 🐾 ・・・・・・・・・・・・・・・・・・・・・・・

問1　損益分岐点の売上高と販売量

製品1個あたりの変動費：@500円 + @200円 = @700円

固定費：200,000 + 100,000円 = 300,000円

販売量をXとする場合

損益計算書（直接原価計算）

Ⅰ. 売 上 高	1,000X
Ⅱ. 変 動 費	700X
貢 献 利 益	300X
Ⅲ. 固 定 費	300,000
営 業 利 益	0

(1)販売量

$$300X - 300,000 = 0$$
$$X = 1,000 \ (個)$$

(2)売上高

$$@1,000円 \times 1,000個 = 1,000,000円$$

売上高をSとする場合

損益計算書（直接原価計算）

Ⅰ. 売 上 高	S
Ⅱ. 変 動 費	0.7S
貢 献 利 益	0.3S
Ⅲ. 固 定 費	300,000
営 業 利 益	0

変動費率：$\dfrac{@700円}{@1,000円} = 0.7$

(1)売上高

$$0.3S - 300,000 = 0$$
$$S = 1,000,000 \ (円)$$

(2)販売量

$$1,000,000円 \div @1,000円 = 1,000個$$

問2　目標営業利益を達成する売上高と販売量

販売量をXとする場合

損益計算書（直接原価計算）

Ⅰ. 売 上 高	1,000X
Ⅱ. 変 動 費	700X
貢 献 利 益	300X
Ⅲ. 固 定 費	300,000
営 業 利 益	270,000

(1)販売量

$$300X - 300,000 = 270,000$$
$$X = 1,900 \ (個)$$

(2)売上高

$$@1,000円 \times 1,900個 = 1,900,000円$$

売上高をSとする場合

損益計算書（直接原価計算）	
Ⅰ．売　上　高	S
Ⅱ．変　動　費	0.7 S
貢　献　利　益	0.3 S
Ⅲ．固　定　費	300,000
営　業　利　益	270,000

(1)売上高

$0.3S - 300,000 = 270,000$

$S = 1,900,000$（円）

(2)販売量

$1,900,000$円 $\div$ @$1,000$円 $= 1,900$個

問3　目標営業利益率を達成する売上高と販売量

販売量をXとする場合

損益計算書（直接原価計算）	
Ⅰ．売　上　高	1,000X
Ⅱ．変　動　費	700X
貢　献　利　益	300X
Ⅲ．固　定　費	300,000
営　業　利　益	0.1×1,000X

(1)販売量

$300X - 300,000 = 0.1 \times 1,000X$

$X = 1,500$（個）

(2)売上高

@$1,000$円 $\times 1,500$個 $= 1,500,000$円

売上高をSとする場合

損益計算書（直接原価計算）	
Ⅰ．売　上　高	S
Ⅱ．変　動　費	0.7 S
貢　献　利　益	0.3 S
Ⅲ．固　定　費	300,000
営　業　利　益	0.1 S

(1)売上高

$0.3S - 300,000 = 0.1S$

$S = 1,500,000$（円）

(2)販売量

$1,500,000$円 $\div$ @$1,000$円 $= 1,500$個

問4　条件が変わったときの損益分岐点の売上高と販売量

製品1個あたりの変動費：@400円＋@200円＝@600円

販売量をXとする場合

損益計算書（直接原価計算）	
Ⅰ．売　上　高	1,000X
Ⅱ．変　動　費	600X
貢　献　利　益	400X
Ⅲ．固　定　費	300,000
営　業　利　益	0

(1)販売量

$400X - 300,000 = 0$

$X = 750$（個）

(2)売上高

@$1,000$円 $\times 750$個 $= 750,000$円

損益計算書（直接原価計算）	
Ⅰ. 売 上 高	S
Ⅱ. 変 動 費	0.6 S
貢 献 利 益	0.4 S
Ⅲ. 固 定 費	300,000
営 業 利 益	0

変動費率：$\dfrac{@600円}{@1,000円} = 0.6$

(1)売上高
0.4 S − 300,000 = 0
S = 750,000（円）

(2)販売量
750,000円 ÷ @1,000円 = 750個

解答 54

問1	**3,500,000**円
問2	**4,250**個
問3	**5,600**個
問4	**300,000**円

················· 🐾 解 説 🐾 ·································

問1 損益分岐点の売上高

製品1個あたりの変動費：@1,000円 + @300円 = @1,300円
固定費：1,000,000円 + 225,000円 = 1,225,000円

販売量をXとする場合

損益計算書（直接原価計算）	
Ⅰ. 売 上 高	2,000X
Ⅱ. 変 動 費	1,300X
貢 献 利 益	700X
Ⅲ. 固 定 費	1,225,000
営 業 利 益	0

販売量：700 X − 1,225,000 = 0
X = 1,750（個）
売上高：@2,000円 × 1,750個 = 3,500,000円

売上高をSとする場合

損益計算書（直接原価計算）	
Ⅰ. 売 上 高	S
Ⅱ. 変 動 費	0.65 S
貢 献 利 益	0.35 S
Ⅲ. 固 定 費	1,225,000
営 業 利 益	0

変動費率：$\dfrac{@1,300円}{@2,000円} = 0.65$

売上高：0.35 S − 1,225,000 = 0
S = 3,500,000（円）

問2　目標営業利益を達成する販売量

販売量をXとする場合

損益計算書（直接原価計算）	
Ⅰ．売　上　高	2,000X
Ⅱ．変　動　費	1,300X
貢　献　利　益	700X
Ⅲ．固　定　費	1,225,000
営　業　利　益	1,750,000

販売量：700 X − 1,225,000 = 1,750,000
　　　　　X = 4,250（個）

売上高をSとする場合

損益計算書（直接原価計算）	
Ⅰ．売　上　高	S
Ⅱ．変　動　費	0.65 S
貢　献　利　益	0.35 S
Ⅲ．固　定　費	1,225,000
営　業　利　益	1,750,000

売上高：0.35 S − 1,225,000 = 1,750,000
　　　　　S = 8,500,000（円）
販売量：8,500,000円 ÷ @2,000円 = 4,250個

問3　変動売上原価が20%増加したときに当期と同額の営業利益を達成する販売量

製品1個あたりの変動費：@1,000円 × 1.2 + @300円 = @1,500円

販売量をXとする場合

損益計算書（直接原価計算）	
Ⅰ．売　上　高	2,000X
Ⅱ．変　動　費	1,500X
貢　献　利　益	500X
Ⅲ．固　定　費	1,225,000
営　業　利　益	1,575,000

販売量：500 X − 1,225,000 = 1,575,000
　　　　　X = 5,600（個）

売上高をSとする場合

損益計算書（直接原価計算）	
Ⅰ．売　上　高	S
Ⅱ．変　動　費	0.75 S
貢　献　利　益	0.25 S
Ⅲ．固　定　費	1,225,000
営　業　利　益	1,575,000

変動費率：$\dfrac{@1,500円}{@2,000円} = 0.75$

売　上　高：0.25 S − 1,225,000 = 1,575,000
　　　　　　S = 11,200,000（円）
販　売　量：11,200,000円 ÷ @2,000円 = 5,600個

問4　固定費の削減額

製品1個あたりの変動費が@1,500円（@1,000円×1.2＋@300円）、販売量が5,000個の場合で、営業利益1,575,000円を達成するための固定費額をX円として計算します。

売　上　高：@2,000円×5,000個＝10,000,000円
変　動　費：@1,500円×5,000個＝　7,500,000円
貢献利益：　　　　　　　　　　　2,500,000円
固　定　費：　　　　　　　　　　　　　X円
営業利益：　　　　　　　　　　1,575,000円

2,500,000円－X円＝1,575,000円
X＝925,000（円）

したがって、削減すべき固定費は300,000円（1,225,000円－925,000円）となります。

解答 55

問1	**11,250万円**
問2	**1,100万円**
問3	**10,500万円**
問4	**1,250万円**
問5	**10**

·· 🐾 解　説 🐾 ··

本問は製品1個あたりの単価等の記載がないため、売上高をSとして計算する方法で求めます。

問1　損益分岐点の売上高

損益計算書（直接原価計算）
I．売　上　高　　　　　S
II．変　動　費　　　　0.6S
　　貢献利益　　　　　0.4S
III．固　定　費　　　4,500
　　営業利益　　　　　　0

変　動　費：7,000万円＋500万円＝7,500万円

変動費率：$\dfrac{7,500万円}{12,500万円}=0.6$

損益分岐点の売上高：0.4S－4,500＝0
　　　　　　　　　　S＝11,250（万円）

問2　売上高が14,000万円のときの営業利益

損益計算書（直接原価計算）
I．売　上　高　　　　S ←—14,000
II．変　動　費　　　　0.6S
　　貢献利益　　　　　0.4S
III．固　定　費　　　4,500
　　営業利益　　　　　　?

営業利益：0.4×14,000－4,500＝1,100（万円）

問3　固定費を300万円削減したときの損益分岐点の売上高

損益計算書（直接原価計算）	
Ⅰ．売　上　高	S
Ⅱ．変　動　費	0.6 S
貢　献　利　益	0.4 S
Ⅲ．固　定　費	4,200
営　業　利　益	0

削減後の固定費：
4,500万円 − 300万円 = 4,200万円
損益分岐点の売上高：0.4 S − 4,200 = 0
　　　　　　　　　　　　　S = 10,500（万円）

問4　変動費を625万円削減したときの損益分岐点の売上高の減少額

損益計算書（直接原価計算）	
Ⅰ．売　上　高	S
Ⅱ．変　動　費	0.55 S
貢　献　利　益	0.45 S
Ⅲ．固　定　費	4,500
営　業　利　益	0

削減後の変動費：7,500万円 − 625万円 = 6,875万円
変動費率：$\dfrac{6,875万円}{12,500万円} = 0.55$
損益分岐点の売上高：0.45 S − 4,500 = 0
　　　　　　　　　　　　　S = 10,000（万円）
損益分岐点の売上高の減少額：
　11,250万円 − 10,000万円 = 1,250万円

問5　経営レバレッジ係数

経営レバレッジ係数：$\dfrac{5,000万円}{500万円} = 10$

解答 56

(1)製品1個あたりの変動費	@	**80**円
(2)月　間　の　固　定　費		**1,000**円

- 😺 解　説 😺 -

　最高生産量（42個）のときの原価（4,360円）と最低生産量（23個）のときの原価（2,840円）から製品1個あたりの変動費と月間の固定費を計算します。

(1)製品1個あたりの変動費

$$\frac{4,360円 − 2,840円}{42個 − 23個} = @80円$$

(2)月間の固定費

4,360円 − @80円 × 42個 = 1,000円　または　2,840円 − @80円 × 23個 = 1,000円
<u>最高点の総原価</u>　<u>最高点の変動費</u>　　　　　　　　　　　<u>最低点の総原価</u>　<u>最低点の変動費</u>

問題編

解答・解説

問1	最 大 の 売 上 高	**3,150,000**円
	最 小 の 売 上 高	**2,250,000**円
問2	製品1個あたりの変動費	**260**円／個
	月 間 の 固 定 費	**1,200,000**円
問3	**2,500,000**円	

·· 🐾 解 説 🐾 ··

問1 正常操業圏における最大の売上高と最小の売上高

　正常操業圏は月間生産量が4,500個から6,300個です。したがって、正常操業圏内で最大の生産・販売量は4月の6,300個、最小の生産・販売量は2月の4,500個となります。

　最大の売上高：@500円 × 6,300個 = 3,150,000円

　最小の売上高：@500円 × 4,500個 = 2,250,000円

問2 高低点法による原価の固変分解

製品1個あたりの変動費：$\dfrac{2,838,000円 - 2,370,000円}{6,300個 - 4,500個}$ = @260円

月間の固定費：$\underline{2,838,000円}$ − $\underline{@260円 × 6,300個}$ = 1,200,000円
　　　　　　　最高点の総原価　　最高点の変動費

またば

$\underline{2,370,000円}$ − $\underline{@260円 × 4,500個}$ = 1,200,000円
最低点の総原価　　最低点の変動費

問3 損益分岐点の売上高

販売量をXとする場合

損益計算書（直接原価計算）	
Ⅰ．売 上 高	500X
Ⅱ．変 動 費	260X
貢 献 利 益	240X
Ⅲ．固 定 費	1,200,000
営 業 利 益	0

販売量：240X − 1,200,000 = 0
　　　　X = 5,000（個）

売上高：@500円 × 5,000個 = 2,500,000円

売上高をSとする場合

損益計算書（直接原価計算）	
Ⅰ．売 上 高	S
Ⅱ．変 動 費	0.52S
貢 献 利 益	0.48S
Ⅲ．固 定 費	1,200,000
営 業 利 益	0

変動費率：$\dfrac{@260円}{@500円}$ = 0.52

売 上 高：0.48S − 1,200,000 = 0
　　　　　S = 2,500,000（円）

売上高差異	**3,200**円	（**不利**）差異
販売価格差異	**8,200**円	（**不利**）差異
販売数量差異	**5,000**円	（**有利**）差異

※　（　　）内には「有利」または「不利」を記入すること。

・・・・・・・・・・・・・・・・・・・・・・・・・・・・・　🐾　解　説　🐾　・・・・・・・・・・・・・・・・・・・・・・・・・・・・

予算売上高：@ 500円 × 400個 = 200,000円
実績売上高：@ 480円 × 410個 = 196,800円
売上高差異：196,800円 − 200,000円 = △3,200円（不利差異）
販売価格差異：（@ 480円 − @ 500円）× 410個 = △8,200円（不利差異）
販売数量差異：@ 500円 ×（410個 − 400個）= 5,000円（有利差異）

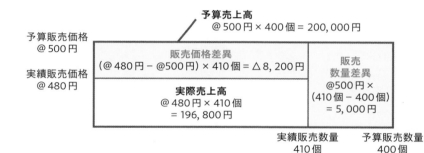

チェックテスト

解答・解説

	借　　　方		貸　　　方	
	記　　号	金　　額	記　　号	金　　額
1	（イ）　その他有価証券	5,000	（エ）　その他有価証券評価差額金	3,500
			（キ）　繰延税金負債	1,500
2	（キ）法人税、住民税及び事業税	280,000	（カ）　未払法人税等	280,000
3	（ウ）　買　　掛　　金	80,000	（カ）　電子記録債権	200,000
	（オ）　当　座　預　金	110,000		
	（エ）　電子記録債権売却損	10,000 *1		
4	（オ）非支配株主に帰属する当期純利益	90,000	（ウ）　非支配株主持分	90,000
5	（ア）　貯　　蔵　　品	280,000	（イ）　備　　　品	450,000
	（エ）　減　価　償　却　費	112,500 *2		
	（カ）　固定資産除却損	57,500 *3		

* 1　貸借差額
* 2　450,000円 × 0.25 = 112,500円
* 3　貸借差額

★採点基準★
仕訳1組につき4点

・・・・・・・・・・・・・・・・・・・・・・・・・・　解　説　・・・・・・・・・・・・・・・・・・・・・・・・・・

1．長期保有目的で所有する有価証券は、**その他有価証券（資産）**として決算時の時価で評価替えをします。評価差額については**その他有価証券評価差額金（純資産）**で処理し、税効果会計を適用します。なお、税効果の金額は**その他有価証券評価差額金（純資産）**で調整します。

取得原価：@800円 × 200株 + 1,000円 = 161,000円
評価差額：@830円 × 200株 − 161,000円 = 5,000円（評価差益）
　　　　　　時価
税効果の金額：5,000円 × 30% = 1,500円

評価替えの仕訳：（その他有価証券）　　　5,000　（その他有価証券評価差額金）　　5,000
税効果の仕訳：（その他有価証券評価差額金）　1,500　（繰延税金負債）　　　　　　1,500

2．課税所得を算定するさい、損金不算入額は税引前当期純利益に加算します。
課税所得：500,000円 + 200,000円 = 700,000円
法人税、住民税及び事業税：700,000円 × 40% = 280,000円

3．電子記録債権の譲渡記録をしたときは、**電子記録債権（資産）**を減少させます。なお、換金代金を得るための譲渡による電子記録債権の債権金額（120,000円）と譲渡金額（110,000円）との差額は**電子記録債権売却損（費用）**で処理します。

4．子会社の当期純損益のうち、非支配株主に帰属する部分を**非支配株主持分**に振り替えます。なお、借方は**非支配株主に帰属する当期純利益**で処理します。

非支配株主持分：100% − 70% = 30%
　　　　　　　　　　親会社持分
非支配株主に帰属する当期純利益：300,000円 × 30% = 90,000円
　　　　　　　　　　　　　　　子会社の　　　非支配
　　　　　　　　　　　　　　　当期純利益　株主持分

5．直接法で記帳しているため、帳簿価額（450,000円）を減額します。また、当期末に除却しているので、当期分の減価償却費を計上します。なお、処分価値は**貯蔵品（資産）**で処理します。

第**2**問 20点

株 主 資 本 等 変 動 計 算 書
自×5年4月1日　至×6年3月31日　　　　　（単位：千円）

	株　　　主　　　資　　　本			
	資　本　金	資　本　剰　余　金		
		資本準備金	その他資本剰余金	資本剰余金合計
当 期 首 残 高	75,000	9,000	0	9,000
当 期 変 動 額				
剰余金の配当等				
吸 収 合 併	(15,000)	(10,000)	(6,200)	(❹ 16,200)
当 期 純 利 益				
当 期 変 動 額 合 計	(15,000)	(10,000)	(6,200)	(16,200)
当 期 末 残 高	(90,000)	(19,000)	(6,200)	(25,200)

下段へ続く

上段より続く

	株　　　主　　　資　　　本					
	利　　益　　剰　　余　　金					株主資本合　　計
	利益準備金	その他利益剰余金			利益剰余金合　計	
		新築積立金	別途積立金	繰越利益剰余金		
当 期 首 残 高	3,500	0	450	10,000	13,950	97,950
当 期 変 動 額						
剰余金の配当等	(❹ 360)	(700)		(❹ −4,660)	(−3,600)	(−3,600)
吸 収 合 併						31,200
当 期 純 利 益				(❹ 1,600)	(1,600)	(1,600)
当 期 変 動 額 合 計	(360)	(❹ 700)	0	(−3,060)	(−2,000)	(29,200)
当 期 末 残 高	(3,860)	(700)	450	(6,940)	(11,950)	(127,150)

★採点基準★
●数字…配点

チェックテスト

解答・解説

109

〔資料〕2〜4について、仕訳をし、株主資本等変動計算書の当期変動額欄を埋めます。
　なお、株主資本等変動計算書には純資産項目の増減のみ記載するので、仕訳で純資産の勘定科目以外の勘定科目が出てきても、これらの金額は無視します。

1．剰余金の配当等〔資料〕2

配当金：@120円 × 30,000株 = 3,600千円

利益準備金積立額：① $\underset{資本金}{75,000千円} \times \dfrac{1}{4} - (\underset{資本準備金}{9,000千円} + \underset{利益準備金}{3,500千円}) = 6,250千円$

② $\underset{配当金}{3,600千円} \times \dfrac{1}{10} = 360千円$

③① ＞ ② より ② 360千円

（繰越利益剰余金）	4,660	（未 払 配 当 金）	3,600
		（利 益 準 備 金）	360
		（新 築 積 立 金）	700

2．吸収合併〔資料〕3

（諸　　資　　産）	180,000	（諸　　　負　　　債）	148,800
		（資　　　本　　　金）	15,000
		（資 本 準 備 金）	10,000
		（その他資本剰余金）	6,200

3．当期純利益の計上〔資料〕4

（損　　　　　　益）	1,600	（繰越利益剰余金）	1,600

損　益　計　算　書
自×6年4月1日　至×7年3月31日　　　　　（単位：円）

Ⅰ	売　　　　上　　　　高				(3,625,600)	
Ⅱ	売　上　原　価					
	1	期首商品棚卸高		(350,000)		
	2	当期商品仕入高		(2,250,000)		
		合　　　　計		(2,600,000)		
	3	期末商品棚卸高		(347,000)		
		差　　　引		(2,253,000)		
	4	商品評価損		(❷ 5,000)	(❷ 2,258,000)	
		売　上　総　利　益			(1,367,600)	
Ⅲ	販売費及び一般管理費					
	1	給　　　　　料		(691,000)		
	2	広　告　宣　伝　費		(161,900)		
	3	支　払　家　賃		(❷ 16,200)		
	4	棚　卸　減　耗　損		(❷ 7,400)		
	5	貸倒引当金繰入		(❷ 31,000)		
	6	減　価　償　却　費		(❷ 133,500)		
	7	ソフトウェア償却		(❷ 40,000)	(1,081,000)	
		営　業　利　益			(286,600)	
Ⅳ	営　業　外　収　益					
	1	有価証券評価益			(❷ 9,000)	
Ⅴ	営　業　外　費　用					
	1	支　払　利　息			(❷ 600)	
		経　常　利　益			(295,000)	
		税引前当期純利益			(295,000)	
		法人税、住民税及び事業税			(118,000)	
		当　期　純　利　益			(❷ 177,000)	

★採点基準★
●数字…配点

⋯⋯⋯⋯⋯⋯⋯⋯⋯⋯⋯ 🐾 解　説 🐾 ⋯⋯⋯⋯⋯⋯⋯⋯⋯⋯⋯

1．仮払金の精算

（建　　　　物）　　　900,000　（仮　払　金）　　　900,000

2．売掛金未記帳

（当　座　預　金）　　　70,000　（売　掛　金）　　　70,000

3．貸倒引当金の設定

(1)売掛金（個別評価）：（84,000円 − 24,000円）× 50% = 30,000円
　　　　　　　　　　　　　担保処分見込額

(2)その他（一括評価）

　①受取手形：400,000円

　②売掛金：454,000円 − 70,000円 − 84,000円 = 300,000円

　③貸倒引当金：（400,000円 + 300,000円）× 3 ％ = 21,000円

(3)貸倒引当金繰入：30,000円 + 21,000円 − 20,000円 = 31,000円
　　　　　　　　　　　　　　　　　　　　　　前T/B

| （貸倒引当金繰入） | 31,000 | （貸 倒 引 当 金） | 31,000 |

４．有価証券の評価替え

　　有価証券評価益：369,000円 − 360,000円 = 9,000円
　　　　　　　　　　時価　　　　前T/B

| （売買目的有価証券） | 9,000 | （有 価 証 券 評 価 益） | 9,000 |

５．売上原価の算定

（仕　　　　　　入）	350,000	（繰 越 商 品）	350,000
（繰 越 商 品）	347,000	（仕　　　　　　入）	347,000
（棚 卸 減 耗 損）	7,400	（繰 越 商 品）	7,400
（商 品 評 価 損）	5,000	（繰 越 商 品）	5,000
（仕　　　　　　入）	5,000	（商 品 評 価 損）	5,000

〈A商品〉

　商品評価損は計上されません。

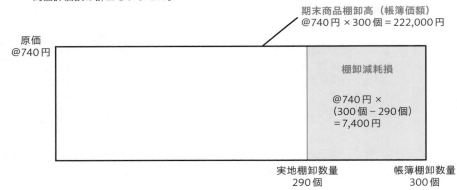

期末商品棚卸高（帳簿価額）
@740円 × 300個 = 222,000円

原価
@740円

棚卸減耗損

@740円 ×
（300個 − 290個）
= 7,400円

実地棚卸数量
290個

帳簿棚卸数量
300個

〈B商品〉
　棚卸減耗損は計上されません。

期末商品棚卸高（帳簿価額）
@500円 × 250個 = 125,000円

原　　価
@500円

正味売却価額
@480円

商品評価損
（@500円 − @480円）× 250個 = 5,000円

帳簿棚卸数量
250個

6．固定資産の減価償却

(1)建物

既　存　分：3,060,000円 ÷ 30年 　　　　　　　　　　= 102,000円

期中取得分：　900,000円 ÷ 30年 × $\dfrac{3か月（×7年1/5〜×7年3/31）}{12か月}$ = 7,500円
　　　　　　　　　　　　　　　　　　　　　　　　　　　　　 109,500円

(2)備品

（300,000円 − 180,000円）× 20% = 24,000円

（減　価　償　却　費）　　　 133,500　（建物減価償却累計額）　　 109,500
　　　　　　　　　　　　　　　　　　　 （備品減価償却累計額）　　　24,000

7．ソフトウェアの償却

残りの償却期間3年で償却します。

当期分の償却額：120,000円 ÷ 3年 = 40,000円

（ソ フ ト ウ ェ ア 償 却）　 40,000　（ソ フ ト ウ ェ ア）　　　 40,000

8．費用の前払処理

（支　払　家　賃）　　 1,350　（前　払　家　賃）　　 1,350

9．費用の未払処理

72,000円 × 5% × $\dfrac{2か月（×7年2/1〜×7年3/31）}{12か月}$ = 600円

（支　払　利　息）　　 600　（未　払　利　息）　　 600

10. 法人税等の処理

法人税、住民税及び事業税：<u>295,000円</u> × 40% = 118,000円
税引前当期純利益

未払法人税等：<u>118,000円</u> − <u>30,000円</u> = 88,000円
法人税等 仮払法人税等

（法人税、住民税及び事業税）	118,000	（仮 払 法 人 税 等）	30,000
		（未 払 法 人 税 等）	88,000

解答 **第4問** 28点

(1)

		借　　　方		貸　　　方	
		記　　号	金　額	記　　号	金　額
④	①	（ウ）材　　料	500,000	（ク）本　　社	500,000
④	②	（カ）賃 金・給 料	900,000	（ク）本　　社	900,000
④	③	（オ）製　　品	700,000	（エ）仕 掛 品	700,000

(2)

仕　掛　品　　　　　　（単位：円）

月 初 有 高：		当 月 完 成 高：	
原 料 費	17,500	原 料 費 （ ④ 1,097,500 ）	
加 工 費	2,700	加 工 費 （ 276,300 ）	
小 計	20,200	小 計 （ ④ 1,373,800 ）	
当 月 製 造 費 用：		月 末 有 高：	
原 料 費	1,147,200	原 料 費 （ 67,200 ）	
加 工 費	282,000	加 工 費 （ ④ 8,400 ）	
小 計	1,429,200	小 計 （ ④ 75,600 ）	
	1,449,400		1,449,400

★採点基準★
●数字…配点

😺 **解　説** 😺

(1)本社工場会計（仕訳）

本社工場会計の仕訳問題です。取引の仕訳と工場の仕訳を示すと次のとおりです。

①材料の仕入

取引の仕訳：（材　　料）	500,000	（買　掛　金）	500,000
工場の仕訳：（材　　料）	500,000	（本　　社）	500,000

②賃金の支払い

　賃金を支払っただけで、賃金の消費ではないため、この段階では仕掛品勘定や製造間接費勘定に振り替えないことに注意してください。

　　取引の仕訳：（賃　金　・　給　料）　900,000　（現　　　　金）　900,000

　　工場の仕訳：（賃　金　・　給　料）　900,000　（本　　　　社）　900,000

③製品の完成

　製品が完成したので、仕掛品勘定から製品勘定に振り替えます。

　　取引の仕訳：（製　　　　　品）　700,000　（仕　　掛　　品）　700,000

　　工場の仕訳：（製　　　　　品）　700,000　（仕　　掛　　品）　700,000

(2)総合原価計算

　正常仕損がある場合の総合原価計算の問題です。

　正常仕損費の処理が両者負担の場合で、原価配分方法が先入先出法のときは、当月製造費用を完成品数量のうちの当月投入分と月末仕掛品数量で按分します。

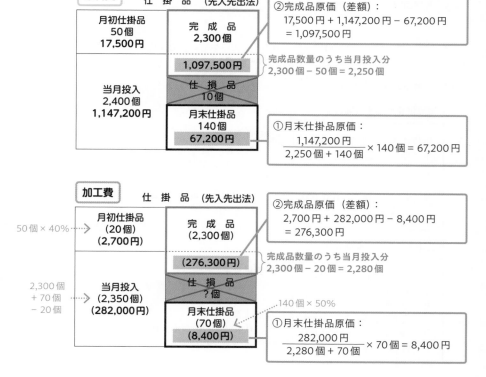

問1　製品1単位あたりの変動費　　**240**円/単位　❸
　　　月間固定費　　　　　　　　**620,000**円　❸

問2　**1,550,000**円　❸

問3　**6,375**単位　❸

★採点基準★
●数字…配点

🐾 解 説 🐾

直接原価計算（CVP分析）の問題です。

問1　高低点法による原価の固変分解

正常操業圏内の最大生産量および原価と最小生産量および原価から変動費と固定費を計算します。

製品1個あたりの変動費：$\dfrac{1,652,000円 - 1,292,000円}{4,300単位 - 2,800単位} = @240円$

月間固定費：$\underline{1,652,000円} - \underline{@240円 \times 4,300単位} = 620,000円$
　　　　　　最高点の総原価　　　最高点の変動費

　　　　　または

$\underline{1,292,000円} - \underline{@240円 \times 2,800単位} = 620,000円$
最低点の総原価　　　最低点の変動費

問2　損益分岐点売上高

販売量をXとする場合

損益計算書（直接原価計算）	
Ⅰ．売 上 高	400X
Ⅱ．変 動 費	240X
貢 献 利 益	160X
Ⅲ．固 定 費	620,000
営 業 利 益	0

(1)販売量
　$160X - 620,000 = 0$
　$X = 3,875$（単位）

(2)売上高
　$@400円 \times 3,875単位 = 1,550,000円$

売上高をSとする場合

損益計算書（直接原価計算）	
Ⅰ．売 上 高	S
Ⅱ．変 動 費	0.6S
貢 献 利 益	0.4S
Ⅲ．固 定 費	620,000
営 業 利 益	0

(1)変動費率
　$\dfrac{@240円}{@400円} = 0.6$

(2)売上高
　$0.4S - 620,000 = 0$
　$S = 1,550,000$（円）

問3　目標営業利益を達成する販売量

販売量をXとする場合

損益計算書（直接原価計算）	
Ⅰ．売　上　高	400 X
Ⅱ．変　動　費	240 X
貢　献　利　益	160 X
Ⅲ．固　定　費	620,000
営　業　利　益	400,000

(1)販売量

　160 X − 620,000 = 400,000

　X = 6,375（単位）

売上高をSとする場合

損益計算書（直接原価計算）	
Ⅰ．売　上　高	S
Ⅱ．変　動　費	0.6 S
貢　献　利　益	0.4 S
Ⅲ．固　定　費	620,000
営　業　利　益	400,000

(1)売上高

　0.4 S − 620,000 = 400,000

　S = 2,550,000（円）

(2)販売量

　2,550,000円 ÷ @400円 = 6,375単位

【著　者】

滝澤ななみ（たきざわ・ななみ）

簿記、ＦＰ、宅建士など多くの資格書を執筆している。主な著書は
『スッキリわかる日商簿記』１～３級（15年連続全国チェーン売上第
１位※1）、『みんなが欲しかった！簿記の教科書・問題集』日商２・
３級、『みんなが欲しかった！ＦＰの教科書』２・３級（10年連続売
上第１位※2）、『みんなが欲しかった！ＦＰの問題集』２・３級など。

※1　紀伊國屋書店PubLine/三省堂書店/丸善ジュンク堂書店　2009年1月～2023年
　　　12月（各社調べ、50音順）
※2　紀伊國屋書店PubLine調べ　2014年1月～2023年12月

〈ホームページ〉『滝澤ななみのすすめ！』
著者が運営する簿記・ＦＰ・宅建士に関する情報サイト。
ネット試験対応の練習問題も掲載しています。
URL：https://takizawananami-susume.jp/

・装丁、本文デザイン：株式会社シンクロ

スッキリわかるシリーズ

2024年度版　スッキリわかる　日商簿記2級　工業簿記

（2007～2008年度試験対応版　2007年12月22日　初版　第1刷発行）
2024年 2 月23日　　初　版　第1刷発行
2024年 8 月13日　　　　　　第2刷発行

著　　者	滝　澤　な　な　み	
発　行　者	多　田　敏　男	
発　行　所	TAC株式会社　出版事業部	
		（TAC出版）

〒101-8383
東京都千代田区神田三崎町3-2-18
電　話　03（5276）9492（営業）
FAX　03（5276）9674
https://shuppan.tac-school.co.jp

イラスト	佐　藤　雅　則
印　　刷	株　式　会　社　光　邦
製　　本	東京美術紙工協業組合

© Nanami Takizawa 2024　　　Printed in Japan　　　ISBN 978-4-300-11003-4
N.D.C. 336

簿記検定講座のご案内

選べる学習メディアでご自身に合うスタイルでご受講ください!

通学講座　　3級コース　3・2級コース　2級コース　1級コース　1級上級コース

 教室講座　　通って学ぶ

定期的な日程で通学する学習スタイル。常に講師と接することができるという教室講座の最大のメリットがありますので、疑問点はその日のうちに解決できます。また、勉強仲間との情報交換も積極的に行えるのが特徴です。

ビデオブース講座　　通って学ぶ　予約制

ご自身のスケジュールに合わせて、TACのビデオブースで学習するスタイル。日程を自由に設定できるため、忙しい社会人に人気の講座です。

直前期教室出席制度
直前期以降、教室受講に振り替えることができます。

無料体験入学　ご自身の目で、耳で体験し納得してご入学いただくために、無料体験入学をご用意しました。

無料講座説明会　もっとTACのことを知りたいという方は、無料講座説明会にご参加ください。

無　料
予約不要※

※ビデオブース講座の無料体験入学は要予約。
無料講座説明会は一部校舎では要予約。

通信講座　　3級コース　3・2級コース　2級コース　1級コース　1級上級コース

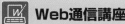 **Web通信講座**　スマホやタブレットにも対応　見て学ぶ

教室講座の生講義をブロードバンドを利用し動画で配信します。ご自身のペースに合わせて、24時間いつでも何度でも繰り返し受講することができます。また、講義動画はダウンロードして2週間視聴可能です。有効期間内は何度でもダウンロード可能です。
※Web通信講座の配信期間は、お申込コースの目標月の翌月末までです。

TAC WEB SCHOOL ホームページ
URL https://portal.tac-school.co.jp/
※お申込み前に、左記のサイトにて必ず動作環境をご確認ください。

DVD通信講座　見て学ぶ

講義を収録したデジタル映像をご自宅にお届けします。講義の臨場感をクリアな画像でご自宅にて再現することができます。

※DVD-Rメディア対応のDVDプレーヤーでのみ受講が可能です。
パソコンやゲーム機での動作保証はいたしておりません。

Webでも無料配信中!　スマホ タブレット パソコン

「TAC動画チャンネル」

● 講座説明会　※収録内容の変更のため、配信されない期間が生じる場合がございます。
● 1回目の講義（前半分）が視聴できます

資料通信講座（1級のみ）

テキスト・添削問題を中心として学習します。

詳しくは、TACホームページ
「TAC動画チャンネル」をクリック!

TAC動画チャンネル　簿記　| 検 索 |

コースの詳細は、簿記検定講座パンフレット・TACホームページをご覧ください。

パンフレットの
ご請求・お問い合わせは、
TACカスタマーセンターまで

通話無料
ゴウカク イイナ
0120-509-117

受付時間　月～金 9:30～19:00
　　　　　土・日・祝 9:30～18:00
※携帯電話からもご利用になれます。

TAC簿記検定講座
ホームページ
TAC 簿記　| 検 索 |

資格の学校 TAC

日商簿記 3級 2級 ネット試験の受験なら
TACテストセンターの受験がおススメ！

資格の学校TACの校舎は「CBTテストセンター」を併設しており、日商簿記検定試験のネット試験をはじめ、各種CBT試験を受験することができます。

TACの校舎は公共交通機関の駅などからも近く、アクセスが非常に容易です。またテストセンター設置にあたり、「3つのコダワリ」をもち、皆さんが受験に集中できるように心掛けております。

TACのコンピューターブースなら受験に集中できます！

TACテストセンターでの受験は、日商簿記ネット試験の受験申込手続時に、TACの校舎をご選択いただくだけです。ぜひお近くのTACテストセンターをご利用ください！

3つのコダワリ

1. 明るく清潔で安心感がある会場
2. 静かで周囲が気にならないコンピューターブース
3. メモなども取りやすい余裕のデスクスペース

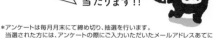

全国のTACテストセンターのご案内

現在、TACのテストセンターは以下の校舎に設置され、
受験環境が整った「受験に集中できる会場」が増えています。

- ●札幌校
- ●水道橋校★
- ●早稲田校★
- ●新宿校★
- ●渋谷校★
- ●池袋校
- ●八重洲校
- ●立川校
- ●中大駅前校
- ●町田校
- ●横浜校
- ●大宮校
- ●津田沼校
- ●名古屋校
- ●京都校
- ●なんば校
- ●神戸校
- ●広島校
- ●福岡校★

*日商簿記試験の受験申込手続等につきましては、日本商工会
議所の「商工会議所の検定試験」ページをご参照ください。
*定員に達するなどといった事情により、希望校舎での受験が
できない場合がございます。あらかじめご了承ください。
★の印がついている校舎では現在日商簿記試験を実施してお
りません。

TACで受験可能なCBT試験の一部をご紹介

- ✢日商簿記(3級・2級)
- ✢経理・財務スキル検定(FASS)
- ✢財務報告実務検定
- ✢IPO実務検定

- ✢企業経営アドバイザー
- ✢経営学検定(マネジメント検定)＊一部
- ✢PRプランナー資格認定検定試験
- ✢マーケティング検定

- ✢第二種電気工事士
- ✢第三種電気主任技術者試験
- ✢年金検定2級
- ✢相続検定2級　など

各資格・検定の受講相談はお気軽に

●お電話でのご相談

0120-443-411(通話無料)

受付時間　月～金・土・日・祝 10:00～17:00

●インターネットでのご相談

https://www.tac-school.co.jp/soudan03.html

メールで相談　TAC

TAC出版 書籍のご案内

TAC出版では、資格の学校TAC各講座の定評ある執筆陣による資格試験の参考書をはじめ、資格取得者の開業法や仕事術、実務書、ビジネス書、一般書などを発行しています！

TAC出版の書籍
*一部書籍は、早稲田経営出版のブランドにて刊行しております。

資格・検定試験の受験対策書籍

- 日商簿記検定
- 建設業経理士
- 全経簿記上級
- 税 理 士
- 公認会計士
- 社会保険労務士
- 中小企業診断士
- 証券アナリスト

- ファイナンシャルプランナー(FP)
- 証券外務員
- 貸金業務取扱主任者
- 不動産鑑定士
- 宅地建物取引士
- 賃貸不動産経営管理士
- マンション管理士
- 管理業務主任者

- 司法書士
- 行政書士
- 司法試験
- 弁理士
- 公務員試験(大卒程度・高卒者)
- 情報処理試験
- 介護福祉士
- ケアマネジャー
- 電験三種　ほか

実務書・ビジネス書

- 会計実務、税法、税務、経理
- 総務、労務、人事
- ビジネススキル、マナー、就職、自己啓発
- 資格取得者の開業法、仕事術、営業術

一般書・エンタメ書

- ファッション
- エッセイ、レシピ
- スポーツ
- 旅行ガイド (おとな旅プレミアム/旅コン)

日商簿記検定試験対策書籍のご案内

TAC出版の日商簿記検定試験対策書籍は、学習の各段階に対応していますので、あなたの
ステップに応じて、合格に向けてご活用ください!

3タイプのインプット教材

❶

簿記を専門的な知識に
していきたい方向け

● 満点合格を目指し
次の級への土台を築く

「合格テキスト」
「合格トレーニング」

● 大判のB5判、3級～1級累計300万部超の、信頼の定番テキスト&トレーニング!
TACの教室でも使用している公式テキストです。3級のみオールカラー。
● 出題論点はすべて網羅しているので、簿記をきちんと学んでいきたい方にぴったりです!
◆3級 □2級 商簿、2級 工簿 ■1級 商・会 各3点、1級 工・原 各3点

❷

スタンダードにメリハリ
つけて学びたい方向け

● 教室講義のような
わかりやすさでしっかり学べる

「簿記の教科書」
「簿記の問題集」

滝澤 ななみ 著

● A5判、4色オールカラーのテキスト(2級・3級のみ)&模擬試験つき問題集!
● 豊富な図解と実例つきのわかりやすい説明で、もうモヤモヤしない!!
◆3級 □2級 商簿、2級 工簿 ■1級 商・会 各3点、1級 工・原 各3点

❸

気軽に始めて、早く全体像を
つかみたい方向け

● 初学者でも楽しく続けられる!

「スッキリわかる」
テキスト／問題集一体型
滝澤 ななみ 著（1級は商・会のみ）

● 小型のA5判(4色オールカラー)によるテキスト
／問題集一体型。これ一冊でOKの、圧倒的に
人気の教材です。
● 豊富なイラストとわかりやすいレイアウト! か
わいいキャラの「ゴエモン」と一緒に楽しく学
べます。
◆3級 □2級 商簿、2級 工簿
■1級 商・会 4点、1級 工・原 4点

「スッキリうかる本試験予想問題集」
滝澤 ななみ 監修 TAC出版開発グループ 編著
● 本試験タイプの予想問題9回分を掲載
◆3級 □2級

コンセプト問題集

● 得点力をつける!

『みんなが欲しかった! やさしすぎる解き方の本』

B5判　滝澤 ななみ 著

● 授業で解き方を教わっているような新感覚問題集。再受験にも有効。
◆3級　□2級

本試験対策問題集

●本試験タイプの
　問題集

『合格するための
　本試験問題集』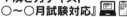

(1級は過去問題集)

B5判

● 12回分(1級は14回分)の問題を収載。ていねいな「解答への道」、各問対策が充実。
● 年2回刊行。
◆3級　□2級　■1級

●知識のヌケを
　なくす!

『まるっと
　完全予想問題集』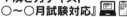

(1級は網羅型完全予想問題集)

A4判

● オリジナル予想問題(3級10回分、2級12回分、1級8回分)で本試験の重要出題パターンを網羅。
● 実力養成にも直前の本試験対策にも有効。
◆3級　□2級　■1級

直前予想

『○年度試験をあてる
　TAC予想模試
　＋解き方テキスト
　○〜○月試験対応』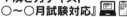

(1級は第○回試験をあてるTAC直前予想模試)

A4判

● TAC講師陣による4回分の予想問題で最終仕上げ。
● 2級・3級は、第1部解き方テキスト編、第2部予想模試編の2部構成。
● 年3回(1級は年2回)、各試験に向けて発行します。
◆3級　□2級　■1級

あなたに合った合格メソッドをもう一冊!

仕訳 『究極の仕訳集』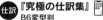
B6変型判
● 悩む仕訳をスッキリ整理。ハンディサイズ、一問一答式で基本の仕訳を一気に覚える。
◆3級　□2級

仕訳 『究極の計算と仕訳集』
B6変型判　境 浩一朗 著
● 1級商会で覚えるべき計算と仕訳がすべてつまった1冊!
■1級 商・会

理論 『究極の会計学理論集』
B6変型判
● 会計学の理論問題を論点別に整理、手軽なサイズが便利です。
■1級 商・会、全経上級

電卓 『カンタン電卓操作術』
A5変型判　TAC電卓研究会 編
● 実践的な電卓の操作方法について、丁寧に説明します!

 :ネット試験の演習ができる模擬試験プログラムつき(2級・3級)

 :スマホで使える仕訳Webアプリつき(2級・3級)

・2024年2月現在　・刊行内容、表紙等は変更することがあります　・とくに記述がある商品以外は、TAC簿記検定講座編です

書籍の正誤に関するご確認とお問合せについて

書籍の記載内容に誤りではないかと思われる箇所がございましたら、以下の手順にてご確認とお問合せをしてくださいますよう、お願い申し上げます。

なお、正誤のお問合せ以外の書籍内容に関する解説および受験指導などは、一切行っておりません。

そのようなお問合せにつきましては、お答えいたしかねますので、あらかじめご了承ください。

1 「Cyber Book Store」にて正誤表を確認する

TAC出版書籍販売サイト「Cyber Book Store」の
トップページ内「正誤表」コーナーにて、正誤表をご確認ください。

CYBER TAC出版書籍販売サイト
BOOK STORE

URL：https://bookstore.tac-school.co.jp/

2 1 の正誤表がない、あるいは正誤表に該当箇所の記載がない
⇒ 下記①、②のどちらかの方法で文書にて問合せをする

★ご注意ください★

お電話でのお問合せは、お受けいたしません。

①、②のどちらの方法でも、お問合せの際には、「お名前」とともに、

「対象の書籍名（○級・第○回対策も含む）およびその版数（第○版・○○年度版など）」

「お問合せ該当箇所の頁数と行数」

「誤りと思われる記載」

「正しいとお考えになる記載とその根拠」

を明記してください。

なお、回答までに１週間前後を要する場合もございます。あらかじめご了承ください。

① ウェブページ「Cyber Book Store」内の「お問合せフォーム」より問合せをする

【お問合せフォームアドレス】

https://bookstore.tac-school.co.jp/inquiry/

② メールにより問合せをする

【メール宛先　TAC出版】

syuppan-h@tac-school.co.jp

※土日祝日はお問合せ対応をおこなっておりません。

※正誤のお問合せ対応は、該当書籍の改訂版刊行月末日までといたします。

乱丁・落丁による交換は、該当書籍の改訂版刊行月末日までといたします。なお、書籍の在庫状況等により、お受けできない場合もございます。

また、各種本試験の実施の延期、中止を理由とした本書の返品はお受けいたしません。返金もいたしかねますので、あらかじめご了承くださいますようお願い申し上げます。

（2022年7月現在）

この冊子には

問題編 答案用紙

チェックテスト 問題用紙・答案用紙

がとじこまれています。

ご 利 用 方 法

① 外側の色紙を残して、冊子を取り出す

色紙

冊子を取り外す

② 取り外した冊子の中央を開いて、上下2か所の針金を起こす

針金

針金を起こす

③ 冊子中央のチェックテスト（紙面が横になっている部分）のみ、冊子から取り外す。

チェックテスト

中央のみ取り外す

問題編 答案用紙

針金はのこす

④ 残った答案用紙を、針金をたおしてとじる。

⑤ 完成！

問題編（答案用紙）

実際のテストそっくりサイズ！

チェックテスト（問題用紙・答案用紙）

★ 取りはずし動画はこちらから！

https://bookstore.tac-school.co.jp/ski20240202/

※作業中のケガには十分お気を付けください。※取り外しの際の損傷についてのお取替えはご遠慮願います。

問 題 編

....

答 案 用 紙

....

 （答案用紙あり）の問題の答案用紙です。

なお、仕訳の答案用紙が必要な方は
最終ページの仕訳シートをコピーしてご利用ください。

(1)先 入 先 出 法 ＿＿＿＿＿＿＿＿ 円
(2)平　均　法 ＿＿＿＿＿＿＿＿ 円

	借　　　　方		貸　　　　方	
	記　　　号	金　　　額	記　　　号	金　　　額
4/ 3	（　　　　）		（　　　　）	
	（　　　　）		（　　　　）	
	（　　　　）		（　　　　）	
4/ 6	（　　　　）		（　　　　）	
	（　　　　）		（　　　　）	
	（　　　　）		（　　　　）	
4/16	（　　　　）		（　　　　）	
	（　　　　）		（　　　　）	
	（　　　　）		（　　　　）	
4/20	（　　　　）		（　　　　）	
	（　　　　）		（　　　　）	
	（　　　　）		（　　　　）	
4/22	（　　　　）		（　　　　）	
	（　　　　）		（　　　　）	
	（　　　　）		（　　　　）	
4/30	（　　　　）		（　　　　）	
	（　　　　）		（　　　　）	
	（　　　　）		（　　　　）	

当月の賃金消費額 _____ 円

	借 方		貸 方	
	記 号	金 額	記 号	金 額
(1)	(　　　)		(　　　)	
	(　　　)		(　　　)	
	(　　　)		(　　　)	
(2)	(　　　)		(　　　)	
	(　　　)		(　　　)	
	(　　　)		(　　　)	

当月の経費消費額 _____ 円

	借　　　方		貸　　　方	
	記　　号	金　　額	記　　号	金　　額
(1)	（　　　）		（　　　）	
	（　　　）		（　　　）	
	（　　　）		（　　　）	
(2)	（　　　）		（　　　）	
	（　　　）		（　　　）	
	（　　　）		（　　　）	
(3)	（　　　）		（　　　）	
	（　　　）		（　　　）	
	（　　　）		（　　　）	
(4)	（　　　）		（　　　）	
	（　　　）		（　　　）	
	（　　　）		（　　　）	
(5)			（　　　）	
	（　　　）		（　　　）	
	（　　　）		（　　　）	

問題 13

原 価 計 算 表 （単位：円）

費　　　目	No. 101	No. 102	No. 103	合　　計
直 接 材 料 費				
直 接 労 務 費				
直 接 経 費				
製 造 間 接 費				
合　　　計				

(1)
原 価 計 算 表

（単位：円）

費　　　目	No. 201	No. 202	No. 203	合　　計
前 月 繰 越				
直 接 材 料 費				
直 接 労 務 費				
製 造 間 接 費				
合　　計				
備　　考				

(2)
仕 掛 品

（単位：円）

前 月 繰 越	（　　　）	当月完成高	（　　　）
直接材料費	（　　　）	次 月 繰 越	（　　　）
直接労務費	（　　　）		
製造間接費	（　　　）		
	（　　　）		（　　　）

製 品

（単位：円）

当月完成高	（　　　）	売 上 原 価	（　　　）
		次 月 繰 越	（　　　）
	（　　　）		（　　　）

仕　掛　品　　　　　　（単位：円）

10/ 1	月 初 有 高	（　　　）	10/31	当月完成高	（　　　）
31	直接材料費	（　　　）	〃	月 末 有 高	（　　　）
〃	直接労務費	26,200			
〃	製造間接費	（　　　）			
		（　　　）			（　　　）

製　　　品　　　　　　（単位：円）

10/ 1	月 初 有 高	（　　　）	10/31	売 上 原 価	（　　　）
31	当月完成高	（　　　）	〃	月 末 有 高	（　　　）
		（　　　）			（　　　）

(1)製造間接費配賦額：No. 301 ＿＿＿＿＿＿＿ 円
　　　　　　　　　　No. 302 ＿＿＿＿＿＿＿ 円
　　　　　　　　　　No. 303 ＿＿＿＿＿＿＿ 円
(2)製造間接費配賦差異：＿＿＿＿＿＿＿ 円（　　　）差異

※　（　）内には「借方」または「貸方」を記入すること。

仕　掛　品　　　　　（単位：円）

月 初 有 高	（　　　）	当月完成高	（　　　）
直接材料費	（　　　）	月 末 有 高	（　　　）
直接労務費	（　　　）		
製造間接費	（　　　）		
	（　　　）		（　　　）

製　　　品　　　　　（単位：円）

月 初 有 高	（　　　）	売 上 原 価	（　　　）
当月完成高	（　　　）	月 末 有 高	（　　　）
	（　　　）		（　　　）

製造間接費部門別配賦表　　　　（単位：円）

摘　　　　要	合　　計	製　造　部　門		補　助　部　門	
		第1製造部　　門	第2製造部　　門	修　繕部　　門	工場事務部　　門
部 門 個 別 費					
部 門 共 通 費					
建物減価償却費					
電 力 料					
部 門 費					
修 繕 部 門 費					
工場事務部門費					
製 造 部 門 費					

製造間接費部門別配賦表　　　　（単位：円）

摘　　　　要	合　　計	製　造　部　門		補　助　部　門	
		第1製造部　　門	第2製造部　　門	材料部門	保全部門
部 門 費	249,800	120,000	90,000	25,800	14,000
第 1 次 配 賦					
材 料 部 門 費					
保 全 部 門 費					
第 2 次 配 賦					
材 料 部 門 費					
保 全 部 門 費					
製 造 部 門 費					

(1)部門別予定配賦率

第1製造部門 @＿＿＿＿＿＿＿ 円　　　第2製造部門 @＿＿＿＿＿＿＿ 円

(2)指図書別予定配賦額

No. 501 ＿＿＿＿＿＿＿ 円　　　No. 502 ＿＿＿＿＿＿＿ 円

問1

製造間接費部門別配賦表 （単位：円）

摘　　　　　要	合　　　計	製　造　部　門		補　助　部　門		
		切削部門	組立部門	修繕部門	材料倉庫部　門	工場事務部　門
部 門 個 別 費	1,228,000	558,000	491,000	137,000	37,000	5,000
部 門 共 通 費						
建物減価償却費						
機械保険料						
部　　門　　費						
修繕部門費						
材料倉庫部門費						
工場事務部門費						
製 造 部 門 費						

問2　部門別予定配賦率

切削部門 @＿＿＿＿＿＿＿ 円　　　組立部門 @＿＿＿＿＿＿＿ 円

問3　製造指図書No.601に対する予定配賦額 ＿＿＿＿＿＿＿ 円

①　月 末 仕 掛 品 原 価 ＿＿＿＿＿＿＿ 円

②　完 成 品 原 価 ＿＿＿＿＿＿＿ 円

③　完 成 品 単 位 原 価 @＿＿＿＿＿＿＿ 円

① 月末仕掛品原価 ＿＿＿＿＿＿＿ 円

② 完 成 品 原 価 ＿＿＿＿＿＿＿ 円

③ 完成品単位原価 ＠＿＿＿＿＿＿ 円

① 月末仕掛品原価 ＿＿＿＿＿＿＿ 円

② 完 成 品 原 価 ＿＿＿＿＿＿＿ 円

③ 完成品単位原価 ＠＿＿＿＿＿＿ 円

① 月末仕掛品原価 ＿＿＿＿＿＿＿ 円

② 完 成 品 原 価 ＿＿＿＿＿＿＿ 円

③ 完成品単位原価 ＠＿＿＿＿＿＿ 円

工程別総合原価計算表　　　　　（単位：円）

	第 1 工 程			第 2 工 程		
	直接材料費	加 工 費	合 　 計	前工程費	加 工 費	合 　 　 計
月初仕掛品原価	8,000	2,000	10,000	10,000	4,800	14,800
当 月 製 造 費 用	168,000	85,320	253,320		119,200	
合 　 　 計	176,000	87,320	263,320			
月末仕掛品原価						
完 成 品 原 価						

仕掛品－第1工程 （単位：円）

月 初 有 高 ：		次工程振替高：	
原 料 費	6,300	原 料 費	（　　　　）
加 工 費	2,800	加 工 費	（　　　　）
小 計	9,100	小 計	（　　　　）
当月製造費用：		月 末 有 高 ：	
原 料 費	18,000	原 料 費	（　　　　）
加 工 費	26,000	加 工 費	（　　　　）
小 計	44,000	小 計	（　　　　）
	（　　　　）		（　　　　）

仕掛品－第2工程 （単位：円）

月 初 有 高 ：		当月完成高：	
前 工 程 費	9,500	前 工 程 費	（　　　　）
加 工 費	9,600	加 工 費	（　　　　）
小 計	19,100	小 計	（　　　　）
当月製造費用：		月 末 有 高 ：	
前 工 程 費	（　　　　）	前 工 程 費	（　　　　）
加 工 費	37,000	加 工 費	（　　　　）
小 計	（　　　　）	小 計	（　　　　）
	（　　　　）		（　　　　）

	A 組 製 品	B 組 製 品
①月末仕掛品原価	円	円
②完 成 品 原 価	円	円
③完成品単位原価	@　　　　円	@　　　　円

	製 品 A	製 品 B
完 成 品 原 価	円	円
完成品単位原価	@　　　　円	@　　　　円

	製 品 A	製 品 B	製 品 C
完 成 品 原 価	円	円	円
完成品単位原価	@ 円	@ 円	@ 円

① 月末仕掛品原価 　　　　　　　円

② 完 成 品 原 価 　　　　　　　円

③ 完成品単位原価 　@　　　　　円

① 月末仕掛品原価 　　　　　　　円

② 完 成 品 原 価 　　　　　　　円

③ 完成品単位原価 　@　　　　　円

① 月末仕掛品原価 　　　　　　　円

② 完 成 品 原 価 　　　　　　　円

③ 完成品単位原価 　@　　　　　円

工程別総合原価計算表　　　　　　（単位：円）

	第　1　工　程			第　2　工　程		
	原 料 費	加 工 費	合　　　計	前工程費	加 工 費	合　　　計
月初仕掛品原価	0	0	0	21,600	2,000	23,600
当 月 製 造 費 用	40,000	30,400	70,400		25,600	
合　　　計	40,000	30,400	70,400			
月末仕掛品原価						
完 成 品 原 価						

①　月末仕掛品原価　　＿＿＿＿＿＿　円

②　完 成 品 原 価　　＿＿＿＿＿＿　円

③　完成品単位原価　　＠＿＿＿＿＿＿　円

①　月末仕掛品原価　　＿＿＿＿＿＿　円

②　完 成 品 原 価　　＿＿＿＿＿＿　円

③　完成品単位原価　　＠＿＿＿＿＿＿　円

仕掛品－第1工程　　　　　　　　（単位：円）

月初有高：		次工程振替高：	
原料費	15,800	原料費	（　　　　）
加工費	5,940	加工費	（　　　　）
小計	21,740	小計	（　　　　）
当月製造費用：		月末有高：	
原料費	304,200	原料費	（　　　　）
加工費	443,520	加工費	（　　　　）
小計	747,720	小計	（　　　　）
（　　　　）		（　　　　）	

仕掛品－第2工程　　　　　　　　（単位：円）

月初有高：		当月完成高：	
前工程費	45,000	前工程費	（　　　　）
原料費	（　　　　）	原料費	（　　　　）
加工費	50,500	加工費	（　　　　）
小計	（　　　　）	小計	（　　　　）
当月製造費用：		月末有高：	
前工程費	（　　　　）	前工程費	（　　　　）
原料費	321,600	原料費	（　　　　）
加工費	903,900	加工費	（　　　　）
小計	（　　　　）	小計	（　　　　）
（　　　　）		（　　　　）	

製造原価報告書　　　　　　　　（単位：円）

Ⅰ　直接材料費
　　1．期首材料棚卸高　　　（　　　　　　）
　　2．当期材料仕入高　　　（　　　　　　）
　　　　　合　　　計　　　　（　　　　　　）
　　3．期末材料棚卸高　　　（　　　　　　）　（　　　　　　　　）
Ⅱ　直接労務費
　　1．賃　　　　　金　　　　　　　　　　　（　　　　　　　　）
Ⅲ　製造間接費
　　1．間 接 工 賃 金　　　（　　　　　　）
　　2．水 道 光 熱 費　　　（　　　　　　）
　　3．減 価 償 却 費　　　（　　　　　　）
　　4．賃　 借　 料　　　　（　　　　　　）
　　　　　合　　　計　　　　（　　　　　　）
　　　製造間接費配賦差異〔　〕（　　　　　　）　（　　　　　　　　）
　　　当期総製造費用　　　　　　　　　　　（　　　　　　　　）
　　　期首仕掛品棚卸高　　　　　　　　　　（　　　　　　　　）
　　　　　合　　　計　　　　　　　　　　　（　　　　　　　　）
　　　期末仕掛品棚卸高　　　　　　　　　　（　　　　　　　　）
　　　当期製品製造原価　　　　　　　　　　（　　　　　　　　）

※　〔　〕には＋（有利差異の場合）または－（不利差異の場合）を記入すること。

製造原価報告書 （単位：円）

Ⅰ　材　料　費
　1．期首材料棚卸高　　（　　　　　）
　2．当期材料仕入高　　（　　　　　）
　　　　合　　計　　　（　　　　　）
　3．期末材料棚卸高　　（　　　　　）　　　（　　　　　　　）
Ⅱ　労　務　費
　1．賃　　　　金　　　（　　　　　）
　2．給　　　料　　　　（　　　　　）　　　（　　　　　　　）
Ⅲ　経　　　費
　1．水 道 光 熱 費　　（　　　　　）
　2．減 価 償 却 費　　（　　　　　）
　3．賃　借　料　　　　（　　　　　）
　4．保　険　料　　　　（　　　　　）　　　（　　　　　　　）
　　　　合　　計　　　　　　　　　　　　　（　　　　　　　）
　製造間接費配賦差異　　　　　　　〔　〕（　　　　　　　）
　当 期 総 製 造 費 用　　　　　　　　　（　　　　　　　）
　（　　　　　　）　　　　　　　　　　　（　　　　　　　）
　　　　合　　計　　　　　　　　　　　　（　　　　　　　）
　（　　　　　　）　　　　　　　　　　　（　　　　　　　）
　（　　　　　　）　　　　　　　　　　　（　　　　　　　）

※　製造間接費配賦差異は加算するなら＋、控除するなら－を〔　〕に記入すること。

日商簿記

2 級 工業簿記

チェックテスト

制限時間：90分

本試験と同様の形式のテスト問題です。テキストの学習が
終わったら、解いて実力をチェックしておきましょう。

🐾 解答・解説は問題編の P107 に収載されています。

🐾 チェックテストの解き方講義動画も配信中です。
これまでに学んだ知識を使って、どのような手順や時間配分で、
本試験タイプの問題を解いていけばよいのか、
講義動画を見てつかんでいきましょう。

解き方講義動画はこちらから ⟩

https://bookstore.tac-school.co.jp/ski20240202/

🐾 チェックテストの答案用紙はダウンロードもご利用いただけます。
TAC出版書籍販売サイト・サイバーブックストアにアクセスしてく
ださい。

https://bookstore.tac-school.co.jp/

第1問 20点

次の各取引について、仕訳しなさい。ただし、勘定科目は、設問ごとに最も適当と思われるものを選び、答案用紙の（　）の中に記号で解答すること。

1. 本日決算につき、A社株式について評価替えを行う。A社株式は当期中に長期保有目的で200株を1株につき¥800で購入したもので、売買手数料は¥1,000であった。なお、A社株式の決算時の時価は1株につき¥830であり、評価差額については実効税率30%で税効果会計を適用する。

　　ア．売買目的有価証券　　イ．その他有価証券　　ウ．有価証券評価益

　　エ．その他有価証券評価差額金　　オ．法人税等調整額

　　カ．繰延税金資産　　キ．繰延税金負債

2. 当期の決算において、税引前当期純利益¥500,000を計上しているが、減価償却費の損金不算入額が¥200,000ある。当期の法人税、住民税及び事業税の法定実効税率を40%として、法人税等を計上する。

　　ア．普通預金　　イ．仮払消費税　　ウ．仮払法人税等

　　エ．仮受消費税　　オ．未払消費税　　カ．未払法人税等

　　キ．法人税、住民税及び事業税

次の資料にもとづいて、答案用紙に示した（　）に適切な金額を記入して、岩手商事株式会社の×5年度（自×5年4月1日 至×6年3月31日）の株主資本等変動計算書（単位：千円）を完成しなさい。なお、減少については、金額の前に「－」にて示すこと。

[資　料]

1. 前期の決算時に作成した貸借対照表によると、純資産の部に記載された項目の金額は次のとおりであった。なお、この時点における当社の発行済株式総数は30,000株である。

資　本　金　75,000千円　資本準備金　9,000千円　その他資本剰余金　0千円
利益準備金　3,500千円　新築積立金　0千円　別途積立金　450千円
繰越利益剰余金　10,000千円

2. ×5年6月26日に開催された株主総会において、剰余金の配当等が次のとおり承認された。
(1) 株主への配当を、利益剰余金を財源とし1株につき¥120にて実施する。
(2) 会社法で規定する額の利益準備金を計上する。
(3) 新たに新築積立金を700千円設定する。

3. ×6年1月17日に株式会社青森物産を吸収合併した。青森物産の諸資産（時価）は180,000千円、諸負債（時価）は148,800千円であった。合併の対価として青森物産の株主に当社の株式6,000株（時価@¥5,200）を交付したが、資本金増加額は15,000千円、資本準備金増加額は10,000千円、およびその他資本剰余金増加額は6,200千円とした。

4. ×6年3月31日、決算を行った結果、当期純利益は1,600千円であることが判明した。

次の【資料Ⅰ】決算整理前残高試算表および【資料Ⅱ】決算整理事項等にもとづいて、答案用紙の損益計算書を完成しなさい。なお、会計期間は×6年4月1日から×7年3月31日までの1年である。

【資料Ⅰ】決算整理前残高試算表

残高試算表
×7年3月31日　（単位：円）

借　方	勘定科目	貸　方
1,336,500	現　金　預　金	
400,000	受　取　手　形	
454,000	売　掛　金	
350,000	繰　越　商　品	
6,750	前　払　家　賃	
360,000	売買目的有価証券	
900,000	仮　払　金	
30,000	仮 払 法 人 税 等	
3,060,000	建　　物	
300,000	備　　品	
120,000	ソ フ ト ウ ェ ア	
	支　払　手　形	230,000
	買　掛　金	303,900

【資料Ⅱ】決算整理事項等

1. 仮払金は当期の1月5日に購入した建物の購入金額であった。

2. 売掛金¥70,000が当座預金口座に振り込まれていたが未記帳であった。

3. 貸倒引当金の設定は次のとおり行う。

(1) 売掛金¥84,000については、債権額から担保処分見込額¥24,000を差し引いた残額に対して50%の貸倒引当金を設定する。

(2) その他の受取手形・売掛金については、債権額に対して3%の貸倒引当金を設定する（差額補充法）。

4. 売買目的有価証券を時価¥369,000に評価替えする。

5. 期末商品棚卸高の内訳は次のとおりである。

A商品　帳簿棚卸数量　300個　原　価　@¥740
　　　　実地棚卸数量　290個　正味売却価額　@¥750

工業簿記

第4問　28点

(1) A社は、本社会計から工場会計を独立させている。材料と製品の倉庫は工場に置き、材料購入を含めて支払い関係は本社が行っている。なお、工場元帳の勘定は次のとおりである。

工場元帳の勘定：材料、仕掛品、製造間接費、製品、賃金・給料、本社

以下の各取引について、工場で行われる仕訳をしなさい。ただし、勘定科目は、設問ごとに最も適当と思われるものを選び、答案用紙の（　）の中に記号で解答すること。

① 材料500,000円を掛けで購入し、工場の倉庫に搬入された。

 ア．現金 イ．買掛金 ウ．材料 エ．仕掛品 オ．製品

 カ．賃金・給料 キ．製造間接費 ク．本社 ケ．工場

② 直接工賃金600,000円と間接工賃金300,000円を現金で支払った。

 ア．現金 イ．買掛金 ウ．材料 エ．仕掛品 オ．製品

 カ．賃金・給料 キ．製造間接費 ク．本社 ケ．工場

③ 当月中に完成した製品は700,000円である。

 ア．現金 イ．買掛金 ウ．材料 エ．仕掛品 オ．製品

製品Qを生産・販売する当社の正常操業圏は、月間生産量が2,800単位から4,300単位である。製品Qの販売単価は400円で、過去6か月間の生産・販売量と総原価に関する資料は次のとおりである。

〔資　料〕

月	生産・販売量	原価発生額
1月	2,000 単位	1,050,000 円
2月	3,750 単位	1,530,000 円
3月	2,800 単位	1,292,000 円
4月	4,150 単位	1,650,000 円
5月	4,300 単位	1,652,000 円
6月	4,240 単位	1,620,000 円

問1　上記の資料にもとづいて、高低点法によって製品Qの総原価の原価分解を行い、製品1単位あたりの変動費と月間固定費を求めなさい。

問2　原価分解の結果を利用し、当社の月間損益分岐点売上高を計算しなさい。

問3　原価分解の結果を利用し、月間目標営業利益400,000円を達成する販売量を計算しなさい。

ア．売掛金　　　　　　　　　イ．電子記録債務　　　　ウ．買掛金

エ．電子記録債権売却損　　　オ．当座預金　　　　　　カ．電子記録債権

キ．売上

4．P社は、前期末にS社議決権株式の70％を取得し、支配を獲得した。支配獲得後第1期の決算において、P社は¥540,000、S社は¥300,000の当期純利益を計上している。必要な連結修正仕訳を示しなさい。

ア．損益　　　　　　　　　　　　　　　イ．繰越利益剰余金　　　　ウ．非支配株主持分

エ．親会社株主に帰属する当期純利益　　オ．非支配株主に帰属する当期純利益

5．当期末（×9年3月31日）において、備品（当期首における帳簿価額：¥450,000、償却方法：償却率0.25の定率法、記帳方法：直接法）を除却し、処分するまで倉庫で保管することとした。なお、この備品は×6年4月1日に取得したものであり、除却時の処分価値は¥280,000と見積もられる。また、当期の減価償却費の計上もあわせて行うこと。

ア．貯蔵品　　　　　　イ．備品　　　　　　　　ウ．備品減価償却累計額

エ．減価償却費　　　　オ．固定資産売却損　　　カ．固定資産除却損

キ．固定資産売却益

科目	金額
貸倒引当金	20,000
建物減価償却累計額	348,500
備品減価償却累計額	180,000
資本金	4,000,000
利益準備金	650,000
別途積立金	300,000
繰越利益剰余金	305,000
売上	3,625,600
仕入	2,250,000
給料	691,000
広告宣伝費	161,900
支払家賃	14,850
	10,435,000
	10,435,000

損は販売費及び一般管理費に計上する。

6. 固定資産の減価償却を次のとおり行う。

建物　定額法　耐用年数30年　残存価額ゼロ

備品　定額法　償却率20%

当期中に取得した建物については（定額法、耐用年数30年、残存価額ゼロ）として月割計算をする。

7. 前々期首において、自社で利用するためにソフトウェアを購入した（利用可能期間：5年）。決算にあたり、ソフトウェアの償却を行う（定額法）。

8. 前払家賃の残高は、×6年8月1日に1年分の家賃￥16,200を前払いしたものであり、×7年2月まで毎月￥1,350が費用に計上されており、決算月も同様な処理を行う。

9. 借入金￥72,000（当期の2月1日に期間1年で借入れ）の利息（年5%）は、×8年1月31日に支払う契約である。

10. 税引前当期純利益の40%の法人税、住民税及び事業税を計上する。

て、答案用紙の仕掛品勘定を完成させなさい。なお、原価配分方法は先入先出法を用いている。

[資　料]
1. 当月の生産データ

月初仕掛品	50個	(40%)
当月投入	2,400	
合計	2,450個	
正常仕損	10	(？%)
月末仕掛品	140	(50%)
完成品	2,300個	

＊（　）内は加工進捗度を示す。

2. 原料はすべて工程の始点で投入される。
3. 工程の途中で仕損が発生しているが、それは通常発生する程度の仕損（正常仕損）である。なお、正常仕損費は度外視法によって、完成品と仕掛品の両者に負担させる（仕損品の処分価額はゼロである）。

5	4	3
（　）（　）（　）（　）（　）	（　）（　）（　）（　）（　）	（　）（　）（　）（　）
（　）（　）（　）（　）（　）	（　）（　）（　）（　）（　）	（　）（　）（　）（　）

収 益 合 計	( )	( )	( )	( )					31,200
当 期 純 利 益	( )	( )	( )	( )		( )	( )	( )	
当 期 変 動 額 合 計	( )	( )	( )	( )	0	( )	( )	( )	
当 期 末 残 高	( )	( )	( )	( )	450	( )	( )	( )	

営　業　利　益 （　　　　　）

Ⅳ　営　業　外　収　益
1　有価証券評価益 （　　　　　）

Ⅴ　営　業　外　費　用
1　支　払　利　息 （　　　　　）

経　常　利　益 （　　　　　）

税引前当期純利益 （　　　　　）

法人税、住民税及び事業税 （　　　　　）

当　期　純　利　益 （　　　　　）

小　計（　　　）

1,449,400

小　計　1,429,200

1,449,400

第 5 問　12点

問1　製品1単位あたりの変動費　　　　　円／単位

　　　月間固定費　　　　　円

問2　　　　　円

問3　　　　　単位

(1)

	借　　方		貸　　方	
	記　号	金　額	記　号	金　額
①	（　）（　）		（　）（　）	
	（　）（　）		（　）（　）	
②	（　）（　）		（　）（　）	
	（　）（　）		（　）（　）	
③	（　）（　）		（　）（　）	
	（　）（　）		（　）（　）	

(2)

仕　掛　品　　　　　　（単位：円）

月 初 有 高 ：		当 月 完 成 高 ：	
原 料 費	17,500	原 料 費	（　　）
加 工 費	2,700	加 工 費	（　　）
小　　計	20,200	小　　計	（　　）
当月製造費用：		月 末 有 高 ：	

損　益　計　算　書

自×6年4月1日　至×7年3月31日

（単位：円）

I　売　上　高　　　　　　　　　　（　　　）

II　売　上　原　価
1　期首商品棚卸高　（　　　）
2　当期商品仕入高　（　　　）
　　　合　　計　　　（　　　）
3　期末商品棚卸高　（　　　）
　　　差　　引　　　（　　　）
4　商品評価損　　　（　　　）（　　　）
　　　売上総利益　　　　　　　　　（　　　）

III　販売費及び一般管理費
1　給　　　料　　　（　　　）
2　広告宣伝費　　　（　　　）
3　支払家賃　　　　（　　　）
4　棚卸減耗損　　　（　　　）
5　貸倒引当金繰入　（　　　）
6　減価償却費　　　（　　　）

株 主 資 本 等 変 動 計 算 書

自×5年4月1日　至×6年3月31日

（単位：千円）

	株主資本			
	資本金	資本剰余金		
		資本準備金	その他資本剰余金	資本剰余金合計
当 期 首 残 高	75,000	9,000	0	9,000
当 期 変 動 額				
剰余金の配当等			（　）	（　）
吸 収 合 併	（　）	（　）	（　）	（　）
当 期 純 利 益				
当期変動額合計	（　）	（　）	（　）	（　）
当 期 末 残 高	（　）	（　）	（　）	（　）

下段へ続く

上段より続く

	株主資本					株主資本合計	資本合計
	利益剰余金						
	利益準備金	その他利益剰余金			利益剰余金合計		
		新築積立金	別途積立金	繰越利益剰余金			
当 期 首 残 高	3,500	0	450	10,000	13,950		97,950

答案用紙

第 1 問　20点

	記号	借　方 金　額	記号	貸　方 金　額
1	（　　）		（　　）	
	（　　）		（　　）	
	（　　）		（　　）	
	（　　）		（　　）	
2	（　　）		（　　）	
	（　　）		（　　）	
	（　　）		（　　）	
	（　　）			

本社の仕訳

	借 方 科 目	金 額	貸 方 科 目	金 額
(1)				
(2)				
(3)				
(4)				
(5)				
(6)				

工場の仕訳

	借 方 科 目	金 額	貸 方 科 目	金 額
(1)				
(2)				
(3)				
(4)				
(5)				
(6)				

	借 方		貸 方	
	記　　　号	金　　額	記　　　号	金　　額
(1)	（　　　）		（　　　）	
	（　　　）		（　　　）	
	（　　　）		（　　　）	
(2)	（　　　）		（　　　）	
	（　　　）		（　　　）	
	（　　　）		（　　　）	
(3)	（　　　）		（　　　）	
	（　　　）		（　　　）	
	（　　　）		（　　　）	
(4)	（　　　）		（　　　）	
	（　　　）		（　　　）	
	（　　　）		（　　　）	
(5)	（　　　）		（　　　）	
	（　　　）		（　　　）	
	（　　　）		（　　　）	
(6)	（　　　）		（　　　）	
	（　　　）		（　　　）	
	（　　　）		（　　　）	
(7)	（　　　）		（　　　）	
	（　　　）		（　　　）	
	（　　　）		（　　　）	
(8)	（　　　）		（　　　）	
	（　　　）		（　　　）	
	（　　　）		（　　　）	

(1)直接材料費差異（総差異）　＿＿＿＿＿＿＿＿円（　　　）差異

(2)価格差異　＿＿＿＿＿＿＿＿円（　　　）差異

(3)数量差異　＿＿＿＿＿＿＿＿円（　　　）差異

　※　（　）には「有利」または「不利」を記入すること。

(1)直接労務費差異（総差異）　＿＿＿＿＿＿＿＿円（　　　）差異

(2)賃率差異　＿＿＿＿＿＿＿＿円（　　　）差異

(3)時間差異　＿＿＿＿＿＿＿＿円（　　　）差異

　※　（　）には「有利」または「不利」を記入すること。

(1)製造間接費差異（総差異）　＿＿＿＿＿＿＿＿円（　　　）差異

(2)予 算 差 異　＿＿＿＿＿＿＿＿円（　　　）差異

(3)操業度差異　＿＿＿＿＿＿＿＿円（　　　）差異

(4)能 率 差 異　＿＿＿＿＿＿＿＿円（　　　）差異

　※　（　）には「有利」または「不利」を記入すること。

問1　直接材料費差異（総差異）　＿＿＿＿＿＿＿＿円（　　　）差異

(1)価 格 差 異　＿＿＿＿＿＿＿＿円（　　　）差異

(2)数 量 差 異　＿＿＿＿＿＿＿＿円（　　　）差異

問2　直接労務費差異（総差異）　＿＿＿＿＿＿＿＿円（　　　）差異

(1)賃 率 差 異　＿＿＿＿＿＿＿＿円（　　　）差異

(2)時 間 差 異　＿＿＿＿＿＿＿＿円（　　　）差異

問3　製造間接費差異（総差異）　＿＿＿＿＿＿＿＿円（　　　）差異

(1)予 算 差 異　＿＿＿＿＿＿＿＿円（　　　）差異

(2)操業度差異　＿＿＿＿＿＿＿＿円（　　　）差異

(3)能 率 差 異　＿＿＿＿＿＿＿＿円（　　　）差異

　※　（　）には「貸方」または「借方」を記入すること。

①パーシャル・プランによる仕掛品勘定の記入

仕　　掛　　品			（単位：円）
月初有高　（　　　　）	完成品原価　（　　　　）
直接材料費　（　　　　）	月末有高　（　　　　）
直接労務費　（　　　　）	原価差異　（　　　　）
製造間接費　（　　　　）	
原価差異　（　　　　）	
（　　　　）	（　　　　）

※　原価差異は借方または貸方のいずれかに記入すること。

②シングル・プランによる仕掛品勘定の記入

仕　　掛　　品			（単位：円）
月初有高　（　　　　）	当月完成高　（　　　　）
直接材料費　（　　　　）	月末有高　（　　　　）
直接労務費　（　　　　）	
製造間接費　（　　　　）	
（　　　　）	（　　　　）

損益計算書（直接原価計算）　（単位：円）

I．売　上　高　　　　　　　　（　　　　　）
II．変動売上原価
　1．期首製品棚卸高　（　　　　　）
　2．当期製品製造原価　（　　　　　）
　　　合　　計　（　　　　　）
　3．期末製品棚卸高　（　　　　　）（　　　　　）
　　　変動製造マージン　　　　　　（　　　　　）
III．変 動 販 売 費　　　　　　　（　　　　　）
　　　貢　献　利　益　　　　　　（　　　　　）
IV．固　　定　　費
　1．固 定 製 造 原 価　（　　　　　）
　2．固 定 販 売 費　（　　　　　）
　3．固 定 一 般 管 理 費　（　　　　　）（　　　　　）
　　　営　業　利　益　　　　　　（　　　　　）

①全部原価計算による損益計算書

損益計算書（全部原価計算）	（単位：円）
Ⅰ. 売　上　高	（　　　　　）
Ⅱ. 売　上　原　価	（　　　　　）
売　上　総　利　益	（　　　　　）
Ⅲ. 販売費及び一般管理費	（　　　　　）
営　業　利　益	（　　　　　）

②直接原価計算による損益計算書

損益計算書（直接原価計算）		（単位：円）
Ⅰ. 売　上　高		（　　　　　）
Ⅱ. 変動売上原価		（　　　　　）
変動製造マージン		（　　　　　）
Ⅲ. 変　動　販　売　費		（　　　　　）
貢　献　利　益		（　　　　　）
Ⅳ. 固　　定　　費		
1. 固　定　製　造　原　価	（　　　　）	
2. 固　定　販　売　費	（　　　　）	
3. 固　定　一　般　管　理　費	（　　　　）	（　　　　　）
営　業　利　益		（　　　　　）

損益計算書（全部原価計算）　　　　（単位：円）

	第 1 期	第 2 期
売　上　高	（　　　　　　）	（　　　　　　）
売　上　原　価	（　　　　　　）	（　　　　　　）
売　上　総　利　益	（　　　　　　）	（　　　　　　）
販売費・一般管理費	（　　　　　　）	（　　　　　　）
営　業　利　益	（　　　　　　）	（　　　　　　）

損益計算書（直接原価計算）　　　　（単位：円）

	第 1 期	第 2 期
売　上　高	（　　　　　　）	（　　　　　　）
変動売上原価	（　　　　　　）	（　　　　　　）
変動製造マージン	（　　　　　　）	（　　　　　　）
変　動　販　売　費	（　　　　　　）	（　　　　　　）
貢　献　利　益	（　　　　　　）	（　　　　　　）
固　　定　　費	（　　　　　　）	（　　　　　　）
営　業　利　益	（　　　　　　）	（　　　　　　）

問1　　　　　　　　　　　　　　　　　　　　　　　（単位：円）

	第1期	第2期	第3期
全部原価計算の営業利益			
直接原価計算の営業利益			

問2

　第2期末の貸借対照表の製品有高は（全部原価計算の場合、直接原価計算の場合）のほうが、□□□□□□円だけ多い。

　※　（　）内は正しいほうの語句に◯をつけること。

問1　売　上　高 ＿＿＿＿＿＿＿ 円　　販　売　量 ＿＿＿＿＿＿ 個
問2　売　上　高 ＿＿＿＿＿＿＿ 円　　販　売　量 ＿＿＿＿＿＿ 個
問3　売　上　高 ＿＿＿＿＿＿＿ 円　　販　売　量 ＿＿＿＿＿＿ 個
問4　安全余裕率 ＿＿＿＿＿＿＿ ％

問1　売　上　高 ＿＿＿＿＿＿＿ 円　　販　売　量 ＿＿＿＿＿＿ 個
問2　売　上　高 ＿＿＿＿＿＿＿ 円　　販　売　量 ＿＿＿＿＿＿ 個
問3　売　上　高 ＿＿＿＿＿＿＿ 円　　販　売　量 ＿＿＿＿＿＿ 個
問4　売　上　高 ＿＿＿＿＿＿＿ 円　　販　売　量 ＿＿＿＿＿＿ 個

問1　＿＿＿＿＿＿＿ 円
問2　＿＿＿＿＿＿＿ 個
問3　＿＿＿＿＿＿＿ 個
問4　＿＿＿＿＿＿＿ 円

問1　＿＿＿＿＿＿＿ 万円
問2　＿＿＿＿＿＿＿ 万円
問3　＿＿＿＿＿＿＿ 万円
問4　＿＿＿＿＿＿＿ 万円
問5　＿＿＿＿＿＿＿

(1)製品1個あたりの変動費　＠＿＿＿＿＿＿ 円
(2)月　間　の　固　定　費　＿＿＿＿＿＿＿ 円

問題 57

問1　最大の売上高　＿＿＿＿＿＿＿円
　　　最小の売上高　＿＿＿＿＿＿＿円
問2　製品1個あたりの変動費　＿＿＿＿＿＿＿円/個
　　　月間の固定費　＿＿＿＿＿＿＿円
問3　＿＿＿＿＿＿＿円

問題 58

売上高差異　＿＿＿＿＿＿＿円（　　　）差異
販売価格差異　＿＿＿＿＿＿＿円（　　　）差異
販売数量差異　＿＿＿＿＿＿＿円（　　　）差異
※（　　）内には「有利」または「不利」を記入すること。

《仕訳シート》　必要に応じてコピーしてご利用ください。

問題番号	借　方　科　目	金　　　額	貸　方　科　目	金　　　額

《仕訳シート》　必要に応じてコピーしてご利用ください。

問題番号	借　方　科　目	金　　　額	貸　方　科　目	金　　　額

《仕訳シート》　必要に応じてコピーしてご利用ください。

問題番号	借　方　科　目	金　　　額	貸　方　科　目	金　　　額

《仕訳シート》　必要に応じてコピーしてご利用ください。

問題番号	借　方　科　目	金　　　額	貸　方　科　目	金　　　額